AF245669

HISTOIRE

DE

SAINTE ALDEGONDE

PATRONNE DE MAUBEUGE

PAR

Edmond LEROY

AVOCAT

ANCIEN MAIRE DE RAISMES

> Benedicta tu in cœlis virgo, benedicta
> in terris, benedicti omnes qui te honori-
> ficant (ANTIPH. *in festo S. Aldegundis*).

<table>
<tr><td>VALENCIENNES
G. GIARD, Libraire-Editeur
49, place d'Armes</td><td>A PARIS
JULES VIC, Libraire-Editeur
Rue Cassette, 11</td></tr>
</table>

1883

HISTOIRE

SAINTE ALDEGONDE

———

SAINTE ALDEGONDE SOUTENUE PAR DEUX ANGES TRAVERSE LA SAMBRE A PIED SEC

D'après un tableau du XVIIe siècle dans l'église de Sainte-Waudru à Mons

HISTOIRE

DE

SAINTE ALDEGONDE

PATRONNE DE MAUBEUGE

PAR

EDMOND LEROY

AVOCAT

ANCIEN MAIRE DE RAISMES

> Benedicta tu in cœlis virgo,
> benedicta in terris, benedicti omnes
> qui te honorificant (ANTIPH. *in festo
> S. Aldegundis.*)

VALENCIENNES	PARIS
G. GIARD, LIBRAIRE-ÉDITEUR	JULES VIC, LIBRAIRE-ÉDITEUR
49, place d'Armes	Rue Cassette, 11

1883

IMPRIMERIE G. GIARD ET A. SEULIN, VALENCIENNES

HISTOIRE

DE

SAINTE ALDEGONDE

INTRODUCTION

A vie et les vertus de sainte Aldegonde ont été maintes fois décrites par de vieux auteurs. Nous aimerons à suivre leurs errements, laissant, le plus possible, sur leurs lèvres, leur grâce, leur naïveté, leurs sourires, ou les traduisant dans une langue qui ne trahira point, je l'espère, l'aimable simplicité de leurs récits. Nous suivrons, à l'odeur de ses parfums, la légende de notre sainte, accompagnant pas à pas cette jeune vierge, pieusement, avec respect, n'ambitionnant que le bonheur de faire revivre cette fille de nos vieux ducs, dans sa virginale parure.

Mais tout d'abord, il convient de nous rendre compte, dans un court aperçu, des temps et des lieux au milieu desquels vécut sainte Aldegonde. Quels étaient, au VIIe siècle, les mœurs, les habitudes, le degré de civilisation de la nation franque, nation encore barbare, aux instincts guerriers et parfois féroces, portant néanmoins au front le signe qu'y imprima la conversion de Clovis, et qui la conduira, à travers d'inévitables et sanglants retours, à ses hautes destinées. Ces appréciations, nous les rencontrerons surtout en jetant un rapide coup d'œil sur les progrès du christianisme dans nos provinces du nord.

En racontant la vie de sainte Aldegonde, je puis craindre, avec bien plus de raison que l'humble moine de Saint-Amand, de n'avoir pas su coordonner les fils de pourpre et d'or de sa trame merveilleuse, et de n'en montrer que des lambeaux pauvrement rajustés (1). Mais nous avons cédé à de pieuses et instantes sollicitations, puis nous comptons sur la grâce de Dieu pour la mener à bien. Arrivé à cette époque où toute vie se recueille, et où les années, en se retirant, laissent d'ordinaire à l'homme de plus nombreux loisirs, nous pourrons, avec tout repos, méditer, écrire et décrire ce que nous aurons vu, les émotions que nous aurons ressenties, et nos heures de solitude, ces longues heures silencieuses et douces, nous les remplirons en parlant avec notre chère sainte, en parlant d'elle, en priant avec elle.

---

(1) Quod purpureas latè splendentes, non solum non assuerim, sed etiam demerim pannos. (*Vita Sanctæ Aldegundis Virginis, auctore Hucbaldo, dedicat.*)

« Ecrire une vie de saint, dit excellemment Dom Pitra, c'est
un acte de foi, un chant de reconnaissance, une prière (1). »

I

LA RACE ET LE SOL. — VOCATION DES FRANCS

Est-ce la race qui forme le sol, lui imprime son caractère,
lui donne en quelque sorte la couleur et la figure ? Est-ce au
contraire le sol qui façonne la race, et dominé par elle aux
premiers jours peut-être, la domine à son tour ? Je ne sais,
mais je crois que ces deux influences, soumises aux vicissitudes des temps, se succèdent et se répondent ; d'autres influences d'ailleurs se joignent à ces influences premières ; notre
race n'est plus ce qu'elle était au VIIe siècle, et la terre a
changé sa parure.

Voyons quels étaient à cette époque l'aspect du sol et le
tempérament de la race.

A la mort de Clovis (511), ses fils se partagèrent ses
domaines et ses conquêtes. C'est vers cette époque que
remontent les dénominations de royaume d'Austrasie (pays
d'Orient) et royaume de Neustrie (pays d'Occident). Sous ces
dénominations on comprenait surtout le nord de la Gaule. Il

(1) *Histoire de Saint Léger, évêque d'Autun et martyr, et de
l'Eglise de France au septième siècle,* par Dom Pitra, introd. p. xcii.
— J'ai lu, avec un vif intérêt, cet ouvrage du célèbre bénédictin. La
piété de l'auteur, une science profonde, de curieuses appréciations sur
les origines de notre histoire nationale, rendent cette lecture on ne
peut plus attrayante. J'en citerai de nombreux extraits.

est d'ailleurs difficile de bien préciser les limites de ces deux états. Des guerres continuelles, de fréquents partages modifièrent souvent ces limites. Toutefois on peut considérer une partie de l'Oise et le cours de l'Escaut comme formant la ligne séparative de la Neustrie et de l'Austrasie. Cette dernière échut en partage à Thierry. En 614, elle se trouvait sous la domination d'un arrière-petit-fils de Clovis, Clotaire II, qui réunit, sous sa seule autorité, tout le royaume des Francs dont le territoire n'avait jamais été plus considérable ; il s'étendait, au nord, jusqu'au Weser et à l'Océan germanique. Les Mérovingiens semblaient arrivés à leur plus haut point de splendeur.

En 622, les leudes d'Austrasie contraignirent Clotaire à leur donner pour roi l'aîné de ses fils, Dagobert. A la mort de son père, en 628, Dagobert se trouva de nouveau seul maître de toute la Gaule.

La Neustrie et une partie de l'Austrasie sont, à vrai dire, le berceau de notre vieux royaume de France, dont elles ne tarderont pas à prendre le nom ; nos antiques cités du nord retrouvent, pour la plupart, leur origine dans les diverses peuplades qui se partagent ces deux pays.

Ce sont au nord les Morins, à l'extrémité de la Gaule, *Extremique hominum Morini* (1), formant le diocèse de Térouane, aujourd'hui presqu'entièrement compris dans le diocèse d'Arras, et que bientôt saint Omer viendra évangéliser. Peuples indomptables, mais domptés cependant sous la main des apôtres de Jésus-Christ, ils élèvent, du sein des

(1) Enéide, I. 8.

eaux, les murs de l'abbaye de Sithiu, devenu plus tard l'abbaye de saint Bertin, autour de laquelle s'établira peu à peu la ville de Saint-Omer.

A l'est, et confinant aux Morins, nous trouvons la vaillante nation des Ménapiens.

Vers le sud, nous rencontrons les Nerviens et les Atrebates, peuples non moins belliqueux. Ils composent, avec les Morins, les deux diocèses de Cambrai et d'Arras. Dès 633, les deux églises réunies sont gouvernées par saint Aubert, l'un des plus grands évêques qui brillèrent au VIIe siècle dans le nord de la Gaule.

Ces divers peuples occupaient le pays qui portera plus tard le nom de Flandre.

Toutefois la contrée qui avoisine la rivière de la Haine, entre Mons et Condé, s'appropriera le nom de cette rivière et s'appellera le Hainaut. Cette dénomination s'étendra même au pays situé un peu au delà de la Sambre, et plus tard ses comtes porteront beaucoup plus loin encore les limites de leur domination.

Citons enfin les Ambiens, les Veromandois, les Bellovaques, les Rémois et les Suessonnois que les villes d'Amiens, Saint-Quentin, Beauvais, Reims et Soissons revendiquent à juste titre comme leurs fondateurs (1).

Mais nous n'avons fait que nommer les Nerviens. Parler des Nerviens c'est raconter l'histoire de nos ancêtres, et ce

---

(1) Voir, sur ce sujet, l'intéressant ouvrage intitulé : *Description de la Gaule-Belgique selon les trois âges de l'histoire, l'ancien, le moyen et le moderne*, par le Père Charles Wastelain, de la Compagnie de Jésus, in-4°, Lille, 1761. Néanmoins, les indications de cet auteur ne sont pas toujours très sûres et doivent être contrôlées.

peuple intrépide, qui fit trembler un instant César et sa fortune, réclame une mention particulière.

Les Nerviens faisaient partie de l'Austrasie (1); c'était un peuple redoutable entre tous. « Amoureux de l'indépendance sauvage des Germains, les Nerviens regardaient en mépris les autres tribus de leur race adoucies par le commerce et les arts ;…. tout accès chez eux était interdit aux marchands étrangers ; ils rejetaient l'usage du vin et les autres délicatesses de la vie, comme des voluptés honteuses propres seulement à efféminer l'homme et à énerver son courage (2). »

Nous ne redirons point ici la lutte gigantesque qu'ils eurent à soutenir contre les légions de César. Cette valeureuse nation ne fut pas seulement vaincue, elle fut presqu'anéantie. Mais arrêtons-nous quelques instants sur cette terre ensanglantée, où nos aïeux déployèrent en vain tant de courage pour sauver leur indépendance ; c'est la terre bénie que fouleront plus tard les pas de sainte Aldegonde, et une pieuse curiosité nous incite à en rechercher les vestiges, à reconnaître les lieux qui furent jadis les témoins de ses vertus et de son héroisme.

Le nord de la Gaule, et en particulier la Flandre et le Hainaut, étaient bien loin, à cette époque, d'offrir à nos yeux l'aspect varié qu'ils nous présentent aujourd'hui, de plaines fertiles, de villes opulentes et de riants villages. Les forêts et les déserts couvraient la plus grande partie du sol ; la

(1) Le pays des Nerviens comprenait le Hainaut, le Cambrésis et une partie de la Flandre.

(2) *Histoire des Gaulois*, par Amédée Thierry, t. 2, p. 357.

tyrannie et la fiscalité romaines, puis les invasions des barbares, avaient rendu au désert, à la solitude, des contrées
entières. Les halliers de ronces et d'épines, s'entrelaçant dans
d'inextricables réseaux, avaient peu à peu envahi les campagnes abandonnées à elles-mêmes par une population clair-
semée, et rejoignaient de part et d'autres ces immenses
forêts druidiques où les anciens Gaulois accomplissaient
tant de rites mystérieux. Ces masses de bois, sombres et
impénétrables, entrecoupées de marais et de tourbières, servaient de repaire à d'innombrables bêtes fauves, d'une force
et d'une férocité redoutables.

Mais ces formidables forêts n'abritaient pas seulement dans
leurs profondeurs les animaux carnassiers. Les disciples de
saint Colomban et de saint Benoist abordaient, avec un
courage surhumain, ces profondeurs inconnues. C'est que le
moine porte en lui une force que rien ne surpasse ni n'égale,
la foi en un Dieu vivant et rémunérateur (1). Et le chant des
prières s'étendait de proche en proche, le désert était em-
baumé du parfum des saints, et se transformait en une vaste
basilique.

Cette énergie dans la foi, ce mépris de tout danger, cet
abandon complet en la Providence, nous en raconterons
tout à l'heure un touchant exemple lorsque nous montrerons
Aldegonde, presqu'une enfant, à qui sa naissance, son éducation, les timidités de son sexe, toutes les habitudes de la
vie enfin rendaient comme impossible quelqu'une de ces

---

(1) *Les Moines d'Occident,* par le comte de Montalembert, t. 2,
passim.

résolutions hardies qui brisent avec tout un passé, lorsque nous la montrerons, bravant néanmoins tous les obstacles et se frayant un chemin à travers ces halliers qui torturent ses membres délicats. Aldegonde n'était pas sans connaître les envahissements de la solitude par une multitude de pieux moines ; s'animant et s'encourageant au souvenir de ces hommes de prière et de pénitence, elle pénètre au plus profond de ces bois maudits qui donneront leur nom à la ville de *Malbodium* (1). Sous l'influence bénie de notre sainte, la malédiction se retirera de ces lieux affreux, et de ce sol désormais consacré s'élèveront, pendant une longue suite de siècles, comme la fumée de l'encens, *sicut incensum*, les chants inspirés des vierges du Seigneur.

Le silence de ces sombres retraites, où s'écoulait la vie des moines, n'était pas seulement interrompu par le chant des hymnes sacrés, ou troublé par le cri des animaux féroces. Souvent, au lointain de la forêt, retentissaient soudain le son du cor et les aboiements des chiens. Les rois mérovingiens, les Francs de haute condition et leurs fidèles, impatients de retrouver, dans l'exercice effréné de la chasse, les périls et les émotions de la guerre, poursuivaient à outrance les habitants les plus redoutables des bois. Souvent, quelque bête farouche, après avoir lutté de ruse et d'agilité avec la meute acharnée à sa poursuite, voyait ses forces la trahir, elle va succomber ; soudain elle aperçoit le rustique enclos de quelque saint anachorète, la frayeur l'y précipite, et le

____

(1) Les étymologistes discutent longuement sur les origines du mot *Malbodium* (Maubeuge). Je m'arrête plus volontiers à l'interprétation vulgairement admise : Bois mauvais, bois maudits.

terrible leude, tout frémissant des ardeurs de la lutte, prêt à briser tout obstacle, s'incline humblement devant un simple moine, couvrant de sa protection et d'une sorte de droit d'asile, le fauve qui avait cherché un refuge sous son toit.

Telles on nous raconte les légendes du saint abbé Karileff et de son buffle, de saint Marculphe et de son lièvre, de saint Gilles et de sa biche, et d'autres encore, consacrant, sous une forme poétique et populaire, la pensée que la demeure des saints est le refuge inviolable de la faiblesse contre la force (1).

Parfois aussi, la vue de ces moines, ensevelis dans la solitude des bois, impressionnait fortement une âme séduite et charmée par le spectacle d'une si haute vertu, et le jeune Franc, au moment où il comptait frapper sa proie de l'épieu ou du javelot, était lui-même frappé au cœur et converti à la vie religieuse.

Telle on nous raconte aussi la légende du jeune veneur thuringien, Bracchio. Entraîné un jour à la poursuite d'un énorme sanglier, il l'atteint au seuil de l'ermitage où vivait, en anachorète, un noble Arverne, Emilien. Les chiens s'arrêtent et n'osent forcer la bête. Le chasseur descend de cheval, salue le vieillard, et pendant que le sanglier délivré s'enfuit au fond des bois, Bracchio, ému des pieuses remontrances que lui fait entendre le saint ermite, s'éloigne sans répondre, mais déjà décidé dans son cœur à se consacrer au service de Dieu (2).

Revenons à l'histoire de notre vieille race.

---

(1) Montalembert, *Les Moines d'Occident,* t. 2, p. 413.
(2) Ibid. p. 409.

Descendues du fond de la Germanie, les bandes armées des Francs n'eurent d'abord pour but que le pillage et l'incendie. La conquête les avait peu à peu rendues maîtresses du sol, mais leur établissement n'avait commencé à prendre quelque consistance qu'à la fin du IVe siècle. Vers la fin du siècle suivant, en 496, le roi Clovis, vainqueur à Tolbiac par l'invocation du Dieu des chrétiens, avait embrassé la foi catholique; une grande partie de ses guerriers imita son exemple. Mais il faut bien reconnaître, dit Ozanam, que « les Francs, au sortir de la basilique de Reims, ne se trouvèrent point magiquement transformés en d'autres hommes (1). » Ces peuples, encore à moitié barbares, ne dépouilleront pas, en un jour, tous les instincts d'une nature essentiellement guerroyante, et leur férocité native se traduira plusieurs fois par de terribles soubresauts; mêlés au monde romain, ils avaient puisé dans cette fréquentation les vices infects d'une civilisation corrompue; longtemps ils restèrent imbus des superstitions païennes; « un présage inattendu, un cri de guerre, une terreur panique, » les rejetaient dans leur ancienne idolâtrie; pendant deux longs siècles enfin, les guerres fratricides des rois mérovingiens feront, de nos annales, une suite presque ininterrompue de crimes et de vengeances. On ne peut nier néanmoins la sincérité de leur foi et souvent, aux désordres les plus honteux, à la perpétration des crimes les plus sauvages, succédait un repentir, tardif peut-être, mais véritable; la foi se réveillait en eux avec toutes ses énergies, ses générosités, une soif ardente

(1) Ozanam, *La Civilisation chrétienne chez les Francs*, p. 67.

d'expiation, et on voyait ces convertis, natures primitives, incompréhensibles à nos races appauvries, se livrer aux pratiques de la plus effrayante pénitence. Témoin, entre mille autres, ce seigneur du VIIe siècle, Allowin Bavo, très noble et riche comte de Halbanie. Le comte Bavon, s'abandonnant sans frein à tous les excès d'un tempérament fougueux, était devenu, par ses violences et ses emportements, l'effroi de la contrée. Cependant il avait obtenu du comte Adilion la main de sa fille dont les chastes attraits l'avaient subjugué. Une pieuse enfant, Aglétrude, avait encore resserré les liens qui l'unissaient à sa vertueuse compagne. Sans doute, l'âme de Bavon, s'imprégnant peu à peu des douces vertus que pratiquaient son épouse et sa fille, s'épura, s'adoucit au contact de ces êtres si chers ; puis, un jour, comme une fleur moissonnée avant le temps, l'épouse bien-aimée languit et meurt. Ce redoutable leude est frappé au cœur, et nous sommes témoins de ce spectacle étrange que présente, dans ces siècles de foi, la conversion d'un grand coupable. Bavon, brisé par la douleur, se rend au monastère de Gand, se jette tout en larmes aux pieds de saint Amand qui mêle ses larmes de joie aux larmes du repentir, et après avoir fait l'humble aveu de ses crimes, il distribue tout son bien aux pauvres, et s'efforce de trouver, dans les expiations les plus rigoureuses, le pardon de sa vie passée. Bientôt, sous les yeux de tout un peuple qu'émeut tant de courage, il est conduit, pieds et poings liés, dans une cellule de reclus ; le clergé l'accompagne et psalmodie l'office des morts. L'évêque ferma lui-même et scella la porte de ce tombeau. Bavon y vécut trois ans, ne mangeant que du pain d'orge, saupoudré de poussière, couchant sur la cendre, couvert d'un cilice, et reposant, dans son rare sommeil, la tête sur une pierre. Enfin, après trois ans et quarante jours, il annonça sa mort, ·et son âme s'envola dans la cour céleste (1).

Au VIIe siècle, une modification profonde s'opérait dans les conditions sociales du christianisme. En Orient, l'invasion musulmane était pour l'Eglise un immense péril qui devait se prolonger pendant mille ans, le monothélisme agitait les esprits par ses subtilités et ses controverses, et le flambeau de la foi tombait des mains de populations affaissées, pour aller resplendir, avec tout son éclat, en Occident. Mais ici la lutte s'annonçait ardente et difficile. Il n'y avait rien à attendre du monde romain en dissolution, et, d'un autre côté, les peuples barbares, livrés à toutes les intempérances de leurs passions, à tous les enivrements de la conquête, mais surtout gangrenés pour la plupart d'Arianisme, rendaient humainement impossible toute organisation chrétienne.

C'est alors que dans les conseils du Tout-Puissant se produit un fait qui nous émeut singulièrement.

Après la dispersion des enfants de Noë, Dieu résolut de se choisir un peuple qui conservât intact, au milieu de la corruption devenue générale, le dépôt de ses promesses, et qui rendit, contre le reste du genre humain, témoignage à son nom.

Il appela Abraham.

Aux temps présents, il est devenu nécessaire qu'un peuple dévoué se consacre à la défense de la chrétienté.

(1) D. Pitra, *Hist. de S. Léger,* p. 75.

Dieu appelle les Francs.

Déjà, lorsqu'au jour de Noël de l'an 496, le roi Clovis reçut le baptême des mains du grand évêque, saint Rémi, Dieu avait conclu un pacte avec les Francs. Rappelons quelques incidents de ce pacte solennel qui touche aux origines de notre histoire.

Le saint évêque de Reims prépara lui-même au baptême le royal néophyte. Lorsqu'il le crut suffisamment instruit, il lui demanda s'il voulait abandonner ses idoles, et croire au seul vrai Dieu, créateur du ciel et de la terre. « Père vénéré, répondit le roi, vos paroles réjouissent mon âme, mais avant de prendre aucun engagement à cet égard, je vais m'informer auprès de mon peuple s'il consent à renoncer au culte de ses dieux. » — Il va, mais avant même qu'il ait ouvert la bouche, les Francs, éclairés de la lumière, et touchés de la grâce d'en haut, s'écrient d'une voix unanime : « Nous abjurons le culte des dieux mortels, nous voulons servir le Dieu immortel que Rémi adore (1). »

Par cette résolution populaire, Jésus-Christ était acclamé Dieu et roi de la France. Dès ce moment un pacte avait été conclu entre Dieu et notre patrie.

---

(1) Sacerdos (S. Remigius) cœpit ei insinuare ut Deum verum, factorem cœli et terræ crederet, idola negligeret, quæ neque sibi, neque aliis, prodesse possunt. At ille aït : Libenter te, sanctissime Pater, audiam ; sed restat unum, quod populus, qui me sequitur, non patitur reliquere deos suos ; sed vado, et loquar eis juxta verbum tuum. Conveniens autem cum suis, priusquam ille loqueretur, præcurrente potentiâ Dei, omnis populus pariter acclamavit : mortales deos abjicimus, pie rex, et Deum, quem Remigius prædicat immortalem, sequi parati sumus. (*Gregor. Turon.* II.)

Cependant l'évêque, prévenu de ce qui se passe, a ressenti une grande joie. Le lendemain on célébrait la naissance du Sauveur ; c'était le jour fixé pour la cérémonie du baptême. « Le jour de Noël 496, dit Ozanam, l'évêque Rémi attendait sur la porte de la cathédrale de Reims. Des voiles peints, suspendus aux maisons voisines, ombrageaient le parvis, les portiques étaient tendus de blanches draperies. Les fonts étaient préparés et les baumes versés sur le marbre. Les cierges odorants étincelaient de toutes parts ; et tel fut le sentiment de piété qui se répandit dans le saint lieu, que les barbares se crurent au milieu des parfums du paradis. Le chef d'une tribu guerrière descendit dans le bassin baptismal : trois mille compagnons l'y suivirent. Et quand ils en sortirent chrétiens, on aurait pu voir en sortir avec eux quatorze siècles d'empire, toute la chevalerie, les croisades, la scolastique, c'est-à-dire tout l'héroïsme, la liberté, les lumières modernes.

Une grande nation commençait dans le monde : c'étaient les Francs (1) ».

Ainsi que l'écrivait à Clovis saint Avitus de Vienne, quelques jours après le baptême, le Noël du Seigneur était devenu le Noël des Francs (2), et pendant de longs siècles ce cri de Noël ! Noël ! sera l'acclamation nationale du peuple français.

(1) Ozanam, *La Civilisation chrétienne chez les Francs*, p. 63.

(2) Qui celeber est natalis Domini, fit et vestri ; quo vos scilicet Christo, quo Christus ortus est mundo. (*De S. Remigio episcopo re mensi, commentarius prævius*, auct. C. *Suyskeno, act. SS. Belgii*, t. I, p. 562.)

Mais les temps étaient venus où la race élue, la nation sainte et prédestinée, *genus electum, gens sancta,* allait plus particulièrement s'approprier les intérêts de Jésus-Christ et promouvoir l'œuvre du Très-Haut.

Il en est de la prédestination des peuples comme de celle des individus. L'Esprit souffle où il veut. « Des profondeurs de sa prescience, Dieu sait à qui son influence profitera ou ne profitera pas, et sans se fermer à aucun, il se tourne plus favorablement vers ceux qui doivent lui répondre. » La nation franque avait d'ailleurs à cette suprême élection, nous ne dirons pas un droit, mais un titre puissant qui dut peser d'un poids immense dans la balance divine. « Par un privilège unique, le Franc ne fut jamais arien ; seule de toutes les races occidentales, celle des Francs n'a jamais ni failli dans son orthodoxie, ni pâli dans sa dignité de peuple. »

La Papauté et le Pontificat accueillirent ces nouveaux enfants par un concert de prophétiques louanges, de prières et de bénédictions qui consacrent la mission catholique de la France. Celle-ci, malgré quelques saillies violentes et bizarres, se montrera fidèle et docile sous la main de Dieu. Elle fermera l'accès de la Gaule à tous les autres barbares, et assurera dans l'intérieur l'unité religieuse. « Sœur aînée des nations catholiques, d'elle seule dépend encore, après quatorze siècles, de marcher en reine à leur tête (1). »

Les Francs ne doutaient point d'ailleurs de leur élection divine. Sous Clotaire II, Dagobert I, Clovis II et Bathilde, les vieilles coutumes germaniques, jusque-là flottant dans

____

(1) D. Pitra, *Hist. de S. Léger,* introd. passim.

les traditions orales, furent écrites, révisées et fixées. Ainsi notamment fut écrite la loi des Francs Saliens, ou la loi *Salique*. Relisons le prologue de cette loi, dont les accents enthousiastes semblent empruntés au chant de quelque barde. Ces accents inspirés témoignent, avec une singulière énergie, que les Francs avaient conscience de leur vocation, et que volontiers ils affirmaient leur foi, leur fidélité au pacte conclu le saint jour de Noël de l'an 496.

Voici ce prologue :

« La nation des Francs, illustre, ayant Dieu pour fondateur, forte sous les armes, ferme dans les traités de paix, profonde en conseil, noble et saine de corps, d'une blancheur et d'une beauté singulières, hardie, agile et rude au combat, depuis peu convertie à la foi catholique, libre d'hérésie. ... »

Puis, entendons cette acclamation qui confirme si bien, chez le peuple Franc, sa foi profonde dans son élection particulière par le Christ, acclamation qui retentit à travers les siècles, comme un cri de triomphe, et nous présage la victoire sur tous les ennemis du nom chrétien :

« Vive le Christ qui aime les Francs ! Qu'il garde leur royaume, et remplisse leurs chefs de la lumière de sa grâce ! Qu'il protége l'armée ; qu'il leur accorde des signes qui attestent leur foi, la joie, la paix, la félicité ! Que le Seigneur Christ Jésus dirige, dans les voies de la piété, ceux qui gouvernent ! Car cette nation est celle qui, petite en nombre, mais brave et forte, secoua de sa tête le dur joug des Romains, et qui, après avoir reconnu la sainteté du baptême, orna somptueusement d'or et de pierres précieuses les corps des saints martyrs que les Romains avaient consumés par le feu, mutilés par le fer, ou fait détruire par les bêtes (1) »

Ces fières paroles, et si chrétiennes, ne pouvaient que confirmer l'adoption divine que les Francs exaltaient avec un enthousiasme si grand. Ce peuple est véritablement le peuple de Dieu, et par un honneur insigne, que nul autre n'a partagé, et dont la grandeur étonne et nous ravit, il sera le bras qui exécute et traduit en faits les volontés du Tout-Puissant, son histoire du temps racontera les choses du ciel et de l'éternité, *Gesta Dei per Francos.*

Pendant de longs siècles, ce sera sa mission, le peuple Franc attestera le nom du Seigneur et lui rendra souvent le témoignage du sang : *Vos testi mei eritis.*

Et le pacte conclu entre Dieu et les Francs ne sera pas rompu.

Dieu est fidèle à ses serments. Il se souviendra à jamais de son alliance (2). Si l'on peut rompre, dit-il, mon pacte avec le jour et mon pacte avec la nuit, et empêcher que le jour et la nuit ne viennent chacun en son temps, alors on pourra rompre mon pacte avec David, mon serviteur (3).

Clovis, Charlemagne, Saint Louis, sont les David de la nouvelle alliance ; Dieu l'a jurée, et sa parole est sans repentir (4).

---

(1) *Prologus ad legem salicam,* traduction de M. Augustin Thierry, *Lettres sur l'Histoire de France,* p. 112, et de M. Guizot, *Histoire de la Civilisation,* 1, leçon 9ᵉ.

(2) Memor erit in sæculum testamenti sui. (*Ps.* 110.)

(3), Jérémie, xxxiii, 20.

(4) Juravit et non pœnitebit eum. (*Ps.* 109.)

Et toi, ô France, tu ne voudras point déchoir de tant de grandeur, tu ne déchireras pas de tes propres mains le pacte divin qui te sacra un jour fille aînée de l'Eglise, et la vieille foi de tes pères, qui t'a faite si grande, un instant obscurcie par de vains sophismes, reprendra tout son éclat et toute son énergie.

II

LE SIÈCLE DES ÉVÊQUES

La transformation de ce peuple barbare en un peuple nouveau, peuple chéri de l'Eglise et la race d'élite du monde chrétien (1), ne s'opèrera pas sans d'énergiques efforts. Ce sera l'œuvre incontestée des évêques, œuvre de suavité et de douceur, comme des abeilles font une ruche, mais en même temps œuvre laborieuse, qu'ils cimenteront de leur sang, et ce peuple grossier, odieux mélange de ruse et de férocité, d'incontinence outrée et de sauvage orgueil (2), deviendra en quelques générations, sous la houlette pastorale, ce peuple généreux et enthousiaste, artiste et poëte, peuple de Dieu, dont la foi transportera des montagnes de pierre pour en élever au Christ d'impérissables monuments, et, le marquant un jour du signe de la rédemption, l'emportera, par un mouvement irrésistible, aux plaines de la Syrie, pour la défense du Saint Sépulcre.

(1) *Les Moines d'Occident,* t. 2, p. 277.
(2) Ibid. p. 293.

Le VIIe siècle, véritable époque de transition, au moins
pour nos contrées, entre la barbarie et la civilisation, pourrait être appelé le siècle des évêques. On impose parfois à un
siècle le nom d'un conquérant. Certes, au VIIe siècle, les
évêques furent les conquérants pacifiques de la Gaule, et la
race qu'ils soumirent, en l'élevant, garde l'empreinte dont
ils marquèrent son âme. Pour accomplir leur mission,
l'ardeur de peuples jeunes, ayant le secret pressentiment de
leur vocation, leur fut un précieux élément de succès ; ce
n'était pas le travail attristé de l'ouvrier qui répare une ruine
toujours croulante, c'était une cité qui se fonde : l'allégresse
autour d'un berceau.

Et ces évêques se nommaient légion, légion d'apôtres et
de législateurs. En ce moment l'Eglise n'est plus simplement
un fait, mais un pouvoir religieux et politique. Ce pouvoir
revêt surtout le caractère de la paternité ; jamais d'ailleurs
il ne s'exerça avec plus de plénitude. Les évêques prennent
place à côté des rois, ils acceptent les dignités du palais, et
forment comme un concile permanent ou conseil ecclésiastique étendant largement son action sur les affaires civiles.
Constantin avait quitté Rome, parce que la souveraineté
amoindrie de l'empereur s'effaçait devant la souveraineté
grandissante du Pontife. Je ne sais si le même sentiment
arrêta les rois mérovingiens au seuil des villes épiscopales,
mais leur séjour y fut rare. L'évêque y exerçait souvent seul
toute magistrature, magistrature incomparable, invoquée
par le Barbare et par le Romain, arche nouvelle qui portait,
dans le déluge des invasions, la fortune de la France.

L'épiscopat avait conservé le caractère officiel qu'il tenait des lois impériales. Les évêques sont les héritiers des Romains :

A Rome où du Sénat hérite le conclave (1).

Non seulement à Rome, mais aussi dans les Gaules. Ils traitent de puissance à puissance avec les chefs barbares; ils les conseillent et les reprennent de leurs vices et de leurs crimes avec une indépendance toute sacerdotale. Mais ce ne sera pas trop de l'autorité de l'Église et de sa bénigne influence pour dompter peu à peu ces cœurs rebelles à toute discipline. Sans doute le christianisme ne pouvait exiger de ces populations encore toutes frémissantes de fureurs et de voluptés tout ce qu'il devait demander à des temps meilleurs (2) ; avec cette maturité patiente qui caractérise le zèle catholique, les évêques laissèrent croître, pendant un siècle, l'œuvre de Saint Rémi, dirigeant l'essor du génie franc, lui passant, faute de mieux, quelques écarts, pour le ramener plus fortement, et l'on comprend la condescendance dont il faudra user à l'égard de ces peuples pour discipliner leur fougue, usant tantôt de force et tantôt de douceur (3). Néanmoins, cette mansuétude de la charité leur sera plus d'une fois amèrement reprochée, surtout aux évêques de la Neustrie. Mais ils répondront, comme Saint Rémi, aux détracteurs de Clovis : « Il faut beaucoup pardonner à qui s'est fait le propagateur de la foi (4). »

(1) Victor Hugo.
(2) Ozanam, *La Civilisation chrét. chez les Francs,* p. 77.
(3) D. Pitra, *Hist. de S. Léger,* p. 245.
(4) *Les Moines d'Occident,* 2. 278.

Hélas ! il faut le dire aussi, le clergé lui-même ne répondra pas toujours à ce qu'on pouvait attendre de lui. Malgré toute la prudence de l'Église. qui, pendant deux siècles, ne répandit que peu à peu, sur ses nouveaux enfants, l'onction sacerdotale, il arriva un jour cependant où elle ouvrit aux grands, comme aux pauvres, la porte du sanctuaire, et permit à ces leudes altiers de monter au faîte de la dignité épiscopale. Mais, quelque soin qu'elle eût pris d'amener graduellement une nouvelle génération d'évêques, et d'élever lentement les fils des barbares aux premiers honneurs du sacerdoce, la transition fut encore laborieuse, et plus d'une fois sanglante. Souvent, dans leur impatience, ils franchirent d'eux-mêmes les barrières du sanctuaire ; de là des intrusions violentes, des luttes et des meurtres sur les marches du trône épiscopal. « L'entrée des barbares dans l'Église, dit Ozanam, fut une invasion... Les hommes de sang s'assirent sur la chaire des confesseurs et des martyrs (1). » Ainsi s'ouvre une longue période où l'Église, aux prises avec ses enfants, ses chefs et ses pasteurs, consumera ses meilleures forces dans cette lutte douloureuse et humiliante, entre le vestibule et l'autel (2). Le clergé séculier ne pouvait, dans ces conditions, suffire à sa tâche. Mais alors une nouvelle force s'adjoignit à la royauté et à l'épiscopat pour fonder la France et la diriger pendant de longs siècles ; les moines se présentèrent, armée nombreuse et puissante. Dieu dit aux familles monastiques : Croissez et multipliez-vous. — Et

(1) Ozanam, p. 104.
(2) Dom Pitra, *Hist. de S. Léger*, passim.

partout se répandirent les enfants du Patriarche de la vie cénobitique, nombreux comme les sables de la mer, comme les étoiles du firmament (1). Ce concours amènera le triomphe définitif de la civilisation chrétienne, et, de plus en plus, nous verrons briller la foi antique de nos pères, principe générateur d'où se dégagera vivante, dans sa magnifique unité, la nationalité française.

III

LE SIÈCLE DES SAINTS

Le champ fécond de l'Église du septième siècle, selon les paroles d'un légendaire contemporain, « exhale les parfums des bénédictions du Seigneur et s'émaille de fleurs nombreuses. Aussi, ajoute-t-il, le tressaillement de l'Église notre mère est grand, voyant les uns briller par leurs œuvres, comme une riche verdure, les autres s'épanouir comme des roses, au milieu des épines ; ceux-ci éclater de la blancheur des lys dans les vallées, ceux-là embaumer comme un vin mêlé de nectar et d'aromates (2). » Le septième siècle, en effet, est par excellence, après l'âge des martyrs, le siècle des saints ; le docte et pieux Mabillon ne craint pas de l'appeler *l'âge d'or* de l'Église (3) ; partout le Sauveur resplendit dans ses membres, il éclate comme un

(1) Dom Pitra, introd. p. x.
(2) *Acta S. Audœni, prolog. auctore suppar. Boll. xxv aug.*
(3) Aureum verè sæculum ! (*Acta SS. ord. Bened. saeculum* II. *præf.*, n. 1.)

tonnerre, se répand comme une pluie féconde, et, telle qu'une huile parfumée s'épanchant du vase qui la contient, son nom s'étend et se propage aux plus lointaines régions (1) ; chaque année fournit sa moisson, chaque jour a sa gerbe, chaque cité a ses familles saintes qui incessamment montent à la maison du Seigneur. Pour sa part, la seule Église des Francs a plus d'auréoles que tout le reste du monde, elle en compte cinq cents; plus de deux cents appartiennent à l'épiscopat (2).

Parmi toutes ces fleurs « qui éclatent de la blancheur des lys dans les vallées, » nous rencontrons avec joie la jeune et radieuse figure, radieuse de foi et d'amour, de la vierge de Coursolre, la Bienheureuse Aldegonde. Plus tard, nous raconterons avec bonheur, avec ce contentement intime de l'auteur qui découvre sans cesse, dans le sujet qui l'inspire, de nouvelles beautés, nous raconterons, disons-nous, tous les charmes, toutes les grâces, nous dirons tous les parfums de cette fleur virginale éclose dans la vallée de la Sambre ; mais en ce moment, alors que nous rappelons ces glorieuses phalanges de saints, l'ornement et l'honneur de la Gaule-Belgique, il nous faut au moins montrer, à son éternelle louange, Aldegonde embrassant, avec un courage indomptable, l'étendard de la virginité. Cette angélique vertu, belle rose qui fleurit au milieu de l'âme et du corps, et embaume toute la maison d'une odeur très suave (3), commençait à

---

(1) Ubique per membra sua Salvator coruscat, oleum effusum nomen ejus, ubique tonat, ubique fluit. (*Vita S. Aldegundis, auctore Hucbaldo, prolog.*)

(2) D. Pitra, introd. p. LXXX.

(3) Saint Ephrem.

s'épanouir dans nos contrées. Le peuple Franc, à peine initié aux premières vérités du christianisme, était encore livré à tous les emportements de la chair et du sang, et la sublime vocation des épouses de Jésus-Christ se heurtait aux puissants obstacles que lui opposaient l'ignorance, les préjugés, la corruption des mœurs. Mais ces barrières tendaient à s'abaisser, et lorsque la virginité, cette fleur de la pudicité, son rayon le plus pur, son parfum le plus délicat, se montrait aux barbares dans quelque créature bénie, dans quelque chaste vierge, victime des divines amours, ce leur était comme une révélation nouvelle, leurs âmes grossières tressaillaient devant ces splendeurs inconnues, et ils en subissaient peu à peu l'irrésistible ascendant. Ainsi, dans toute la grâce de son printemps, apparut Aldegonde ; et l'énergie de son vouloir, sa hardiesse dans l'exécution durent frapper d'admiration ces leudes si fiers, habitués à ne voir dans la femme, moins la compagne de leur vie, que l'humble esclave de leurs passions ; et le peuple aussi acclama ces faits merveilleux et comprit mieux toute la sainteté et la grandeur du christianisme.

D'autres âmes s'enrôlèrent sous ce noble étendard et répandirent au loin la bonne odeur de Jésus-Christ ; parfois même le sang si fécond du martyre assura d'autres conquêtes à cette armée déjà nombreuse ; Alena dans le Brabant, Maxellende dans le Cambrésis, Saturnine dans les terres de l'Artois, attirèrent, par leur trépas héroïque, de nouvelles épouses à l'Agneau (1).

(1) *Histoire de Saint-Amand,* par l'abbé Destombes, t. 2, p. 111.

Les siècles nous ont transmis, toute pleine encore de vie et de fraîcheur, l'histoire de ces saints personnages. C'est que l'Église ne meurt pas ; avec la tendresse d'une mère, elle veille auprès de leur tombe, et réunit, d'une main vigilante, les feuilles éparses qui ont porté au loin la renommée de leurs vertus. Elle enchâsse leurs ossements glorieux dans de splendides écrins, leur élève des temples magnifiques, enguirlande leurs autels de roses et de lys, des roses de la charité, des lys de la chasteté, et le parfum de l'encens qu'elle brûle devant leurs reliques monte, avec sa prière, aux pieds du Tout-Puissant. Puis, quand l'évolution annuelle ramène leurs noms bénis sur ses dyptiques sacrés, l'Église, sans jamais se lasser, retrouve les vieux accents de son inépuisable tendresse, et convie le peuple à venir partager sa joie.

La canonisation des saints est soumise à des formes excessivement sévères. Quand l'irrécusable sainteté d'un ami de Dieu a été constatée, le Père commun des fidèles l'annonce à la ville et au monde, et Rome, dans une ovation magnifique, proclame la gloire d'un nouveau triomphateur.

L'Église n'a pas toujours procédé de la même manière. A une époque où tant de barrières séparaient les nations et rendaient les rapports si difficiles, l'Église, usant d'un pouvoir plus local, mais non moins universel et infaillible, conférait à ses évêques le soin d'inaugurer ses saints, et d'en appeler au jugement direct et immédiat de Dieu ; et Dieu suppléait à l'appareil des institutions actuelles par des manifestations évidentes de son intervention ; comme aujourd'hui, la canonisation des saints avait pour garantie le miracle (1). On sait néanmoins avec quel superbe dédain on a longtemps traité les actes des saints ; les hagiographes du septième siècle ont eu une part privilégiée dans ces invectives. Mais cette accusation a été victorieusement combattue. Ces actes glorieux réunissent tous les caractères d'une véracité parfaite. Rédigés le plus souvent sur les lieux mêmes, par des auteurs contemporains, et sur le dire de témoins oculaires, soigneusement nommés, interrogés publiquement, déposant enfin entre les mains et sous le contrôle d'un évêque, d'un abbé, ou de quelque personnage considérable, ces actes, disons-nous, étaient d'ordinaire soumis, chaque année, à une sorte de contrôle populaire, par une lecture publique, faite aux anniversaires des saints, dans l'assemblée des fidèles, et jamais aucune réclamation, aucune protestation ne se produisit.

L'assentiment populaire proclamait l'élection divine, *vox populi, vox Dei*. Ce vieil adage pouvait être alors appliqué sans réserve, au milieu d'un peuple qu'unissait le lien d'une même foi (2).

Les pages qui vont suivre, j'ai voulu les écrire sous la lumière de la foi dans laquelle, grâces à Dieu, sont baignés mes regards. Je sais que la vie des saints n'est point en haute

(1) D. Pitra, *Hist. de S. Léger,* p. 386.
(2) D. Pitra, introd. p. LXXIX et s.

estime auprès des mécréants, et, à dire le vrai, ce n'est point
à eux que je destine mon travail. Comment ceux-là pour-
raient-ils admettre les miracles de la sainteté qui n'en reconnaissent pas l'existence ? Le souffle de leur incrédulité ne
passera point, pour les ternir, sur ces fleurs qui naissent au
jardin du Christ. Elles s'épanouiront telles que Dieu les a
faites, pleines de beautés, avec tous leurs parfums Pour
goûter et comprendre les choses du Ciel, il manque aux
impies un sens que le matérialisme de leur vie leur a fait
perdre. « L'homme animal, dit l'Apôtre, n'entend rien aux
choses qui sont de l'Esprit de Dieu (1). »

Quant aux événements que je rapporte, j'ai de bons
témoins pour m'en affirmer la vérité. D'autres, qui ne se
disent pas crédules, ont admis des choses plus surprenantes,
sur des raisons qui ne me convaincraient pas.

Je crois donc aux miracles de la chère sainte Aldegonde,
et à toutes les choses extraordinaires que les saints auteurs
de sa vie en rapportent. A cet âge du monde, le miracle
est une nécessité providentielle. Le salut du monde est la
suprême loi ; pour sauver le monde, il fallait frapper à
grands coups ces masses simples et grossières, altérées et
passionnées (1), et leur foi ardente, non-seulement acceptait,
mais elle appelait cette intervention fréquente et familière
de cette force toute puissante qui se joue, à son gré, des
éléments et des événements pour les faire servir à sa gloire.
Plus près du Christ que nous, nos pères croyaient avec

(1) Animalis homo non percipit ea quæ sunt Spiritûs Dei. (1re *ép. de
S. Paul aux Cor.*, II, 14.)
(1) D. Pitra, introd. LXXXV.

plus de ferveur (2), et leur foi enfantait des prodiges. Ces prodiges, ces manifestations divines, ces traditions de la piété chrétienne se résumaient en de pieux récits que les générations se transmettaient comme un patrimoine sacré où nos pères puisaient force et consolation. Sommes-nous plus heureux, depuis qu'un naturalisme grossier a fait succéder, dans le cœur des peuples, à ces douces croyances, une indifférence stupide, sinon la négation de toute vérité religieuse.

Je n'ai eu qu'un but en écrivant ce livre : promouvoir quelque peu la gloire de Dieu qui se glorifie en ses saints. Ma joie sera grande, et mon travail aura reçu amplement son salaire, s'il a pu exciter quelques pieuses affections, ou fait naître, dans quelqu'âme de bonne volonté, le désir d'imiter les vertus de la sainte dont nous allons retracer l'histoire.

O Aldegonde, bénie dans le Ciel et bénie sur la terre, que bénis soient à jamais tous ceux qui vous rendent honneur !

(2) *Histoire de Sainte Élisabeth de Hongrie*, par le comte de Montalembert, introd. p. LXXXVII.

BIBLIOGRAPHIE

BIOGRAPHIES ANCIENNES

L existe cinq vies de sainte Aldegonde écrites en latin. Bollandus en a publié trois ; nous en parlerons tout à l'heure. Mais auparavant nous devons mentionner une première vie, écrite peu de temps après la mort de la sainte. Bollandus en soupçonna l'existence, mais fit de longues et inutiles recherches pour la retrouver (1). Plus heureux, D'Achery et Mabillon la découvrirent dans la bibliothèque d'un couvent des Feuillants de l'ordre de S. Bernard, à Paris, et la publièrent dans les *Acta Sanctorum ordinis S. Benedicti* (sœcul. ii, p. 806). Le P. Smet l'a depuis reproduite dans les *Acta Sanctorum Belgii* (t. iv, p. 315). L'auteur est inconnu ; il vivait au temps de sainte Aldegonde ; lui-même le fait connaître en plusieurs endroits de sa narration (2).

Le P. Smet, en publiant cette vie, l'a fait précéder d'un commentaire intitulé : *De sancta Aldegunde virgine Malbodiensis Cœnobii abbatissa prima commentarius prœvius auctore C. Smetio* (Acta SS. Belgii, t. iv, p. 391).

La seconde vie de sainte Aldegonde, écrite en latin, (la première publiée par Bollandus), est du viiie siècle (3). L'auteur de cette seconde vie est également anonyme ; il a certainement connu la première dont il reproduit des passages entiers.

---

(1) Reperire certe diu perverstigatam non potuimus. (Bollanus, apud Palmé. t. iii, p. 650.)

(2) *Acta SS. Belgii,* t. iv, p. 321 et s., n. 18, 23 et 29.

(3) Bollandus, apud Palmé, xxx januar, t. iii, p. 651.

Bollandus donne ensuite une vie de notre sainte composée par un moine de l'abbaye de Saint-Amand, Hucbald (1).

Hucbald est un homme de grand mérite ; dès l'âge de vingt ans il se distinguait déjà à l'école de Saint-Amand, alors dans tout son éclat, et dont il devint le directeur. Profondément versé dans la littérature sacrée et dans les lettres profanes, regardé comme un des plus grands docteurs que la France ait eus à la fin du IXe siècle et dans les premières années du Xe (2), il avait, dit Dom Martène, la gravité des anciens, une probité parfaite, une prudence et une sagesse consommées, qui le rendaient l'objet de l'admiration de toutes les provinces des Gaules, où il brillait comme une lampe lumineuse (3).

Au commencement du Xe siècle, Hucbald écrivit la vie de sainte Rictrude, et il nous apprend lui-même qu'il termina son travail en 907. Baronius fait l'éloge de la sincérité et de la fidélité avec lesquelles les faits y sont racontés ; Dom Pitra insiste sur la sévérité d'examen et de critique apportée par son auteur à la rédaction de cette vie (4).

Vers cette époque, sur la demande des dames chanoinesses du chapitre de Sainte-Aldegonde, il écrivit l'histoire de leur fondatrice et leur dédia son travail, qu'il ne dédaigne pas de soumettre à leur jugement et à celui des docteurs auxquels elles le communiqueront. Ses nobles lectrices entendaient son latin classique, et goûtaient sans doute sa diction facile et élégante. N'hésitez pas, leur dit-il, s'il ne répond point à votre attente, à le livrer aux flammes. S'inspirant d'ailleurs du sentiment qui plus tard guidera le pieux auteur de l'Imitation, *ama nesciri et pro nihilo reputari* (5), Hucbald les supplie par tous les droits de l'amitié de ne point y laisser la trace de son nom (6).

Le vœu de l'humble moine ne fut point sanctionné par la postérité ; d'un assentiment unanime, la vie de S. Aldegonde, dont nous nous occupons, lui est attribuée.

Il est bon d'ailleurs de noter ici que Hucbald déclare n'en donner

---

(1) Cette vie a été traduite par M. l'abbé Desilve, curé de Basuel, avec préface et notes. Ce travail n'a pas été publié ; mais M. Desilve, avec une obligeance parfaite, a bien voulu nous confier son manuscrit. Nous y avons puisé de précieux renseignements.

(2) *Hist. litt. de la France*, t. VI, p. 210 et s.

(3) Martène, amp. coll., t. I.

(4) *Hist. de S. Léger*, intr. p. LXXXIV.

(5) *De Imitatione Christi*, lib. I. cap. II.

(6) Quod si vobis etiam non placuerit, aut doctoribus ad quorum audientiam forte retuleritis, moriatur inter manus vestras odiosa et inepta membrana, aut deleatur, aut igne tradatur. Quodcumque acciderit, per amicitiam rogo, ne nostrum nomen in hoc opere sentiatur. (*Vita S. Aldegundis virginis* auctore Hucbaldo, dedic.)

qu'un abrégé. Il s'en réfère à une vie plus complète de la sainte, mais sans autre indication (1).

La troisième vie, publiée par Bollandus, est attribuée à un religieux de l'abbaye de Saint-Ghislain ; elle est du xi⁰ siècle. A partir du n⁰ 18, l'auteur ne fait plus, comme il l'annonce d'ailleurs, que reproduire la première vie éditée par Bollandus.

Ce dernier, en publiant les trois vies de S. Aldegonde que nous venons de mentionner, les fait précéder d'un court commentaire, sous ce titre : *De S. Aldegunde virgine, Malbodii in Belgio.*

Enfin, outre la vie écrite par un contemporain, et les trois vies données par Bollandus, il en existe une cinquième au dépôt des Archives de l'État, à Liège. Cette vie a été publiée par M. J. Daris, professeur au grand séminaire de Liège, dans les *Analectes pour servir à l'histoire ecclésiastique de la Belgique* (2). L'écriture paraît être du xi⁰ siècle. Sur le même parchemin, dit encore M. Daris, se trouvent écrites, de la même main, la charte de dotation de l'abbaye de Maubeuge par sainte Aldegonde, et l'énumération des revenus que les terres de Solre, Saint-Géry et de Courtsolre rapportaient à l'abbaye.

Cette vie, très abrégée, ne paraît être qu'une compilation, faite d'ailleurs sans intelligence. On y trouve des passages entiers copiés, soit dans la vie de S. Aldegonde par un contemporain, soit dans la vie donnée par Hucbald, et il semble même que parfois l'auteur n'a pas compris les textes sur lesquels il travaillait.

Lorsque nous aurons occasion de citer quelqu'une des cinq vies latines de S. Aldegonde, nous les désignerons de la manière suivante :

La première, d'un auteur contemporain, par ces mots : *Vita S. Aldegundis, auctore æquali.*

La seconde, d'un auteur anonyme, la première des trois vies publiées par Bollandus, par ces mots : *Vita S. Aldegundis, auctore anonymo, prima apud Bollandum.*

La troisième, du moine Hucbald, par ces mots : *Vita S. Aldegundis, auctore Hucbaldo.*

La quatrième, encore d'un auteur anonyme, par ces mots : *Vita S. Aldegundis, auctore anonymo, ex ms. Gisleniano.*

Et enfin, la cinquième, toujours d'un auteur anonyme, par ces mots : *Vita S. Aldegundis, auctore anonymo (Leodico).*

Nous devons encore mentionner : *Vita seu legenda beatæ Aldegundis,* par Jacques de Guise. Cette légende ou vie de la bienheureuse Aldegonde se trouve à la page 152, vii⁰ volume de ses *Annales historicæ illustrium principum Hannoniæ,* édition de Fortia d'Urban. — Jacques de Guise vivait au xiv⁰ siècle.

(1) Hucbald, opere cit. n. 6.
(2) Tome ii, p. 36.

BIOGRAPHIES MODERNES

1º Vie de sainte Aldegonde, publiée en 1570 par un religieux de l'Observance du couvent d'Avesnes. Adrien Baillet, dans la Vie des Saints qu'il a publiée en 4 vol. in-folio (Paris, 1704), l'y a insérée.

2º Histoire de la vie, mort et miracles de sainte Aldegonde, vierge, fondatrice, patronne et première abbesse des nobles dames chanoinesses de la ville de Maubeuge, par un père capucin de la province wallonne. En Arras, Guillaume de la Rivière, 1623.

Ce capucin était de la ville d'Ath et se nommait Basilidès. « Son travail, dit M. l'abbé Desilve, est celui d'un écrivain exact, solide et profondément instruit. Les réflexions qu'il ajoute à l'histoire sont d'un philosophe et d'un théologien. » Le P. Basilidès, s'adressant au lecteur, déclare qu'il n'a rien mis dans son livre *à la légère, sans discussion et sans fondement.* Puis il indique les principales sources où il a puisé pour la composition de son œuvre, et il cite notamment les bréviaires, lectionnaires et manuscrits des abbayes de S. Aldegonde à Maubeuge, d'Alne, de Saint-Amand, de Saint-Aubert à Cambray, de Saint-Guislain, de Hautmont, de Liessies, de Lobbes, de Marchiennes, de Maroilles, de Saint-Pierre à Gand, de Saint-Vaast en Arras, et de Sainte-Vaudru à Mons.

3º La vie admirable de la princesse sainte Aldegonde, fondatrice des dames chanoinesses de Maubeuge, par le R. P. Estienne Binet, de la Compagnie de Jésus. Paris, 1626.

Comme le P. Basilidès, notre auteur déclare qu'il s'est inspiré des récits les plus authentiques. « J'aime bien mieux peu, dit-il, bien solide et bien authentique, que hasarder plusieurs choses, surtout en ce siècle qui est si délicat..... Je n'ai donc pas laissé plusieurs choses par oubli, ou par ignorance, mais à dessein. »

Feller, dans sa biographie universelle, reproche au P. Binet son style diffus et incorrect. Cette critique nous semble peu juste ; nous y relèverons, avec plus de raison, le langage maniéré des beaux esprits du temps. Le bon Père est de son siècle ; il n'a pu se dépouiller de ce style précieux, mis en vogue par l'affectation italienne. Mais, disons bien vite que, sous une phraséologie bizarre, on trouve souvent les pensées les plus délicates, les comparaisons les plus heureuses, et ce nous fut un plaisir intime d'y découvrir, cachées et presque perdues, des perles charmantes, toutes brillantes d'un éclat inattendu. Disons encore, et ce sera une occasion de donner un échantillon de son style,

que le P. Binet, d'une piété aimable et douce, avait en grande horreur les fausses dévotes, et les fustigeant d'importance chaque fois
que l'occasion se présente, il les raille avec une verve impitoyable ;
oyez plutôt :

« Aldegonde n'était point du nombre de ces filles sottes et fainéantes
qui, ayant esté à genoux quelque temps *à enfiler des distractions* plutôt qu'à méditer, croient que tout leur est dû, qu'il les faut bien trai-
ter et bien choyer, et n'ont point après de forces que pour se reposer
et faire les délicates et les âmes d'élite.Vanité, ô Dieu ! et grande bétise,
et d'autant plus bétise qu'elle semble une grande sagesse et la créme
de dévotion. »

Enfiler des distractions ! L'image est parfaite.

M. l'abbé Delbos a publié en 1859, chez Casterman, à Tournay, une
vie de S. Aldegonde, sous ce titre : Vie de sainte Aldegonde, princesse
de Hainaut, fondatrice des dames chanoinesses de Maubeuge, extraite
de plusieurs écrivains du xviie siècle et en particulier du P. Etienne
Binet, de la Compagnie de Jésus. — M. l'abbé Delbos n'a guère fait
que reproduire, en rajeunissant le style, l'œuvre du P. Binet.

4º Vie admirable de la très illustre princesse Aldegonde, vierge
angélique, miroir des vertus, patronne de Maubeuge, par le R. P.
André Triquet, de la Compagnie de Jésus. Cet ouvrage a eu sept éditions de 1625 à 1665 (1). Une nouvelle édition a été donnée en 1837
(Maubeuge, Lévecque) par M. A. Estienne, qui fait suivre son travail
d'un grand nombre de notes, sous ce titre : *Notes historiques sur la
vie de sainte Aldegonde et sur les événements qui s'y rattachent.* Ces
notes, qui ont surtout le mérite d'une exactitude scrupuleuse, ont été,
bien que faisant corps avec l'ouvrage principal, imprimées séparément
chez Lesne-Daloin et fils, à Cambray, et ne comprennent pas moins
de 83 pp. in-12, petit texte.

En 1846, M. Hoyois, libraire éditeur à Mons, a reproduit, dans une
édition in-8º, la vie de sainte Aldegonde par le P. Triquet, avec les
notes de M. Estienne ; même reproduction   été faite, en 1867, par
M. Ch. Barthélémy, dans *les Vies tous de les Saints de France,*
t. viii, p. 907.

Nous avons dit que l'ouvrage du P. Triquet avait eu sept éditions
de 1625 à 1665. Néanmoins, à ces sept éditions, il faut en ajouter une
de 1651, inédite, que je ne trouve mentionnée nulle part et qui m'a été
révélée par la note suivante trouvée dans des papiers manuscrits de
M. Aimé Leroy, mon père :

---

(1) Le P. Triquet fait précéder parfois le titre de son livre, notamment dans l'édition de 1655, du mot *Sommaire ;* mais, en fait, toutes les éditions de son livre ne
donnent qu'un sommaire de la vie de notre sainte, un petit abrégé, comme le Père
Triquet l'appelle lui-même.

« La vie de S. Aldegonde, patrone de Maubeuge. 1651. (Ms in-4° de
« 48 pages.)

« Dans ce manuscrit, qui m'a été confié, en août 1836, par M. Vallez,
« curé d'Haumont (1), se trouve jointe, sur une feuille détachée, la
« lettre autographe suivante d'André Triquet, servant d'envoi de ladite
« vie à la supérieure des dames chanoinesses de Maubeuge, ainsi que
« l'indique la suscription mise au dos de cette lettre : « *A Madame*
« *madame de Maubeuge, audit lieux.*

✝

LA PAIX DE JÉSUS CHRIST.

« Madame, j'ay enfin achevé selon vôtre desir au moins mal qu'il
« m'a été possible la vie de vôtre chere mere, patrone et fondatrice,
« S. Aldegonde. Vous verrez ce que c'est, et il sera facile d'y adjouter,
« ou oster ce qu'on trouvera bon. Et cela fait, de la faire traduire en
« latin, et en termes tels qu'il conviendra pour estre présentée à Sa
« Sainteté. Il faut toutefois faire le tout le plus secretement qu'on
« pourra, et aviser à qui et par qui cela se pourra faire, et à petit
« bruit. Je crois que madame n'a pas faute d'amis à qui elle se pourra
« confier pour en wuider comme je viens de dire, de peur de gaster
« tout. Ce sera beaucoup si on en peut venir là, qu'on en face une
« commémoration, et qu'on puisse faire un office semi-double, ad libi-
« tum, c'est-à-dire libre, et le fera qui voudra en ces Pays-Bas.

« Il faut tenter l'affaire, car si on ne demande rien, on ne donnera
« rien. La chose vaut bien un demander. Il faut bien balancer les
« raisons qu'on veut apporter pour persuader à Sa Sainteté ce que l'on
« veut demander. Et on ne saurait croire combien il importe d'avoir
« un amy fidel, qui ait la chose à cœur, et qui soit des-intéressé. Il n'y
« a pas un saint des Pays-Bas qui soit dans le kalendrier romain. C'est
« une sainte fort renommée, et admirable, et de laquelle tous les mar-
« tyrologes font une mention honorable. Elle est aussi fort ancienne et
« il y a maintenant mille ans qu'elle fleurissait en vertus et mira-
« cles. La plupart des églises des Pays-Bas en font ja office.

« Voilà, madame, une partie des raisons qu'on pourra alléguer pour

---

(1) M. l'abbé Vallez, actuellement aumônier de l'Hospice, au Quesnoy, malgré de
nombreuses recherches, n'a pu retrouver ce manuscrit, qui'l se souvient, m'écrit il,
d'avoir eu entre les mains; mais, après bientôt un demi siècle, on comprendra que
soumis à de fréquents déménagements, ce manuscrit ait fini par disparaître.

« induire Sa Sainteté à condescendre à vos ss. et vertueux désirs. Ne
« faisant cete plus longue que pour me dire,

     « Madame,

       « Votre très humble serviteur en J. C.

          « ANDRÉ TRIQUET.

 « De Tournay, ce 29 janvier 1652.
 « La veille de S. Aldegonde. »

Enfin nous devons mentionner une vie de sainte Aldegonde par le
P. Triquet, dont la belle bibliothèque de M. du Marais, de Valenciennes, possède un exemplaire. Elle est intitulée : Sommaire de la vie
admirable de S. Aldegonde, vierge angélique, miroir de vertus, patronne de Maubeuge. — Par un Père de la Compagnie de Jésus. —
In-16, de 68 pp. — Liège, chez Jean Tournay, imp. juré près l'église
paroissiale de S. Aldegonde, 1625.— Ce petit livre est dédié à MM. les
Prevost, Doyen et Chapitre de S. Denis, à Liège.

Comme on le voit, le nom de l'auteur n'est pas indiqué ; mais
ce n'est que la reproduction textuelle, abrégée, de l'ouvrage du
P. Triquet.

Dans la dédicace on lit : « ..... Or est-il que ces jours passés m'est
tombé entre les mains un petit sommaire de la très sainte et angélique vie de S. Aldegonde, qui est à mon advis un très-riche trésor,
où j'ay trouvé en amas toutes les plus rares et brillantes vertus, lesquelles jadis ont esclaté en cette saincte comme autant de diamants et
pierres précieuses. Sur quoy ayant esté requis de le mettre sous presse
pour en après le débiter au profit du public, et à l'honneur de la très
sainte vierge Aldegonde, je n'ay peu que très volontiers y condescendre.....

   Votre très humble etc.

       JEAN TOURNAY.

De Liège, ce 20 janvier 1625. »

D'où l'on peut conclure, sans trop craindre de s'aventurer, que dès
longtemps nos voisins pratiquent la contrefaçon (1).

---

(1) J'ai beaucoup emprunté, dans la vie de sainte Aldegonde, aux Pères de la
Compagnie de Jésus. Les grands travaux de cet ordre illustre sont connus, mais
peut-être ne sait-on pas assez avec quel zèle et quelle patience ils se sont employés
à ranimer la piété des peuples envers les saints et, si je puis dire, les dévotions du
pays. En ce qui concerne sainte Aldegonde, je dois particulièrement citer les
RR. PP. de l'ancienne Compagnie, Bollandus, Smet, Ghesquière, Estienne Binet et
André Triquet ; enfin, s'il faut être juste, même pour les siens, il ne me convient
pas de taire que j'ai trouvé, pendant même la composition de cet ouvrage, les conseils d'un esprit délicat, et parfois un concours plus actif dans un religieux de la
Compagnie de Jésus, le Père Henry Leroy, l'un de mes fils.

5° Vie de sainte Aldegonde, par le P. Héribert Rosweide, de la Compagnie de Jésus. Cette vie, écrite en flamand, a été traduite en anglais et imprimée à Paris en 1632, puis à Saint-Omer.

6° Légende choisie du pays de Flandre. Sainte Aldegonde, patronne de Maubeuge, par Aimé Leroy. Brochure de 25 pages. — Valenciennes, Prignet, 1830. — Extr. des Archives du Nord, t. I, p. 249.

M. l'abbé Desilve, dans la préface de sa traduction manuscrite d'Hucbald (p. vII), mentionne cette brochure et ajoute : « M. Aimé Leroy raconte avec beaucoup de charme et d'esprit la vie de sainte Aldegonde. Malheureusement, quelques réflexions, quelques traits empreints d'une regrettable mondanité, déparent son gracieux récit. »

7° Sainte Aldegonde, vierge, fondatrice du monastère de Maubeuge, par M. l'abbé Destombes. (Vies des Saints des diocèses de Cambrai et d'Arras, t. II, p. 75.) C'est un excellent résumé.

Notons encore :

1° Annales de la province et comté du Hainaut, par François Vinchant. Edition de 1848, publiée par la Société des Bibliophiles belges. — Vinchant, né en 1580, est mort en 1635.

2° *Sainte-Aldegonde*, tragi-comédie, en cinq actes et en vers, par Jean d'Emetières. Tournay, Adrien Quinqué, 1645, in-8°. — Ouvrage bizarre et d'une grande rareté.

3° Notice historique sur la commune de Cousolre, depuis les temps les plus anciens jusqu'aujourd'hui, avec cartes et vues, par A. Jennepin. — Maubeuge, Beugnies, 1877.

4° Enfin, les offices propres de la collégiale de Maubeuge, *Officia propria peculiarium sanctorum nobilis ecclesiæ collegiatæ Melbodiensis* (Douai, Baltazar Bellière, 1624), nous donnent l'ancienne liturgie de sainte Aldegonde. Plusieurs passages sont animés d'un pieux et poétique enthousiasme. Nous la reproduirons d'ailleurs à peu près *in extenso* au n° vII de l'appendice.

MANUSCRITS

Les manuscrits contenant la vie de sainte Aldegonde se sont multipliés. Bollandus, pour publier l'œuvre d'Hucbald, avait interrogé les manuscrits de Maubeuge et de Liessies (1). La plupart ont disparu. Nos bibliothèques publiques en ont néanmoins recueilli quelques-uns, épaves des anciennes abbayes ; celle de Valenciennes possède un manus-

---

(1) Hanc e veteri Ms. Lætiensi et duobus Malbodiensibus descripsimus. (Bollandus, *De S. Aldegunde virgine*, apud Palmé, t. III, p. 650, n. 5)

crit en 5 vol. in-folio sur velin, des xi⁰ et xii⁰ siècles, provenant de l'abbaye de Saint-Amand, et désigné par M. Mangeart, dans son catalogue
des manuscrits de cette Bibliothèque, n⁰ 471, sous ce titre : *Quinque
libri legendarum sanctorum.* La huitième vie du premier volume,
feuillet 41, est une vie de sainte Aldegonde. Cette vie d'ailleurs n'est
autre que celle de la Bienheureuse par le moine Hucbald, dont on a
retranché la dédicace et le prologue.

M. Estienne possédait un manuscrit intitulé : *L'heureuse et clere vie
de Madame saincte Audegonde, vierge et abesse,* traduict du latin en
franchois. Ms. petit in-8⁰, à la fin duquel on lit : « Le tout extraict de
l'original traduit du latin en franchois par F. Gérart Pierart l'an 1354,
par moi N. Grégoire, ce 11 feb. 1611. »

M. Aimé Leroy, mon père, a eu entre les mains ce manuscrit, dont
il devait la communication à l'obligeance de son possesseur (Archives
du Nord, t. I, p. 250). Malheureusement ce manuscrit s'est perdu avec
la plupart des documents relatifs à S. Aldegonde et au monastère de
Maubeuge que, pendant un demi-siècle, M. Estienne, de vénérable
mémoire, avait sauvés de la destruction en les recueillant partout où il
pouvait les rencontrer. Ces documents, formant une volumineuse collection, ont, paraît-il, disparu, au moins en partie. Toutes mes démar-
ches pour en obtenir communication sont restées infructueuses. L'auteur de la *Notice sur la commune de Cousolre,* M. Jennepin, plus
favorisé que moi, a pu porter une rapide investigation sur les débris
survivants d'une perte si regrettable ; ils ne lui ont rien appris
d'ailleurs concernant notre sainte. Voici enfin, sur cette collection, un
dernier renseignement que nous puisons dans l'ouvrage publié en 1841
par le docteur Le Glay, et intitulé : *Mémoire sur les Bibliothèques
publiques et les principales bibliothèques particulières du département
du Nord.* A la page 287 de cet ouvrage, M. Estienne énumère lui-
même les principaux documents en sa possession se rapportant à sainte
Aldegonde et à son monastère. Nous ne reproduirons pas cette énumération. Nous constaterons seulement qu'outre *L'heureuse et clere vie
de Madame saincte Audegonde,* dont nous venons de parler, M. Estienne cite une autre Vie de la sainte : « Abrégé de la vie de sainte
Aldegonde, vierge et patronne de la ville de Maubeuge, avec un recueil
des antiquités de la ville et des choses les plus mémorables qui s'y
sont passées, extraites des mémoires que nous en ont laissés nos anciens, avec ce que j'ai vu de mes jours, etc. Petit in-f⁰ de 35 pages. »
L'original de cet ouvrage avait servi en 1793 à faire des cartouches ; la
copie, qu'en possédait M. Estienne, était due à M. Carion, chanoine et
secrétaire du chapitre des chanoines de Maubeuge.

HISTOIRE DE SAINTE ALDEGONDE

CHAPITRE IER

Naissance d'Aldegonde, son éducation.
Visions dont elle est favorisée.

ERS l'an six cent trente de l'Incarnation de Notre Seigneur Jésus-Christ, sous le pontificat d'Honorius, Dagobert I gouvernant pour lors tout le royaume de France, naquit la vierge Ald egonde (1), au village de Cour-solre (2), comté du Hainaut, pays d'Austrasie, « fortunée province qui a eu l'honneur de pouvoir faire esclore ce noble

(1) Le mot Aldegonde vient du tudesque *ald,* noble, et de *gund* ou *gunt,* fille ou femme. Aussi retrouve-t-on cette dernière terminaison dans un grand nombre de noms de femmes frankes de la période mérovingienne et de la période carlovingienne, par exemple dans *Frede-Gund, Ing-Gund, Kune-Gund, Hilde-Gund.* (Piérart, *Recherches historiques sur Maubeuge,* p. 139.)

(2) Coursolre. — *Curtis solræ.*

Curtis, court, ou cour d'un logis, du latin *chors, chortis ;* mais le

bouton de rose qui, s'épanouissant, embaumera tout ce grand univers de l'odeur de ses vertus (1) ».

Le père d'Aldegonde se nommait Walbert, et sa mère Bertilie.

Walbert, quatrième du nom, comte du Hainaut, descendait des rois mérovingiens (2) ; c'était un prince généreux que sa fortune et sa naissance élevaient au premier rang parmi les seigneurs des Gaules (3).

Bertilie tenait, par sa naissance, au trône de Thuringe ; elle joignait aux grâces de la figure la noblesse du sang royal (4).

Tous deux, animés d'une sainte ferveur, menaient une vie toute spirituelle, répandant leurs largesses dans le sein des pauvres, et leur compatissance, s'étendant à tous les cœurs affligés, avait un baume pour toutes les blessures, une consolation pour toutes les souffrances (5).

Walbert résidait habituellement dans son château de Coursolre.

Cependant plusieurs années s'étaient écoulées, et le Ciel n'avait point encore béni l'union de Walbert et de Bertilie, ni réjoui leur cœur au parfum « de quelque rose naissante

plus souvent ce mot signifie la maison, la métairie, comme dans la loi salique, tit. 6, parag. 3. (Ménage, *Dictionnaire étymologique de la langue française,* v° *Court*), et, par extension, réunion des bâtiments destinés à une exploitation agricole, village.

Solra ou *sorra*, source, cours d'eau.

Coursolre signifie donc village sur un cours d'eau.

M. Jennepin, dans l'intéressant ouvrage que nous avons mentionné plus haut, consacre un chapitre à l'étymologie du nom de Coursolre.

Coursolre, qui s'écrit maintenant Cousolre, mais dont je conserverai toujours l'ancienne orthographe, est situé dans l'arrondissement d'Avesnes, à quatorze kilomètres de Maubeuge.

(1) E. Binet, *Vie de S. Aldegonde*, p. 2.

(2) Appendice 1.

(3) Sanguinis generositate et rerum amplitudine inter Galliarum princeps præcipuus. (*Histoire du Hainaut,* par Jacques de Guise, édition du marquis de Fortia d'Urban, p. 48.)

(4) Regii sanguinis nobilitate et formosi sanguinis speciositate inclyta. (J. de Guyse, *loc. cit.*)

(5) *Acta SS. Belgii.* t. iii, p. 333, et . v. p. 315.

dans les espines du mariage. » Mais ils firent tant par leurs
prières, accompagnées d'aumônes et autres saintes œuvres,
qu'enfin le Seigneur leur octroya, par une grâce insigne, une
enfant de bénédiction, Valdétrude (sainte Vaudru), qui sera
« l'honneur de la noble ville de Mons, en Hainaut (1). »

Valdétrude était née vers l'année 612 (2). Longtemps elle
resta l'enfant unique des pieux châtelains de Coursolre. Mus
par un sentiment peut-être trop humain, Walbert et Bertilie
eurent de nouveau recours aux prières et aux larmes pour
impétrer de Dieu un fils qui pût être le bâton de leur vieil-
lesse, l'appui de leur maison et l'honneur de leur race. Que
les hommes sont hommes, qu'ils sentent bien la terre et res-
sentent fort peu les choses du Ciel. Mais Dieu se rit de leurs
vains désirs, ou parfois, accomplissant, sur de fidèles serviteurs, ses desseins de miséricorde, il les exauce surabondam-
ment, mais par des voies, semble-t-il, diamétralement oppo-
sées au but poursuivi et qui déconcertent tant de plans sage-
ment combinés; aux prières de Walbert et de Bertilie, Dieu
accorda sainte Aldegonde, qui perpétuera leur nom et leur
sainteté à travers les siècles, enfantera des armées de vierges
et fera resplendir au firmament céleste plus de saints personnages que le firmament de ce monde n'est diapré d'étoiles.

« Cette petite créaturette était belle comme le jour et
agréable comme un ange du paradis. Ses parents la firent
élever avec un tendre soin durant sa jeunesse, et versèrent
plus de vertus que de lait dans sa bouche enfantine, prenant
garde qu'on ne montrât à cette colombe rien qui pût trou-
bler son imagination, et graver quelque chose mauvaise
dans la délicatesse de son cœur virginal. L'aube naissante

_____

(1) *Le portrait de l'état de mariage et de continence fait sur la vie
de la très-illustre sainte Waudru, comtesse de Hainaut, patronne de
Mons,* par le R. P. Jacques Simon.

(2) On n'est pas fixé sur la date de la naissance de Valdétrude. Je
me suis arrêté à la date de 612, indiquée d'ailleurs par l'auteur de sa
vie, le P. J. Simon, parce qu'il m'a paru qu'elle concordait mieux avec
les dates diverses qui se partagent la vie de nos deux saintes, Valdétrude et Aldegonde.

indique la beauté du jour, et l'orient, se parant d'écarlate, présage les doux rayons d'un soleil sans nuages ; de même, ces petits rudiments de la petite vierge, et ces premiers essais de perfection, nous prédisent sans faute la beau·é de sa vie qui sera toute dorée de l'or fin de la charité, toute rayonnante d'une sainteté admirable (1) ; » et telle on voit l'épouse des Cantiques, brillante comme l'aurore quand elle se lève, s'avancer éclatante comme le soleil, terrible comme une armée rangée en bataille (2), telle nous verrons notre sainte croître en vertus à mesure qu'elle grandira en âge et en raison. Dieu se plaisait dès lors à lui accorder de grandes lumières, et à parler amoureusement à son cœur. Jésus-Christ, vrai soleil de justice, océan de lumière, voyant le cœur si pur de cette simple vierge, l'inondait de ses rayons, et l'embrasait des flammes de son divin amour. Affamée de Jésus et jamais rassasiée (3), son âme saintement ravie se perdait et s'abimait dans la contemplation de ses perfections infinies.

Dieu, qui avait résolu d'élever bien haut, dans le cœur de la jeune vierge, l'édifice de sa sainteté, lui inspira de donner à cet édifice « le bon fondement d'une très-profonde humilité, et d'un très-bas sentiment de soi-même (4). Aldegonde n'ignorait pas que si la charité fait l'ornement et la grâce de toutes les vertus, l'humilité en est la base. Par sa rare modestie, la simplicité de ses manières, la bonté de son naturel, Aldegonde ravissait tous les cœurs. Sous l'or et les pierres précieuses dont brillaient ses vêtements, elle s'humiliait dans le cilice et dans la cendre, « et n'estimait rien de grand, sinon d'être bien petite. »

Toute enfant, Aldegonde brûlait déjà d'un vif amour pour les pauvres, et ne pouvant satisfaire au besoin de son jeune

(1) E. Binet, p. 12.
(2) Cant. 6, 9.
(3) Hunc esuriens sitiebat, et sitiens esuriebat. (*Vita S. Aldegundis*, auctore anonymo, prima apud Bollandum, n. 3.)
(4) Binet, p. 33.

cœur de donner et de donner toujours, elle se dépouillait,
avec joie, en leur faveur, de ces menus objets (1) dont une
fille mondaine aime tant à parer sa jeunesse et sa beauté; et
la pieuse enfant donnait d'une si douce façon et avec tant de
sainte libéralité, que la valeur du don disparaissait, en quelque sorte, devant la délicatesse qu'elle mettait à l'offrir. On
raconte que les pauvres, émus de tant de charité, pleuraient
de joie en la voyant, au matin de sa vie, répandre, comme
l'aurore d'un beau jour, sur la terre aride, une abondante
rosée (2), et Aldegonde pouvait dire, avec le saint homme
Job : « La miséricorde et moi avons pris naissance en
même temps, le même sein nous a enfantés, nous avons été
couchés dans le même berceau (3). »

Cependant, Walbert et Bertilie, s'ils étaient quelque peu
enorgueillis de leur grande naissance, se souvenaient toutefois du nom chrétien qu'ils avaient reçu à leur baptême, et
tous deux se conjouissaient de découvrir, chaque jour, dans
leur fille bien-aimée, de nouveaux trésors de vertus et de
piété. La grâce divine opérait merveilleusement sur cette enfant de bénédiction. Dédaignant tout livre et toute science
qui ne lui parlaient point de Dieu, Aldegonde s'instruisait
dans les sacrées Écritures : vrai parterre où se rencontrent
tant de fleurs et de fruits, fruits et fleurs qui réconfortent et
embaument notre âme et lui apportent d'inappréciables
jouissances. Là, Aldegonde goûtait combien est doux et
vivifiant l'esprit caché sous l'écorce de la lettre; là, sans que
nul bruit s'en répandît au dehors, elle entendait sonner en
son cœur les célestes et chastes aspirations de l'Esprit de
Dieu (4), et déjà même, en ses enfantines années, pénétrée
des flammes de l'amour divin, elle aimait ardemment le Sau-

---

(1) Le P. Binet se sert d'un mot fort expressif pour désigner ces
menus objets : il les appelle des *béatilles,* probablement parce qu'elles
font le bonheur et la joie des jeunes filles.

(2) E. Binet, p. 41.

(3) Job, 31, 18.

(4) Basilidès, pp. 3o et s.

veur Jésus, et, dans un âge si tendre, avait plus à souhait de plaire au Seigneur Christ qu'aux hommes du siècle.

Quand Dieu destine des âmes à de très grandes choses, il leur découvre des secrets cachés au commun des mortels, et sa grâce a pour elles des clartés soudaines ; elles voient mieux et plus loin. Ainsi en agit-il avec la jeune Aldegonde Tandis qu'elle vivait encore sous le toit paternel, de célestes contemplations la venaient ravir, soit dans la veille, soit dans le sommeil, s'offrant à elle dans cette lumière de la grâce qui l'environnait.

Ces révélations, d'aucuns pourront les rejeter comme inutiles et invraisemblables, mais plusieurs, à qui la sagesse ne fait point défaut, ne trouveront ni étrange, ni incroyable, qu'une jeune fille qui va de toute son affection au service de Dieu, soit réconfortée par les entretiens des bons anges (1).

Hélas ! d'autres âmes, que la négligence laisse ouvertes à de criminelles images, sont souvent le jouet des illusions du démon.

Une nuit donc, — car le Seigneur aime parfois à parler au milieu des ombres et du silence de la nuit, lorsque les hommes reposent dans le sommeil (2), — la sainte ouït une voix qui lui promet d'inestimables richesses. L'esprit de la jeune fille s'étonne de cette révélation ; elle ne sait ce qu'elle doit en croire. Pendant qu'elle recherchait en elle-même le sens des paroles qu'elle avait entendues, elle se sentit tout à coup transportée devant un magnifique palais, soutenu par sept colonnes, dont l'intérieur resplendissait de lumière, et, s'im-

---

(1) Il convient de faire remarquer ici que les fondateurs d'ordres religieux ont été favorisés, entre tous, de visions et de révélations divines, ainsi qu'on peut le voir d'ailleurs dans les Actes de S. Benoit, de S. Bernard, de S. Dominique, de S. François, de S. Ignace, de S. Thérèse et de tant d'autres. Appelés à de grands travaux, la Providence les a gratifiés de faveurs toutes spéciales. Ce point est longuement développé dans la bulle de Benoit XIV sur la canonisation des saints. V. le commentaire du P. Smet, dans les *Acta SS. Belgii*, t. IV, p. 314, n. 57.

(2) Per somnium in visione nocturna, quando irruit sopor super homines, et dormiunt in lectulo. (Job, 33, 15).

prégnant de l'odeur suave du Christ, en répandait les parfums au dehors (1). A ce moment ses yeux s'ouvrirent ; elle
reconnut, en son esprit, qu'on la conviait aux richesses éternelles (2) ; les promesses à elle faites n'étaient autres que le
don céleste indiqué par ces paroles : « Venez à moi, vous
tous qui êtes dans le travail et dans la peine, et je vous sou-
lagerai (3). »

Aldegonde fut confirmée dans ces pensées par une nouvelle vision. Une voix s'éleva, l'avertissant de dédaigner
tout ce qui est corruptible pour s'éprendre plus sûrement de
ce qui ne peut l'être (4). La voix disait : « Aldegonde, si
vous voulez gagner le Ciel, quittez la terre ; car d'avoir le
Ciel et la terre, cela ne se peut ni ne se doit espérer. »

Dès son plus jeune âge, Aldegonde avait pris la résolution
de s'abandonner entièrement, de corps et d'âme, au roi des
pures amours, s'étudiant sans relâche à conserver intactes la
pureté de son corps et la netteté immaculée de son âme (5).
Cette hermine eût mieux aimé mourir que de ternir sa blancheur, ce rayon eût mieux aimé s'éclipser que de ternir son
éclat, et ce lait, ce lys, cette rose ne put souffrir qu'on tachât
sa beauté (6). Pour conserver ce trésor si délicat, la vierge
sage s'armait d'un âpre silice, se nourrissait de jeûnes et de
prières, et couchait souvent sur la dure. Par ces pieuses austérités, elle combattait tout ce qui pouvait altérer la pureté
de son corps innocent. De là vient que les anges se complai-
saient dans leurs communications familières avec la fidèle
servante du Seigneur, et l'un d'eux, lui apparaissant un jour

---

(1) Jam ducta stetit ad ostium domûs magnæ septem columnis sigil-
latim subnixæ, clara cuncta ornamenta aromatum flagrantia intros-
pexit, miro vapore suavissimoque odore Christi imbuta. (*Vita S. Aldegundis,* auctore æquali, n. 5.)
(2) Hucbald, n. 5.
(3) Matth., 11, 28.
(4) Hucbald, n. 5.
(5) Puritate innocentis ætatulæ serviebat Domino quotidie. (*In festo
S. Aldegundis,* ad vesp. respons. prim.)
(6) E. Binet, p. 530.

tout brillant d'un éclat incomparable, Aldegonde lui dit :
« O père de mon âme, pourquoi tant de splendeur et de
magnificence ? » L'ange lui répondit : « J'ai entendu une
voix dans Jérusalem, et cette voix prédisait que vous seriez
un jour consacrée au service du Seigneur. » Puis, élevant
les yeux au Ciel : « O maître redoutable du salut éternel,
qui par moi, ton ange, as daigné visiter ton humble servante, à vous honneur et gloire par tous les siècles des siècles. » Il dit encore : « O vierge, fleur bénie, que féconde la
rosée du Ciel, si vous connaissiez la récompense que Dieu
le Père vous réserve dans son Paradis, le monde ne serait
plus pour vous qu'une vaine et fugitive apparence. » Enfin,
accentuant sa parole avec une énergie particulière, il dit :
« Aldegonde, vous n'aurez point d'autre époux que le Seigneur Jésus (1). » A ces mots, la vierge a tressailli d'une joie
profonde, et se prosternant : « Qu'il me soit fait selon votre
parole. »

Heureuses les âmes qui sont fidèles à Dieu, et, ne s'attri-
buant aucun bien, en reportent la gloire à Celui de qui tout
bien découle. Bientôt une nouvelle et signalée faveur viendra
témoigner, de la part du divin Rédempteur, qu'il ne veut rien
épargner pour faire complètement sienne celle qui n'épargne
rien pour son service.

Dans la nuit qui suivit l'apparition que nous venons de
raconter, après la prière du matin, au moment où repassant
en son cœur les paroles de l'ange, Aldegonde fondait en
larmes de consolation, elle voit soudain devant elle un
aimable enfant, d'une beauté singulière, beau entre tous les
enfants des hommes ; une robe, aux plis flottants, découpés,
semble-t-il, dans l'azur du firmament, revêt ses membres
délicats, et son visage reflète toutes les grâces du Ciel. Alde-

----

(1) O virgo florigera cœlesti vincto cultori, si scires donum cœleste
tibi a Deo Patre promissum, parva tibi esset species hujus mundi. Qui
manifestè afferens dixit : Non habebis alium sponsum, nisi Christum
Dominum. (*Vita S. Aldegundis*, auctore æquali, n. 6. — V. Hucbald,
n. 5.)

gonde est hésitante; un sentiment inconnu, une joie qui
n'est pas de ce monde ont envahi toutes les puissances de
son âme. Quel est-il ce nouvel envoyé du Seigneur ? Mais
voici que retentit la parole d'un ange : « Celui-ci est le
Christ, fils du Dieu vivant, froment des élus, qui, en parlant
de lui-même, a dit : « Je suis le pain vivant, descendu du
Ciel..... (1). » Et la vierge reçoit, des mains de son céleste
Époux, une robe d'une blancheur éclatante, la robe de ses
chastes hyménées, une palme verdoyante, la palme du
triomphe, symbole des victoires qu'elle devait remporter sur
ses ennemis, et une couronne formée des plus magnifiques
joyaux, couronne non tressée par la main des hommes,
mais que le divin ouvrier avait façonnée de ses propres
mains (2).

Puis l'enfant Jésus disparut, laissant sa bien-aimée dans
toute la joie de ces ineffables douceurs.

L'enfer a frémi ! Un rayon de la bénite apparition, qui a
sacré Aldegonde la fiancée du Christ, a pénétré jusqu'aux
profondeurs de l'abîme, et le prince des ténèbres, rugissant
de honte et de colère, se dispose à disputer à Dieu cette
innocente victime; et Dieu le permit ainsi, peut-être afin que
les vicissitudes des choses humaines, et les alternatives des
prospérités et des adversités de cette terre d'exil eussent leur
cours ordinaire, ou plutôt pour que, nonobstant l'alliance
qu'il venait de contracter avec son humble servante, elle se
gardât néanmoins de toute présomptueuse confiance en elle-
même, et qu'elle continuât à soutenir courageusement le
combat de la vie. Aldegonde fut assaillie de mille pensées
désolantes; l'ange prévaricateur, désireux de l'entraîner dans
sa chute, lui suggérait d'impies blasphèmes, des frayeurs,
des désespoirs, et cherchait à l'abattre par des peines insup-
portables. Agitée en son âme par tant de mouvements con-
traires, cette vierge si rudement éprouvée, avait le cœur en

(1) Jean, 6, 51.
(2) *Vita S. Aldegundis*, auctore æquali, n. 7. — V Hucbald, n. 5.)

proie à de cruelles étreintes. O Dieu, quel martyre pour cette tendre et très-chaste enfant d'avoir l'âme ainsi poursuivie de pensées et d'images mauvaises qui troublent le repos de son cœur, et lui semblent ternir la glace très-pure de sa virginité. Mais la rage de l'esprit infernal n'était pas encore satisfaite, et il se résolut d'effrayer, par son horrible aspect, cette vierge timide, dont les regards n'avaient contemplé jusque-là que la figure radieuse des esprits célestes. Tel qu'un loup ravisseur, fuyant les gorges desséchées des montagnes, se précipite à travers bois et clairières, et faisant craqueter ses dents, s'élance sur la proie qu'il va dévorer, ainsi cet ancien ennemi de l'homme s'offre tout à coup aux regards de notre chère sainte. Furieux du choix que son maître a fait du cœur d'Aldegonde, et dans sa rage, dévoré des flammes de l'envie, il ne peut maîtriser les sentiments de jalousie qui lui torturent le cœur : « Tu es fière de ta vertu, lui dit-il, et ta force se rit de mon impuissance ! Dieu veut te faire asseoir sur le trône que j'ai perdu ; ta virginité me fait horreur, et j'ai tenté en vain de t'en arracher la couronne (1). » — Mais la vierge du Christ a raffermi son cœur : Esprit de ténèbres, lui dit-elle, esprit de ruse et de mensonge, Notre Seigneur Jésus-Christ t'a précipité du haut du Ciel, toute ta fureur s'est tournée contre l'homme créé à son image, et tu t'efforces de l'entraîner avec toi dans les flammes éternelles. Apostat, je te l'ordonne au nom du Christ retire-toi, et va cacher ta honte au plus profond des enfers. »

A l'instant, le Démon disparut.

Alors le Seigneur juge l'épreuve suffisante, son amour ne la veut plus prolonger. C'est le temps de pacifier le cœur de sa fiancée, de l'établir dans la sérénité, inestimable présent que le Seigneur Jésus réserve à son Aldegonde et dont

---

(1) Cur mihi illudis columna immobilis ? Regnum quod perdidi dabit tibi Omnipotens. Displicet mihi valdè tua virginitas, et conatus sum eam tibi eripere, sed nequaquam. (*Vita S. Aldegundis,* auctore æquali, n. 8. — V. Hucbald, n. 5.)

son ange gardien sera le messager : « Salut, Aldegonde, ô
vierge bénie, le Tout-Puissant ne vous abandonne point,
votre nom est inscrit au livre de vie, l'amour de Dieu console et couronne le labeur de vos combats. Un jour vous
vous assierez au milieu des vierges, un jour vous serez
admise en leur sacrée hiérarchie ; vierge bienheureuse, il
vous souvient de ce diadême que la main du bon Maître,
dans une vision céleste, déposa sur votre front ; gardez cette
couronne, Aldegonde, et méprisez la vanité de la terre (1). »
Ainsi fut calmée la tempête, et comme la terre est rafraîchie
par la violence même des grandes pluies, Aldegonde sentit
la joie divine dilater son âme, des larmes abondantes
s'échappèrent de ses yeux, elle disait : « Je me donnerai
toute à vous, ô mon Dieu, et je confesserai votre nom,
parce que vous êtes bon. » — Elle disait encore : « Je recher-
cherai la voie sainte et j'y marcherai, en chantant le nom
du Seigneur. Quand viendrez-vous à moi ? » — Et encore :
« Que ceux qui me haïssent soient confondus, parce que
vous, Seigneur, êtes mon aide et ma consolation (2). »

Mais le tentateur se tranforme parfois en ange de lumière,
et Aldegonde n'ignorait pas le danger de régler sa vie sur
des apparitions, sujettes à beaucoup d'illusions ; puis l'âme
qui en est favorisée donne facilement accès à la superbe, et
ses filles, la vanité, la présomption, l'ambition et beaucoup
d'autres maux viennent en foule tenir leurs assises dans une
telle âme, et la ruinent. Pour se déprendre de ces filets, et
éviter ces pièges, la vierge eut recours à ceux qu'elle croyait
être doués du don de discerner les esprits, et consignant par
écrit le récit de ses visions, elle confia cette narration à un

____

(1) Hucbald, n. 5.
(2) Voluntariè sacrificabo tibi, et confitebor nomini tuo, Domine,
quoniam bonum est. Iterùm dicebat : Psallam et intelligam in viâ
immaculatâ ; quando venies ad me ? Et iterùm : Fac mecum signum
in bonum ut videant qui oderunt me et confundantur, quoniam tu
Domine adjuvisti me et consolatus es me *Vita S. Aldeg.*, auctore
æquali, n. 8.)

moine appelé Sobinus, homme instruit et prudent, abbé du monastère de Nivelle (1). Cette communication était faite avec une grande candeur et une grande sincérité. Aldegonde recevait alors, avec beaucoup d'humilité, les conseils de l'homme de Dieu, et elle faisait, de sa décision, la règle de sa croyance et de sa conduite.

Tant de sagesse, unie à tant de simplicité et de détachement de son propre sens, attirèrent sur notre chère sainte de nouvelles faveurs. Ce ne fut plus seulement pendant son sommeil, ou dans les ravissements de l'extase qu'elle put

---

(1) Cette narration s'est perdue. « O, s'écrie à ce sujet le P. Basilidès, que ne nous a le bon Dieu fait dignes de rencontrer, si non les écrits mêmes de la main de S. Aldegonde, au moins l'exact narré de ses apparitions ! » Nous n'avons plus à manifester les mêmes regrets. Sans doute, le texte même de la narration de S. Aldegonde serait d'un prix inestimable ; mais une découverte, qui date de la seconde moitié du xviie siècle, y a suppléé en grande partie. Nous avons eu occasion de citer souvent, et nous citerons encore plus d'une fois, la vie de S. Aldegonde par un auteur anonyme contemporain, qu'on croit être un moine de Maubeuge. Or, cet auteur contemporain nous donne, avec de nombreux développements, le narré des apparitions dont fut témoin notre sainte ; bien plus, il déclare avoir eu communication du manuscrit qui contenait le récit de ces visions, et remis par la sainte au moine Sobinus. S'il en est ainsi, à défaut du texte original, nous en avons une reproduction à peu près complète. Le moine de Maubeuge s'attache à ne rien omettre d'important. Nous avons résumé, avec toute la fidélité possible, son travail, d'un latin un peu obscur, mais rempli de détails touchants. A vrai dire, sa narration n'est que l'écho de la narration d'Aldegonde ; dans ces récits, empreints d'une grâce particu lière, on reconnaît, ce me semble, la main, l'esprit, le cœur d'une jeune fille, la chaste fiancée du Christ ; parfois le cœur déborde et se répand en de pieuses affections.

Notons encore que notre auteur contemporain mérite toute croyance ; sa bonne foi n'est pas mise en doute, et il apporte à la composition de son livre un grand esprit d'exactitude et de vérité. Je ne raconterai, dit-il, que ce que j'ai vu, et ne rapporterai que ce que j'ai entendu de la bouche de témoins irréprochables : « Tantum juxta id quod vidimus, aut per idoneos testes audivimus, scribere conabor.» (*Vita S. Aldegundis,* auctore æquali, n. 18.)

Cette vie, restée inconnue pendant de longs siècles, fut retrouvée, avons-nous dit (Bibliog. p. xxxiii), par d'Achery et Mabillon. Hucbald paraît cependant en avoir eu connaissance, et l'auteur anonyme de la première vie de S. Aldegonde donnée par Bollandus en reproduit textuelle ment certains passages. Les PP. Basilidès, Estienne Binet et Triquet, dont les écrits sont postérieurs à cette découverte, n'en font aucune mention.

converser avec les anges, mais, tandis qu'elle veillait, ils ne cessaient de la réjouir de leur présence et s'entretenaient avec elle de ses chastes fiançailles (1).

La bénie vierge goûtait,en ces ravissements,une extraordinaire suavité. Ces merveilleuses apparitions augmentaient en elle l'amour des vertus, et leurs progrès conduisaient son âme à une lumière toujours plus abondante et plus sereine. A travers toutes ces manifestations du Ciel, sous le souffle vivifiant de la grâce, Aldegonde, douce brebis soustraite à la dent du loup par la main du bon Pasteur Jésus, était conduite,avec une vigilance pleine d amour, à la bergerie du Roi éternel. « O Père, lui disait-elle, que nulle souillure ne vienne jamais ternir la pureté de mon âme, et que toujours soumise à votre loi, je continue à marcher dans les voies de la justice ! Seigneur, si admirable dans les plus petites choses, mais plus admirable dans les grandes, vous faites descendre, sur nos cœurs desséchés, la rosée de votre grâce, grâce féconde qui engendre les âmes à la vie éternelle (2), car vous avez dit ; Si quelqu'un a soif, qu'il vienne à moi et qu'il boive, et il n'aura plus jamais soif, parce qu'il sort de mon cœur des fleuves d'eau vive. O mon Dieu, vous avez révélé vos secrets à moi indigne , louange et gloire à vous par tous les siècles des siècles. Amen. »

Pendant qu'Aldegonde vivait dans la paix et dans la joie de ces communications divines, le temps s'était couvert, il annonce la tempête. O bons anges, durant cette crise redoutable,vous n'abandonnerez pas la pieuse enfant à laquelle vous donnâtes parfois, dans vos sacrés colloques, le doux nom de sœur.

(1) Beata virgo Aldegundis de virtute in virtutem progrediens, in tantam sanctitatis celsitudinem a Domino meruit sublimari, ut non solum in somnis aut per exstasim frequenter, sed etiam vigilanti manifeste angelus appareret, familiare colloquium de proposito conservendæ virginitatis exhiberet. (Hucbald, n. 6.)

(2) Qui arida pectora paradigiseno fonte mirimodâ largitate irrigas. 'Vita S. Aldegundis, auctore æquali, n. 9.)

CHAPITRE II

OUS devons remonter de quelques années.
Le nom de Valdétrude reviendra souvent
dans le cours de cette histoire ; il nous faut
donc connaître, au moins dans les principaux détails de sa vie, cette chère sœur de
notre sainte.

Valdétrude ravissait tous ceux qui l'approchaient par les
attraits de sa belle âme toute enluminée des plus nobles
vertus (1). Sa grâce et sa beauté, relevées encore par les
charmes de la jeunesse, se paraient surtout d'innocence et de
pureté. Mais ce qui resplendissait tout particulièrement en
elle, c'était sa foi, unie à une ardente charité (2). Valdétrude
avait été engagée dans les liens du mariage. A dire vrai, elle
ne pouvait souhaiter dans son époux plus de belles qualités,
et dans ses enfants de plus précieuses vertus. Madelgaire,

(1) Jacques Simon, p. 3.

(2) Erat pulchra facie decoraque aspectus, sed pulchriore fide, pudi-
citiâ et castitate. (*Vita sanctæ Valdetrudis*, auctore anonymo, *act. ss.
Belgii*, t. iv, p. 441.)

son mari, comte puissant et aimé, libéral envers les pauvres, chargé des plus importantes fonctions, était un homme au cœur droit, l'ami des plus saints personnages du temps, destiné bientôt à les égaler.

De cette union bénie naquirent quatre enfants : Landry, Aldétrude, Madelberte et Dentelin. Tous quatre seront couronnés un jour de l'auréole des saints.

Le plus jeune, Dentelin, mourut à quelques jours de son baptême. Cette rose purpurine n'eut qu'un matin pour son âge ; Dentelin est toutefois honoré comme un saint. Petite fleur sitôt fauchée, ne fut-elle point transplantée au Paradis?

Aldétrude et Madelberte s'essayaient déjà dans les voies de la perfection à laquelle Dieu les appelait. Nous les retrouverons plus tard au monastère de sainte Aldegonde.

Landry, le premier né, ne déparait pas la gracieuse couronne que faisaient au père et à la mère de famille ces anges de la terre, s'abritant sous leurs aîles, et leurs voix enfantines s'élevaient, en un concert harmonieux, pour chanter les louanges du Seigneur (1).

Cependant les désirs de perfection croissaient toujours dans l'âme de Valdétrude, et même dans ce chaste mariage, elle se plaignait à Dieu de ne lui point appartenir uniquement. Parler du Ciel était toute sa joie, et elle avait horreur de ce qui pouvait la détourner de sa chère et habituelle occupation. Souvent elle entretenait son mari du bonheur que l'on trouve dans l'oblation entière de soi-même au Seigneur; douces et saintes conversations où s'enflammait, dans le cœur des deux époux, le feu de la charité. Leur mutuelle affection grandissait en s'épurant, mais chacun comprenait qu'une séparation était proche. Nul toutefois ne se sentait encore la force d'en prononcer la première parole. Dans cette incertitude, Valdétrude prolongeait sa prière et répandait ses larmes devant Dieu, et Dieu bientôt, dont la miséricorde

______

(1) Ex ore infantium et lactentium perfecisti laudem. — Ps. 8, 3.

avait inspiré cette pensée à sa servante, l'aidera de sa toute
puissance.

La vocation de Landry fut, dans les desseins de Dieu, le
premier appel adressé à ses fidèles serviteurs. Ce pieux
enfant, à qui était réservée l'initiative d'un dévouement qui
deviendra commun à tous les membres de cette famille
privilégiée, sentit naître en son âme le désir de se consacrer
au service des autels, et il sollicita de son père la permission
d'écouter la voix intérieure qui l'appelait. Madelgaire avait
fondé de grandes espérances sur ce fils qui devait lui succéder
dans ses dignités et dans ses possessions. Néanmoins, après
quelqu'hésitation, craignant de s'opposer à une vocation
venue du Ciel, le noble comte fit à Dieu le sacrifice de
projets longtemps caressés par la tendresse paternelle et
permit à Landry de suivre les inspirations de la grâce.

Ce sacrifice ne devait point tarder à recevoir sa récompense, et Dieu lui-même allait manifester ses volontés.

A quelque temps de là, Madelgaire se rendit à la consécration du monastère que saint Ghislain venait de bâtir à
Ursidongus.

Saint Ghislain était né à Athènes, de parents nobles selon
le monde, mais dont la noblesse s'honorait surtout du titre de
chrétienne (1). Son cœur pur et innocent se portait à la piété,
et de bonne heure il embrassa la vie religieuse, dans un
monastère de l'ordre de s. Basile. Semblable à la prévoyante
abeille, il distillait dans son cœur le miel des plus aimables
vertus, et l'âme toute embaumée de la grâce divine, il pouvait dire avec le Psalmiste : « Que vos paroles sont douces à
ma bouche, ô Seigneur, plus douces qu'un pur rayon de
miel (2). »

(1) Inclytis juxta sæculi gloriam parentibus , christianâ nobilitate
nitentibus, exstitit oriundus. *(Vita s. Gisleni,* auctore anonymo, *acta
ss. Belgii,* t. iv, p. 376.)
(2) Ut apes prudens in mentis intimœ conchà diversarum virtutum
addidit mella..... Plenus quippe virtutum charismate quibat cum
Psalmista dicere : Quàm dulcia faucibus meis eloquia tua, Domine,
super mel et favum ori meo. *(Vita s. Gilesni, acta ss. Belgii,* t. iv, p. 376.)

Promu au sacerdoce, et obéissant à une inspiration divine, s. Ghislain partit pour Rome. Rome exercera toujours, sur le cœur des saints, un attrait irrésistible. Il n'y séjourna que peu de temps ; toujours conduit par l'Esprit de Dieu, il se dirigea vers le nord, traversa les Alpes, pénétra dans la Gaule, et guidé par la renommée qui lui apportait de toutes parts l'éloge du serviteur de Dieu, saint Amand, alors évêque de Maestricht, il se rendit auprès de ce vénérable prélat (1). Les saints se comprennent vite ; longtemps ces pieux personnages s'entretinrent des choses de Dieu ; puis, après s'être édifiés et encouragés mutuellement, ils se donnèrent le baiser de paix, et s. Ghislain reprit son bâton de pélerin. Quelque temps après, il arrivait dans le pays du Hainaut, en un lieu âpre et sauvage, appelé l'*Ursidongus* (2), où il jeta les fondements d'un monastère autour duquel s'éleva peu à peu la ville qui porte son nom. Le saint évêque de Cambray, Aubert, l'encouragea beaucoup dans son entreprise (3).

(1) Saint Amand, l'apôtre des Gaules, dont la vie occupe et résume le viie siècle presque tout entier, vint au monde, en Aquitaine, vers l'année 594. Toujours il témoigna à notre Aldegonde une paternelle affection. Ce sera aux pieds de ce grand saint que la vierge trouvera un refuge contre les poursuites du prince Eudon, ce sera lui qui bénira ses chastes fiançailles avec son bien-aimé Jésus, lui enfin qui, au moment de sa mort, se montrant à la sainte dans une mystérieuse vision, lui indiquera la voie qu'elle doit prendre bientôt pour le rejoindre au ciel. — Evêque et missionnaire, Amand eut à supporter, dans sa longue carrière, des fatigues inouies, de cruelles souffrances, et les plus indignes outrages auxquels il n'opposa jamais qu'une inaltérable patience. Trois fois il fit le voyage de Rome. En 633, il fondait, sur les bords de la Scarpe et de l'Elnon, la célèbre abbaye qui porte son nom. C'est là, qu'en 684, chargé d'ans et de mérites, Amand acheva en paix son pélerinage.

(2) *Ursidongus,* retraite de l'ours.

(3) Volontiers nous nous serions arrêté devant cette belle et sympathique figure d'un des plus grands saints qui aient illustré le siège de Cambray, Aubert. C'était une âme douce et simple, toute ouverte du côté de Dieu, amoureusement livrée à toutes ses influences, et recevant avec une sainte avidité les bénédictions et les grâces du Ciel. Sa réputation de sagesse, de science et de piété, se répandit au loin ; de toutes parts on venait à cet homme si bon, et séduit par le charme d'une vertu qui s'ignorait elle-même, chacun s'en retournait emportant en son cœur le souvenir béni de tant de mansuétude. Le roi de France, Dagobert I, le visitait souvent, écoutait avec docilité les exhortations et sans doute aussi les reproches paternels du pieux évêque.

Lorsqu'elle fut achevée, il se rendit à *Ursidongus* avec
l'illustre missionnaire de la contrée, S. Amand. Au milieu
d'un immense concours des populations accourues pour
assister à cette cérémonie, ils consacrèrent solennellement à
Dieu, sous les auspices de S. Pierre et de S. Paul, cette
nouvelle maison de prières.

Le comte Madelgaire, nous l'avons dit, assistait à cette
consécration. C'est là que la grâce de Dieu l'attendait. Les
saints évêques Aubert et Amand louèrent merveilleusement, à
cette occasion, la vie religieuse, et leurs paroles, avidement
recueillies par le comte, l'impressionnèrent vivement, et lui
apprirent à retirer son cœur de ses propres volontés (1).

Madelgaire était revenu chez lui, roulant dans son esprit
une pensée qui ne le quittait plus, et ses lèvres redisaient
cette sentence des livres sacrés : la vie est comme une vapeur
légère ; elle disparait en un moment. « Or estant une nuict
assoupi de sommeil, voilà paroistre un ange qui le somme et
commande de la part de Dieu de bastir une église à Hautmont, en l'honneur du prince des apostres, dont il désigne la
forme avec un roseau qu'il tenait en main. Ce prince, animé
de cette vision, qui échauffait de plus en plus son asme à
une parfaite conversion, communiqua le tout à son épouse
sainte Waudru et d'un mesme advis s'en alla au lieu désigné,
où par un autre miracle, il fut plus confirmé dans son dessein.
Car estant proche, il trouva tout le champ couvert d'une rosée
blanche à guise de neige, la grandeur et la forme de l'église dési-
gnée demeurant toute seiche : faveur presque semblable à celle
que la Vierge fit autrefois à Jean, patrice romain, qui trouva
un matin du mois d'aoust, sur le mont Esquilin dans Rome,
la forme d'une église qu'il devait bastir, couverte de neige (2). »

(1) Vinchant, p. 47.
(2) Vinchant, p. 47. — Bald. *Chron. Camer*, lib. III, cap. 35.
On appelle encore Montagut ou Montaigu le point élevé sur lequel
tomba cette neige. Là se voient également les fondations du premier
monastère bâti au VIIe siècle par Madelgaire, nommé depuis saint Vincent, et le puits qui a conservé son nom. *(Souvenirs religieux d'Hautmont*, p. 14. Cambrai, A. Régnier, 1860. — Ces souvenirs sont dus à la
plume de M. l'abbé Blanchard, curé d'Hautmont.)

Madelgaire comprit que le moment était venu de se donner à Dieu. Méprisant le monde et ses vanités, après lesquelles nous haletons et courons à perte d'haleine, il les jeta courageusement à ses pieds, et résolut d'embrasser l'état religieux. Tout aussitôt il fit part de ses projets à Valdétrude, dont la joie fut grande à cette heureuse nouvelle. Alors Dieu embrasa ces deux âmes si chères du feu de son amour, tout désir charnel s'évanouit, sur ces cœurs purifiés descendit une rosée céleste, et l'aromate divin, s'épanouissant en de multiples rejets, les embauma des plus doux parfums (1).

Madelgaire se rendit d'abord auprès de l'évêque de Cambray. Ce dernier approuva sa détermination, et lui donna la tonsure des clercs. Sans plus tarder, l'humble néophyte dirigea ses pas vers Hautmont, pour y commencer, non loin des rives de la Sambre, la construction d'un monastère, et sur le chemin il disait à Dieu : « Seigneur, conduisez-moi dans la vérité, et instruisez-moi, parce que vous êtes mon sauveur, et je vous ai attendu durant tout le jour (2). »

L'œuvre fut promptement achevée, et l'on entendit bientôt retentir les louanges du Seigneur dans ces contrées désertes. Le jour où Madelgaire s'enferma dans le monastère d'Hautmont, il fut appelé *Vincent*, et à juste titre, pour le signalé triomphe qu'il avait remporté sur le monde. Saint Vincent d'ailleurs, en se donnant à Dieu, se donnait tout entier, il donnait l'arbre et la racine, la feuille, la fleur et le fruit. Couvert d'un habit rude et grossier, cet ancien commensal des rois ne prenait plus pour nourriture qu'un morceau de. pain trempé dans l'eau, et n'avait souvent pour se reposer que la terre nue.

Le courage avec lequel ce puissant seigneur renonça à

____

(1) Dominus scintillarum igniculum singillatim suis accolis secundùm propriam voluntatem distribuit, carnalis facultas evanescit, rorem cœlestis patriæ perfundit, et omnia aromatum virgulta florescunt.(*Vita S. Aldegundis*, auctore æquali, n. 4.).

(2) Dirige me in veritate tuâ et doce me, quia tu es Deus salvator meus et te sustinui totâ die. (*Vita S. Aldegundis, auctore æquali*,n. 4.)

toutes les espérances de la terre et immola à Dieu les joies saintes et si légitimes de la famille, excita, au plus haut point, l'admiration du monde. Bientôt même un nombre considérable d'anciens amis et de hauts seigneurs, gagnés par son exemple, vinrent se placer sous sa conduite.

L'abbaye d'Hautmont, toute embaumée des parfums du Christ, en répandit au loin la bonne odeur, et telles des abeilles diligentes, nourries des sucs les plus purs, ont hâte d'apporter, à la ruche hospitalière, les trésors butinés dans le calice des fleurs (1), tels convergeaient de toutes parts, vers cette abbaye, comme en un centre commun, les hommes de Dieu, apôtres de la contrée; c'était S. Ghislain, uni d'une étroite amitié avec S. Vincent, c'étaient les deux Saints évêques, Aubert et Amand, S. Humbert de Maroilles, S. Wasnon de Condé, S. Etton de Dompierre, S. Ursmar de Lobbes ; lentement ils gravissaient les sentiers de la montagne et frappaient à la porte hospitalière. Comme les prophètes du testament ancien se retirant dans le désert pour y méditer la parole de Dieu, ces humbles, ces forts avaient besoin de la solitude, du silence des méditations éternelles. Sous l'ombre séculaire des forêts voisines, ils allaient devisant des intérêts du Ciel et redescendaient les pentes de la montagne où Dieu avait parlé à leur cœur, plus émus, plus touchés des grandes vérités, sachant mieux en instruire tant de peuples qui sur les rives de la Scarpe, de la Sambre, de la Haine et de l'Escaut, vivaient de leurs paroles, bonnes et réconfortantes paroles, nourries de la moëlle des écritures. Oui, c'était bien le monastère d'Hautmont où toute vie s'élevait, où s'éclairait la grande âme de ces grands convertisseurs. Prêtre et moine, quelle force pour convertir, quelle force toujours reposée, toujours sereine, jeune et allègre toujours !

Rappelons en quelques mots les dernières années de S. Vincent.

---

(1) Velut apes ad alvearia è diverso coufluxerunt. *(Vita Sancti Autberti auctore Fulberto, act. SS. Belgii,* t. IV, p. 550, n. 15.)

Sa piété et surtout son amour de la solitude lui firent désirer une retraite plus profonde et un éloignement plus complet du monde. Il construisit un second monastère dans l'ancienne forêt de Soignies, non loin du lieu où la Senne prend sa source, et s'y retira.

Mais sa fin approchait. Vincent appela auprès de lui son fils Landry, qui occupait le siège de Meaux, et lui demanda de prendre soin, après sa mort, des deux communautés d'Hautmont et de Soignies. Landry promit au saint vieillard d'accomplir sa volonté, et désormais tranquille sur l'avenir de ses enfants spirituels, il s'endormit dans le Seigneur.

Cependant Valdétrude, du jour où son époux fut admis au rang des clercs, avait retrouvé sa liberté, et dans son désir toujours plus ardent de se consacrer au service du Seigneur, elle recherchait avidement les moyens de le réaliser. Ses filles, Aldétrude et Madelberte, n'aspiraient qu'à suivre, quand leur âge le permettrait, l'exemple de leur mère. S. Ghislain, que plus d'une fois encore nous rencontrerons sur notre chemin, resta toujours l'ami dévoué et le guide prudent des nobles époux dont nous esquissons la vie. Sur les conseils de cet homme de Dieu, Valdétrude, cette très-aimée servante du Christ, reçut le voile de l'évêque S. Aubert, et elle revêtit la livrée du Seigneur. Son parent, le noble seigneur Hidulphe, s'était chargé de lui faire construire un monastère sur le versant de la colline, appelé alors Château-Lieu (1), etque recouvre aujourd'hui la ville de Mons. Mais le seigneur Hidulphe avait bâti une magnifique habitation, et quelle ne fut pas la douleur de Valdétrude, si amoureuse de la pauvreté de son Sauveur, quand elle vit l'agrément de ce lieu et la richesse des édifices. Non, dit-elle, je ne veux point habiter dans cette somptueuse demeure et elle refusa d'y

---

(1) Château-Lieu, ainsi appelé parce que les Romains y avaient campé. (Castri locus, ita vocatus quia inibi quondam Romanus exercitus castra locaverat.) — (*Vita S. Aldegundis, auctore anonymo, prima apud Bollandum, n. 4.*)

séjourner une seule nuit. La Providence divine est admirable sur ses élus. Cette nuit même la maison fut renversée de fond en comble, et un vent violent s'éleva qui dispersa jusqu'à la poussière des ruines. Au même endroit, la sainte construisit quelques cellules où elle vivait humblement avec ses filles et quelques autres servantes du Christ, nourrissant son âme de la contemplation céleste (1).

Mais il est temps de retourner à Coursolre.

(1) Les faits que nous venons de relater se passaient vers le milieu du vII^e siècle. Nous ne précisons aucune date. La chronologie de ces temps reculés présente de nombreuses contradictions, que les hagiographes se sont efforcés vainement de concilier, et qui sont réellement inconciliables. Le P. J.-B. Sollerius, dans un commentaire sur la vie de S. Vincent, signale ces divergences, puis il dit, et nous disons avec lui, qu'il suffit de les constater, sans entrer dans une discussion qui n'aboutirait pas : « Sed eas tricas discutiendas relinquo; hæc tentâsse sufficiat. (*De S. Vincentio confessore commentarius, Acta SS. Belgii,* t. IV, p. 14, n. 25.)

Les dates ont une médiocre importance lorsqu'il s'agit de faits auxquels une date parfaitement exacte n'ajouterait aucune valeur. Pour ma part, je n'ai pas voulu fatiguer le lecteur de telles dissertations. Sans doute, il faudrait plus de soucis pour établir et préciser la date d'un fait historique, si quelque différence dans le temps en altérait la nature et en faussait les conséquences. Tel n'est point l'humble récit qui précède.

CHAPITRE III

A fille du comte Walbert entrait dans les
années de l'adolescence. Son visage s'éclai-
rait de la beauté de son âme ; mais une
virginale modestie réglait tous ses mouvements dans une décence pleine de réserve et
d'amabilité (1). Appuyée sur son Bien-Aimé, elle allait, par-
semant et parfumant sa vie de toutes les fleurs de vertus. La
grâce divine, véritable ornement de son âme, semblait aussi
la parure de son corps ; c'est de cette noble vierge qu'on
pouvait dire : Qu'ils sont beaux les chemins que vous suivez,
ô fille des rois ! (2).

(1) Decorabat pulchritudinem faciei, modesta gravitas animi, ut nec
notari posset extollentia, nec culpari simplex et jocosa pueritia. (*Vita
S. Aldegundis, auct. anonymo, ex Ms. Gisleniano, n. 3.*)

(2) Adeo quippe ornabat modestia mentis pulchritudinem corporis,
ut de ea recte dicatur : Quam pulchri sunt gressus tui in calceamentis,
filia Principis! (Id., ibid., n. 4.)

Elle avait dans ses discours une grande suavité, mais elle préférait entendre, dans le silence, la voix de son Jésus. Toujours douce au prochain, pleine de pitié et de compassion pour les pauvres, elle se faisait humble dans les grandeurs, ne voulant surpasser personne, sinon dans les châtiments qu'elle infligeait et dans les abstinences qu'elle imposait à son corps, se montrant ainsi saintement jalouse de rendre sa chair obéissante à l'esprit, de maintenir et de conserver intacte son angélique pureté.

Aldegonde avait un désir insatiable de perfection. La vertu n'est pas un siége pour s'asseoir, mais un échelon pour monter plus haut. Au torrent de la vie, qui s'arrête recule, qui recule est emporté par le courant de l'eau, et naufrageant au prochain écueil, y brise sa vie et toutes ses espérances. Notre sainte l'avait bien compris ; chaque jour elle marchera d'un pas plus ferme dans la voie qui lui est tracée, semblable au crocodile qui croît, dit-on, tous les jours de sa vie ; il meurt le jour où il a cessé de croître.

Cependant la renommée de sa beauté, de ses qualités, s'était répandue dans les régions voisines ; elle avait même franchi les mers. Eudon, fils de l'un des rois de l'Heptarchie (1), sollicitait la faveur d'une alliance que lui disputaient

(1) Eudon ou Eudo. L'histoire ne fait pas mention d'un prince d'Angleterre portant ce nom ; mais les noms de la plupart des souverains de l'Heptarchie sont restés inconnus. Ces rois cherchaient souvent des épouses dans les cours étrangères. L'un d'eux, Ethelbert, roi de Kent, épousa, vers la fin du VIe siècle, Berthe, qui avait pour père Caribert, roi des Francs de Paris, petit-fils de Clovis, et pour mère Ingoberge. La tradition constate les douces et aimables vertus de la reine Berthe. Lorsque le moine Augustin et ses religieux, envoyés par le pape Grégoire, abordèrent sur les côtes de la Grande-Bretagne, pour la conquérir à la foi, ce fut le roi Ethelbert, sur les instances de la pieuse Berthe, qui fit aux missionnaires un accueil favorable et leur permit de s'établir dans la ville de Dunvern, depuis Cantorbéry, sa capitale. « Cette arrière-petite-fille de sainte Clotilde semblait ainsi destinée à être elle-même la Clotilde de l'Angleterre. Mais on a trop peu de détails sur sa vie : elle n'a laissé qu'une brève et incertaine lueur dans ces horizons lointains et voilés, qu'elle traverse comme un astre, précurseur du soleil de la vérité. » (Montalembert, *Les Moines d'Occident,* t. 3, p. 362.)

plusieurs jeunes seigneurs, et de tous cotés on attendait la
décision d'Aldegonde. Il est vrai qu'elle apportait en dot et
qu'elle aurait en héritage de riches domaines, de vastes
champs, des forêts étendues, les meilleures vignes de la
Champagne, d'autres plantées sur les bords du Rhin, au
pays des Francs ripuaires, sans doute le premier berceau de
sa famille, un nombre presqu'infini de villages et de moulins,
une grande partie de la vallée de la Sambre, les fermes et
les troupeaux de ces excellents pâturages.

Mais Aldegonde ne se pressait pas de manifester sa volonté. Pour nous, d'ailleurs, cette volonté nous est connue.
Nous avons entendu la voix d'un ange proclamant qu'Aldegonde n'aurait point d'autre époux que le Seigneur Jésus, et
la vierge de Coursolre, dans toute la joie de son âme, avait
répondu : « Me voici ; qu'il me soit fait selon votre parole. »
En vérité, elle ne voulait que Jésus-Christ. Le Sauveur
Jésus, plus beau que la splendeur du soleil, c'était lui le
fiancé dont elle était amoureuse, lui dont elle avait faim et
soif, lui sans lequel tout n'était que sécheresse et famine. Sa
volonté, c'était de faire la volonté de Jésus. C'est ce qu'elle
affirma de nouveau, avec une particulière énergie, dans la
circonstance suivante.

La mère du Christ voulut témoigner à la chaste fiancée de
son divin Fils, combien elle se complaisait dans la joie de
cette union si parfaite. Une messagère céleste fut députée
vers Aldegonde.

Un soir, notre pieuse vierge, oublieuse de la terre, et
toute abandonnée au bonheur de converser avec le Ciel,
avait prolongé, plus que de coutume, sa prière, lorsque
parut devant elle une jeune fille ; elle a toutes les grâces de
l'enfance, son regard est empreint d'une indicible tendresse ;
elle parle, et sa parole s'exhale, pleine d'harmonie : « Aldegonde, dit-elle, sœur bien-aimée, la mère de notre Seigneur
Jésus-Christ m'envoie vers toi pour te demander d'exprimer
un souhait, promettant de l'exaucer aussitôt ; dis-moi donc
ce que tu désires. » Aldegonde n'a point hésité ; avec l'impé-

tuosité d'une âme aimante : « Ce que je désire, ô fille du Ciel, rose cueillie parmi les roses qui embaument le jardin du Seigneur (1), ce que je veux, c'est Jésus-Christ (2), et ne veux rien autre ; ce que je veux, c'est d'accomplir en toutes choses la volonté de Celui qui, interrogé sur ce qu'il fallait faire pour posséder la vie éternelle, répondit : « Tu aimeras le Seigneur ton Dieu, de tout ton cœur, de toute ton âme, de toutes tes forces, et ton prochain comme toi-même. Tel est l'unique objet de mes désirs. Aimable et pure enfant, doux fruit détaché de la vigne céleste (3), que ta bouche en reporte l'expression à la reine des anges. »

La fidèle messagère disparut ; d'un vol rapide elle remonta vers le Ciel ; mais une nuée lumineuse, s'éclairant aux rayons de feu que l'or de sa chevelure projetait dans la nuit sombre, permit à notre sainte de suivre quelque temps sa trace (4).

Tandis que l'heureuse Aldegonde, repassant en son cœur les douces paroles qu'elle venait d'entendre, contemplait encore le Ciel dont elle ne pouvait détacher ses regards, le prince des apôtres se manifesta tout-à-coup devant elle, dans l'éclat d'une vive lumière ; les traits augustes du saint vieillard étaient empreints d'une dignité céleste. Il rassura d'abord la jeune fille, tremblante devant tant de majesté et de splendeur. puis l'entretint du bonheur du Ciel, lui traçant la voie qui devait l'y conduire, et, comme gage de la sollicitude avec laquelle il la suivrait dans son pèlerinage à travers le monde, il lui donna un pain blanc que la vierge reçut dans toute l'allégresse de son âme (5).

Mais le moment approchait où Aldegonde devait manifes-

(1) O admirabilis progenies rosarum. (*Vita S. Aldegundis, auctore æquali*, n. 10.)

(2) V. Hucbald, n. 5.

(3) O castissima radix vinearum. (*Vita S. Aldegundis, auct. æquali*, n. 10.)

(4) Illa in auras evanuit ignicoma flavescentibus crinibus ad astra remeans. (Id., ibid,)

(5) Vidit etiam B. Petrum apostolum, sibi panem candidum deferentem, seque de manu illius cum ingenti lœtitiâ suscepisse. (Hucbald, n. 29.)

ter sa volonté devant les hommes. Bertilie ne pouvait plus
tarder à l'apprendre. Mère inquiète des projets de son Aldegonde, elle la mande près d'elle et la presse affectueusement
de ne lui point céler plus longtemps ses projets. « Je puis
hâter, dit-elle, la fête de vos noces, ma fille, et votre père y
veut convier tous nos amis. Voici que notre âge décline, et
il est temps d'assurer les possessions de notre famille. » Puis
elle fait briller aux yeux de son enfant la grandeur de ses
richesses ; elle lui rappelle la vaste étendue de ses domaines,
la multitude de ses vassaux, le nombre de ses serviteurs ; les
revenus de leurs biens ont rempli d'or la maison paternelle ;
les perles et les pierres précieuses orneront la fiancée d'Eudon,
si Aldegonde veut bien consentir à sa demande. D'autres
raisons doivent encore incliner son cœur vers le jeune
prince. Séduit et charmé par tout ce que la renommée lui a
rapporté d'Aldegonde, et alors qu'autour de lui tant de jeunes
et aimables filles de l'Angleterre eussent été si heureuses
d'une telle alliance, il avait choisi, sur la terre de France, la
femme qu'il voulait aimer et honorer du doux nom d'épouse.
Appelé à régner un jour, possesseur d'immenses richesses, il
était doué d'ailleurs de ces avantages extérieurs qui ne sont
point à dédaigner dans l'époux que le Ciel lui destine.

Ainsi parlait Bertilie, mêlant à ses paroles les maternels baisers. O saints anges, soyez loués d'avoir si souvent
entretenu cette jeune princesse du bien suprême de la chasteté. Elle se souvint à propos de vos leçons devant cette
attaque si tendre et si cruelle à la fois ; sans doute, elle redit
la prière qu'elle a apprise de vous : « Seigneur Dieu, que je
ne sois point bannie pour l'éternité du chœur de vos vierges. »
Enfin elle répond à sa mère :

« O vous qui m'avez donné la vie, mère très-aimée, où
vont vos désirs, et dans vos caresses que cherchez-vous de
votre enfant? Pourquoi, par vos paroles qui pénètrent mon
âme, voulez-vous l'appesantir comme sous un fardeau (1)?

(1) Quid, inqut, ô domina genitrix, mater dulcissima, quid mihi blan-
diris? Quid tot suasoriis verbis oneras animum meum ? (Hucbald, n. 7.)

Mais non, le projet que j'ai conçu, le désir que j'ai réchauffé dans mon cœur, je le vais manifester. O mère, je veux un fiancé dont les richesses soient impérissables, dont les domaines s'étendent aussi loin que la terre et les cieux ; il faut, pour mon époux, un puissant potentat, dont toute la terre ne soit que le marchepied, le cristal du ciel son lambris, toute la nature son domaine, l'éternité la durée de sa vie. Si vous connaissez, mère, ce fiancé, vous pouvez me le proposer ; c'est lui que je souhaite, lui seul ; je ne veux point d'un homme pécheur, qui flétrirait mon innocence ; je ne veux point d'un époux terrestre, fils de la mort et destiné à la mort, dont la vie n'est qu'un moment, le domaine une poignée de terre, son or un peu de poussière, sa beauté une fleur d'un jour. O mère, je désire me consacrer à Jésus, ne rechercher que les joies du Ciel, et franchir, pure et innocente, les degrés qui mènent à la Jérusalem céleste (1). O mère très-chère, vous m'entendez, c'est le but auquel j'aspire de toutes les puissances de mon âme ; mère très-fidèle, confirmez-moi dans ces pieux projets, aidez-moi à les accomplir (2). »

A ces réponses, Bertilie ne pouvait rien objecter ; toutefois, avec cette insistance dont les femmes ont le secret (3),

---

(1) Inoffenso pede cœlestem Jerusalem scandere. (*Vita S. Aldegundis, auctore æquali,* n. 3.)

(2) La vie de S. Aldegonde, attribuée à un moine de l'abbaye de Saint-Ghislain, séduit tout d'abord le lecteur par le naturel et la grâce de sa diction. Le pieux auteur raconte, avec amour et suavité, les divers incidents de la vie de notre sainte ; parfois même, subissant, à son insu peut-être, le charme de cette chaste et si poétique figure, il traduit sa pensée en vers d'une facture originale ; dans ce colloque même que nous venons de rapporter, lorsqu'Aldegonde oppose, en termes si touchants, une invincible résistance aux sollicitations de Bertilie, il met dans sa bouche ce vers un peu fier, mais d'une énergique précision :

Hic mihi sponsus erit qui me, non prædia, quærit.

`(Vita S. Aldegundis, auctore anonymo, ex Ms. Gisleniano,* n. 5.)

(3) Femineâ tamen importunitate.(*Vita S. Aldegundis, auctore Hucbaldo,* n. 7.)

elle revenait sans cesse sur le même sujet. Mais Aldegonde
se tenait étroitement unie à son Sauveur ; elle avait jeté tout
son cœur dans son cœur, s'abandonnant pleinement à sa
sainte conduite ; elle ressemblait à cette tour bâtie sur la
pierre vive qui est Jésus-Christ, et dont aucune attaque ne
peut ruiner les murailles, ni quand soufflent les vents des
tentations, ni quand on les veut saper par les flatteuses et
vaines grandeurs d'un monde corrupteur. Toutefois, tant
d'importunités avaient attristé son âme, et le Seigneur,
attentif à la prière de ses élus, avait résolu de lui venir en
aide.

Valdétrude, nous l'avons vu, avait bâti le monastère de
Château-Lieu et s'y était retirée avec ses deux filles, Madelberte et Aldétrude. Souvent sa pensée se reportait sur Aldegonde, et elle demandait ardemment au Seigneur de briser
les liens qui rattachaient encore à la terre cette sœur bien-
aimée. Saura-t-elle toujours, si jeune encore, se soustraire
aux pièges que le monde lui dresse de toutes parts ? Elle
communiqua ses craintes au vénérable S. Ghislain. Celui-ci
ne douta point qu'Aldegonde ne trouvât un doux réconfort
anprès de sa sœur Valdétrude, et, sur ses conseils, cette dernière fit porter une lettre à sa mère Bertilie, lui exposant le
désir de posséder quelque temps près d'elle sa sœur Aldegonde. La présence de cette sœur [tant désirée, disait la
lettre, lui serait d'une grande consolation ; lorsqu'il plairait
à sa mère, Valdétrude la lui renverrait. Sur cette promesse,
le départ fut consenti, et tandis que la jeune vierge, heureuse
de cette diversion inattendue, se rendait en toute hâte au
monastère de Château-Lieu, elle s'écriait : « O mon Dieu,
dirigez mes pas dans vos sentiers, et ne permettez pas
que jamais je m'écarte de votre voie (1). » Mais Aldegonde est arrivée. Telles on voit deux blanches colombes

____

(1) Perfice gressus meos, Domine, in semitis tuis, ut non moventur
vestigia mea. (*Vita S. Aldegundis, auctore æquali,* n. 4.)

s'ébattre, parmi les fleurs, aux rayons du soleil, ainsi Valdétrude et Aldegonde, tendres tourterelles, se conjouissent de
se retrouver ensemble dans la solitude de ce sacré désert ; un
même amour les unit au Sauveur, un même toit les abrite,
et s'édifiant mutuellement, elles offrent un parfait exemple
aux jeunes vierges vivant sous la conduite de Valdétrude.
Vraiment, on croit voir ces deux sœurs de l'Évangile,
Marthe et Magdeleine, si ce n'est que toutes deux ici vou-
draient être Magdeleine.

C'étaient deux lampes brillantes allumées dans le sanctuaire du Seigneur, indiquant le chemin qui mène au vrai
soleil de justice, et souvent elles-mêmes, enflammées des
rayons de ce divin soleil, prenant, comme deux oiseaux,
un commun essor, s'envolaient ensemble vers les cieux,
semblables à ceux dont il est écrit : « Qui sont ceux qui
volent comme les nues, et courent à leur nid comme des
colombes (1). »

D'autres fois, Valdétrude, sachant qu'Aldegonde s'était
déjà offerte et donnée tout entière à Jésus-Christ, aimait à
converser avec elle du divin état de la virginité ; et Valdétrude disait : « Oh qu'elle est belle la génération chaste !
Parée de gloire et de beauté, l'épouse du Christ aspire le
lait et le miel sur ses lèvres. La chasteté, comme les abeilles,
vit du suc des plus belles fleurs et de la rosée du Ciel. Aldegonde, vous êtes fiancée à Celui que servent les anges, à
Celui qui a fait déjà retentir à vos oreilles ses harmonieux
accords. O sœur très-chère, vous recevrez la couronne que le
Seigneur vous a préparée de toute éternité. » Puis les deux
sœurs redisaient cette touchante invocation du Psalmiste :

---

(1) Ceu duæ volucres in ipsis passibus junctis alis ad astra prope-
rantes, adsimilantur his de quibus Dominus dicit : Qui sunt isti, qui ut
nubes volant et quasi columbæ ad fenestras suas ! (*Vita S. Aldegundis,
auct. æquali,* n. 5.)

Junctis alis ; cette image est charmante, le latin l'exprime en deux
mots. Aucune traduction ne saurait la rendre avec cette clarté et cette
précision.

« Gardez-nous, Seigneur, comme la prunelle de vos yeux,
et mettez-nous à l'ombre de vos ailes. »

Hélas ! les consolations n'ont qu'un jour, et les douleurs
se prolongent pendant des années entières. Aldegonde ne
séjourna que quelque temps au monastère de Château-Lieu.

Bertilie, devenue subitement inquiète, craignit que sa fille
Aldegonde ne prît la résolution de suivre l'exemple de sa
sœur Valdétrude, ou du moins n'en reçût des encouragements pour s'opposer à ses desseins ; elle s'étonna d'avoir pu
consentir si facilement à un voyage destiné peut-être à ruiner
ses espérances, et, sans plus tarder, elle envoya un serviteur
à Château-Lieu, avec ordre de ramener Aldegonde au château de Coursolre.

Aldegonde partit sans délai; elle fit, en pleurant, ses adieux
à sa sœur et se recommanda à ses prières. Hélas ! c'était
sortir du port pour se remettre à la merci des flots et des
tempêtes.

Arrivée près de sa mère, la pieuse enfant lui offre tout
d'abord, en fille obéissante, l'hommage de sa révérence, et,
se jetant à ses pieds, elle la conjure de consentir à ce qu'elle
vive séparée du monde, dans un logis attenant à la chapelle,
où elle n'ouïrait plus les propos des gens de guerre et le
bruit des fêtes du château ; en implorant ainsi sa mère,
elle répandait d'abondantes larmes. Puis elle citait l'exemple
de sa bien-aimée Valdétrude, comment elle formait les vierges
au service divin, et quelle était l'allégresse et la beauté de
leur vie. Mais, loin d'exciter l'admiration de Bertilie, ce discours enflammait sa colère. Cette pauvre dame, alors encore
aveuglée par l'esprit du monde, mais qui plus tard regrettera
amèrement de s'être opposée si longtemps aux volontés du
Ciel, Bertilie, disons-nous, menace sa fille de plus grands
châtiments ; elle lui ordonne de se rendre dans ses appar-
tements et d'y préparer de ses mains les vêtements de ses
futures fiançailles; des étoffes de prix et les plus fins tissus
lui sont remis à cet effet.

Aldegonde obéit en silence, et se retire dans son oratoire.

Voici donc notre chère sainte, sans conseil, sans appui ; la solitude s'est faite autour d'elle et la douleur a envahi son âme. Aldegonde redouble sa prière, et son sang, sous le coup de ses disciplines, s'épanche avec ses larmes. « O mon fiancé, disait-elle, tirez-moi du danger qui me menace ; Seigneur Jésus, ne permettez pas que je sois séparée de vous. »

Alors, animée d'un nouveau courage, elle prend en main les tissus envoyés par sa mère, et qui doivent servir à la parer pour l'autel. Mais n'est-elle point l'épouse de Jésus-Christ ?... En ce moment, sa pensée s'arrête sur les nouveaux baptisés, devenus, par leur baptême, enfants du même Jésus. Ils seront donc aussi les enfants d'Aldegonde ; dans sa maternelle sollicitude, elle a oublié les recommandations de Bertilie, et de ces tissus soyeux, elle forme ces robes blanches que revêtent, comme un signe de leur innocence, les petits enfants que l'eau sainte a régénérés.

Tant de supplications, accompagnées de tant de veïlles, les dévotes larmes qui emperlaient si souvent les jours de la Bienheureuse, et les *afflictions* de son corps délicat touchèrent le cœur de notre Dieu ; et voici que des troubles survenus dans les États du prince Eudon le retiennent en Angleterre, et les noces, qui devaient se célébrer dans les quinze jours, sont différées et remises à un autre temps.

Cependant Bertilie avait peut-être compris que les menaces étaient vaines ; dissimulant ses projets, elle avait autorisé sa fille à se retirer dans le refuge qu'elle s'était choisie, et elle la laissait vaquer plus librement à la prière et au pieux exercice de sa charité envers les pauvres, qu'au milieu de tant de peines, elle n'oublia jamais. Aldegonde se préparait ainsi à de nouveaux et plus terribles combats.

CHAPITRE IV

ENDANT qu'Aldegonde s'adonnait aux œuvres de piété et de charité, le silence que l'on gardait au château de Coursolre servait à cacher de funestes projets. Le prince Eudon, ayant rétabli la tranquillité dans ses États, accourait joyeux pour contracter une union d'autant plus désirée qu'elle avait été inopinément retardée. Des courriers, porteurs de riches présents, l'avaient devancé pour hâter les préparatifs du mariage ; lui-même les suivait à deux jours de marche. Plusieurs vaisseaux devaient l'escorter jusqu'aux rives de France ; l'éclat de cette démarche flattait l'amour-propre de la famille, et dans le pays ce serait grande fête ; on disait merveille des noces qui allaient se célébrer. La jeune vierge fut avertie, soit par un ange, soit par une suivante dévouée. Mais Dieu, qui lui avait inspiré le désir de la virgi-nité, ne manqua point de l'assister dans cette nécessité véritablement extrême. Il fit naître dans son esprit une pensée hardie. Oh ! que l'amour de Dieu est puissant, que le désir de la virginité est entreprenant et donne à notre âme un courage invincible ? « Seigneur, dit-elle, vous que j'ai

choisi pour époux, voici que je me confie et m'abandonne entièrement entre vos bras. Le moment est venu ; il faut fuir un monde dont les trompeuses séductions m'enlacent de toutes parts ; ô Dieu, que votre étoile me conduise et m'éclaire dans le chemin. » Forte de cette résolution, Aldegonde attend l'heure des ténèbres, et lorsqu'elle peut croire que tout le monde repose, elle entr'ouvre la porte de son oratoire, s'échappe du manoir sans avoir été aperçue, et seule, se jette dans l'obscurité de la nuit ; elle s'en va, ignorant tout chemin, sans une main amie pour la guider et la soutenir. O Jésus, quel plus touchant abandon en votre divine Providence ! Mais, sans doute, le feu de l'amour divin illumine ces ténèbres et les dissipe. O fuite mille fois heureuse, toute louable, toute admirable ; ô séparation sainte, toute remplie de bénédictions ! La vierge a entendu la parole de l'ange : « Hâtez-vous, sauvez-vous. »

On peut juger de la confusion du jeune Eudon, de Walbert et de Bertilie, quand le matin leur apprit l'événement. Eudon, toutefois, rassemble ses gens, et promet aux parents d'Aldegonde de leur ramener la fugitive. Jamais biche effrayée ne fut poursuivie avec plus d'ardeur. Mais Dieu, quand il lui plaît, donne à la colombe des ailes assez fortes pour échapper au vautour, et le sable du chemin n'a pas conservé la trace de ses pas. De toutes parts on s'agite ; les clameurs des soldats, les aboiements des chiens retentissent dans la plaine. Au château, la désolation est profonde, et Bertilie surtout se désespère et se repent, mais trop tard, d'avoir tant importuné sa fille de ses sollicitations.

Eudon, après avoir vainement parcouru tout le pays d'alentour, revint à Coursolre avec ceux qui l'accompagnaient, tous harassés et confus, et bientôt après il retournait dans son pays.

Cependant Aldegonde, abandonnant la maison paternelle, avait gagné la forêt voisine, et le Seigneur, la couvrant de son ombre, l'avait soustraite à tous les regards. Parfois son oreille percevait au loin les cris tumultueux de la foule s'excitant à sa poursuite ; mais la chère sainte avait mis tout son cœur dans le cœur de Dieu, et elle goûtait une paix profonde ; jamais elle n'avait eu le courage plus ferme, le pas plus assuré, ni l'âme plus satisfaite. Qui craint Dieu n'a plus rien à craindre.

Désireuse de rencontrer quelque retraite profonde, inaccessible aux hommes, Aldegonde continua son chemin à travers les sentiers perdus de la forêt. Rose printanière, qui va croître parmi les épines, elle se glisse, en déchirant ses vêtements, au milieu d'un épais hallier de ronces et de plantes sauvages. Ce lieu lui semblait désigné par le Ciel. Il est présumable que quelques jeunes vierges vinrent secrètement la rejoindre et se mettre sous sa conduite. C'était vraiment l'époque où le désert fleurissait, et le monde était abandonné pour la solitude. De tous côtés s'élevaient, avec le parfum de l'encens, de saints cantiques, et le feu des autels ne s'éteignait plus. Aldegonde, aidée de ses compagnes, débarrassa le terrain de la végétation qui l'obstruait, s'y construisit une hutte formée de branches entrelacées, et, au milieu de ce sol défriché, elle éleva, de ses mains virginales, une toute petite église (*Ecclesiolam*). Ah ? de quel cœur Dieu était adoré dans cette église faite d'argile et recouverte de joncs et de ramées ! Quelle douceur du Ciel, quelles larmes, quelles saintes extases, quel oubli du monde et des créatures dans ce profond silence !

Mais la sainteté ne peut rester cachée aux yeux des hommes, pas plus que la lumière du soleil rayonnant en son plein midi, et la nouvelle de cette fuite merveilleuse s'était répandue dans toute la contrée. Chacun ne pouvait revenir de son étonnement en voyant la conduite d'une jeune fille si noble, si riche, si délicatement élevée. Comment a-t-elle pu, au printemps de sa vie (1), échanger les grandeurs et les joies

---

(1) Aldegonde avait alors de 12 à 13 ans ; c'était donc vers les années 642 ou 643.

Ici la date importe à l'intérêt du récit ; nous avons dû chercher à la préciser.

du monde contre la pauvreté, les souffrances et les humiliations d'une vie toute évangélique; et avec quelle sainte allégresse ses faibles mains portent courageusement la croix du

Tous les hagiographes sont d'accord sur ce point qu'Aldegonde est
née à Coursolre vers l'année 63o. Quant aux divers événements de sa
vie, les auteurs, qui en ont écrit les premiers, racontent les faits, sans
indiquer aucune date. Selon les autres, Jacques de Guise, le P. Basilidès, le P. Estienne Binet, le P. Triquet, Vinchant dans les Annales
du Hainaut, M. A. Leroy dans la Légende choisie du pays de Flandre,
Aldegonde n'avait que 12 à 13 ans lorsqu'elle quittait, pour la première
fois, la maison paternelle.

Le P. Smet émet une opinion qui contredit singulièrement l'opinion
généralement admise. C'est tout un nouveau système de chronologiè.
Selon lui, Valdétrude, née vers l'année 623, ne se serait mariée qu'en
643, et n'aurait quitté son époux, le comte Madelgaire (S. Vincent),
qu'en 653. Elle n'aurait donc pu se retirer à Château-Lieu qu'en 654 au
plus tôt, et y recevoir, à cette époque, la visite de sa sœur Aldegonde,
alors âgée de 24 ou 25 ans. La fuite du château de Coursolre serait
ainsi reportée aux années 654 ou 655. (*De sanctâ Aldegunde virgine
Malbodiensis cænobii abbatissâ primâ commenturius prævius, auctore*
C. *Smetio*, n. 13, 27, 28 et 3o.)

M. Estienne, abandonnant, un peu trop facilement peut-être, la
chronologie du P. Triquet, déclare erronées toutes les dates que rapporte cet auteur (Notes de M. Estienne, p. 35); il se rallie au système
préconisé par le P. Smet.

Ce système doit-il être admis ? Nous ne le croyons pas. Toute l'argumentation de l'auteur, argumentation qui séduit tout d'abord, ne
repose, en définitive, que sur d'autres dates qui seraient elles-mêmes
sujettes à discussion. Je préfère m'en tenir à l'opinion qui a pour elle
la consécration du temps.

D'autres considérations, d'ailleurs, militent en faveur de la chronologie suivie pendant plus de onze siècles. Nous savons avec quelle
insistance Bertilie s'efforçait d'amener Aldegonde à épouser le prince
Eudon. Hucbald, que j'aime toujours à citer, nous montre l'épouse
du comte Walbert s'irritant de l'opposition de sa fille et menaçant
même de la frapper (*Irata comminata est ei plagas*, Hucbald, n. 9).
Ces procédés nous étonnent de la part d'uné mère, et surtout d'une
mère comme Bertilie; mais enfin nous pouvons encore les admettre
vis-à-vis d'une petite fille; il est plus difficile de les comprendre
s'il s'agit d'une personne de 24 à 25 ans; il nous est d'ailleurs préférable
de ne pas reculer jusqu'à cet âge l'époque où Aldegonde, la vierge
bénie, en communication incessante avec le Ciel, la sœur des anges et
la fiancée du Christ, fit consacrer, devant les autels, ses chastes épou-
sailles avec le divin Jésus. Pourquoi donc, sans raisons bien graves et
bien évidentes, aller à l'encontre de nos traditions. Je sais bien qu'il
est bon de les justifier devant les impies, mais faut-il les démolir ?
Votre critique est plus savante, dites-vous, je le veux bien ; mais la

Seigneur Jésus ! Le peuple, s'enthousiasmant au récit d'un tel prodige, se répandait en actions de grâces ; de tels spectacles sont un grand sujet d'édification.

première sagesse m'a toujours semblé le respect des plus anciens et des mieux informés. Il faut dix raisons pour une avant de changer ce qu'ils ont établi, sans doute pour de bons motifs. Votre récit repose sur telle conjecture, et je vois des difficultés à l'admettre ; autant qu'elle reste une conjecture. Pour moi, je n'abandonnerai rien de la fraîcheur de nos légendes, il me paraît y défendre quelque chose de notre patrimoine, et nous garderons notre Aldegonde, gracieuse et chère enfant, luttant, dans un âge si tendre, avec un courage admirable, contre les assauts répétés de la chair et du monde, et nous redirons, avec Alban de Saint-Victor :

> *Sic Dei filius,*
> *Nutu mirabili,*
> *Se mirabilius*
> *Prodit in fragili.*

6

CHAPITRE V

Mort de Walbert. — Bertilie se rend auprès d'Aldegonde. — La mère et la fille unies dans les mêmes
sentiments. — Mort de Bertilie.

APRÈS le départ du prince Eudon, Walbert se
prit à considérer comment la divine miséricorde en avait agi avec sa fille. Il craignit,
après avoir médité sur tant d'événements
prodigieux, de s'opposer aux vues de son
Seigneur ; comme il sentait son heure prochaine, il ne
voulut point paraître devant son tribunal en adversaire de
ses volontés, et il s'abandonna filialement au bon plaisir du
Ciel. « Les projets de ma fille, disait le bon vieillard, sont
évidemment inspirés de Dieu qui lui donnera de les suivre
et de les accomplir. » Alors, aidé par de pieux conseils, il
répandit de généreuses aumônes dans le sein des pauvres,
assurant ainsi de périssables richesses. C'est vers l'année 643
qu'eut lieu son bienheureux passage à une meilleure vie.

Bertilie, demeurée seule, languissait et vivait dans une amère tristesse. En perdant Aldegonde, elle avait perdu la lumière de ses yeux, et, ne trouvant plus de repos en son âme, elle ne voulait pas être consolée. Le chagrin, ainsi qu'un glaive, pénétrait tellement son cœur, que bientôt sans doute il amènerait la séparation violente de l'âme et du corps (1). Mais le maître puissant, qui réjouit à son gré, ou fait trembler le ciel et la terre, prit en pitié la douleur de cette pauvre mère, et il permit que la retraite où s'était réfugiée son Aldegonde fut découverte. La nouvelle qui lui en parvient la jette tout d'abord dans un trouble inexprimable, il semble que son sang glacé ait tari chez elle les sources mêmes de la vie, et la parole expire sur ses lèvres. Mais bientôt, elle a repris possession d'elle-même et les déchirements de son cœur maternel se traduisent en cris et en sanglots (2). Elle n'a plus qu'une pensée, qu'un seul désir, se rendre auprès de sa fille, la revoir et l'embrasser. Des ordres pressants sont donnés, on part ; une suite nombreuse de serviteurs l'accompagnent dans ce voyage, tous désirant assister à l'entrevue de leurs maîtresses, et Dieu le voulant ainsi pour les rendre témoins du triomphe de sa grâce.

Bertilie fait hâter le pas...... Mais Aldegonde est dans ses bras, elle la tient pressée contre son cœur, et les accents de sa tendresse tirent les larmes de tous les yeux.

Chacun est rempli d'étonnement en voyant la hutte grossière où logeait cette jeune princesse ; mais sa vue excitait plus encore l'admiration ; elle semblait avoir trouvé la maison de son repos, et une douce joie l'entourait comme une auréole.

---

(1) Mater vero, filiam ac si mortuam lugens, tanto dolore afficiebatur, ut usque ad divisionem corporis et animæ periclitaretur. (Hucbald, n. 12.)

(2) Mater Bertilia nullâ poterat consolatione relevari ; sed protinus ut ad aures ejus venit nuntius, rumore sinistro corpore diriguit: pia vox in faucibus hæsit. Ut vero sese recepit et reddita vox est, it cælo clamor, et femineus ululatus. (*Vita S. Aldegundis, auctore anonymo,* ex Ms. Gisleniano, n. 8).

Aldegonde a accueilli sa mère avec toutes les marques
d'une grande dilection et d'une révérence parfaite. Mais
bientôt toutes deux se sont retirées de la foule, et aux tou
chantes manifestations que nous venons de rapporter, succèdent de graves entretiens. « O mère, dit notre chère sainte,
la vie est si courte, les créatures si inconstantes, les plaisirs
si trompeurs, la vertu si *savoureuse*, la mort si certaine et
son moment si incertain, le salut si difficile, et l'éternité si
longue, que le meilleur usage que l'on puisse faire du monde
est de n'en point user. C'est folie de croire, disait-elle encore,
qu'on puisse servir ensemble Dieu et le monde ; insensés,
ceux qui, dans leur sagesse humaine, s'imaginent pouvoir
marier le Ciel avec la terre. O mère bien-aimée, nous n'avons
qu'une âme à sauver, et il faudrait être bien abandonné de
Dieu pour hasarder un bien si précieux ; les saints, pour
acquérir la vie éternelle, pratiquent les vertus les plus difficiles, s'astreignent aux pénitences les plus austères, et nous,
pour nous assurer la possession du paradis, il semble qu'une
larme, un soupir nous suffisent, et peut-être, s'il nous est
donné de la faire, une confession à la dernière heure. »
D'autres fois, usant d'une autorité chaque jour grandissante,
Aldegonde détachait l'âme de sa mère de toute affection aux
choses périssables. « Ò mère, lui disait-elle, les biens de ce
monde n'ont de bien que le nom, méprisez les richesses de
la terre, elles ne vous suivront pas au delà du tombeau ;
qu'elles prennent donc le devant ; confiées aux mains des
pauvres, ce sont des messagers qui porteront vos trésors en
lieu sûr, ce sont des amis qui vous introduiront un jour
dans l'éternelle demeure de la béatitude céleste. »
Ainsi parlait Aldegonde, et Dieu donnait à ses paroles une
telle efficace que Bertilie entrait dans tous ses sentiments.
Comprenant que sa fille avait suivi la meilleure voie, elle lui
demanda pardon de s'être si longtemps et si follement
opposée aux desseins du Ciel. Etonnante école, où la fille
instruisait sa mère, où la mère recevait les leçons de sa fille.

Devant ce spectacle touchant, le bon moine de Saint-Ghislain, qui fait ce récit, redevient poëte :

> *Filia fit mater, sed quæ fuerat modo mater,*
> *Mox e diverso fit filia jure beato.*

Avant de quitter Aldegonde, Bertilie se résolut de lui assurer, par une charte authentique, la possession des biens qui auraient constitué sa dot, et de consacrer ainsi au service de Dieu ce qu'elle voulait tout d'abord donner pour le service du monde. Dans sa sollicitude maternelle, elle voulut ensuite que la sainte gardât près d'elle une partie des nombreux serviteurs qui l'avaient accompagnée ; sous sa ferme et vigilante direction, ils apprendront à vivre saintement, à mourir plus saintement encore.

Aldegonde se réjouit grandement de voir sa pieuse mère prodiguer ses biens au Seigneur. Le Christ les lui rendra au centuple dans ce monde, et lui donnera la vie éternelle, dans l'éternelle félicité (1).

Bertilie se réjouit non moins, et se félicite de n'avoir rencontré chez sa fille, lorsqu'elle voulait lui faire épouser le prince Eudon, qu'une héroïque désobéissance.

Heureuse fille qui possède une telle mère ; plus heureuse mère qui possède une telle fille (2).

Bertilie, revenue au château de Coursolre, n'oublia jamais les pieux conseils et les saints exemples de sa fille Aldegonde. Bientôt même, pour augmenter ses aumônes, elle se dépouillait d'une grande partie de ses biens, et vendait nombre de fermes et de forêts. Elle répara les églises, visita les malades, revêtit les pauvres, consola les affligés, fit enfin dévotement et saintement tout ce qui était nécessaire pour le salut de son âme. Mais tant et de si fortes émotions avaient altéré sa santé, et devenue gravement malade, elle comprit que la fin de sa vie approchait. Aldegonde, mandée en toute hâte,

---

(1) St Mathieu xix, 29.

(2) Sic utrinque lætatur mater de filiâ, et filia de matre. (Hucbald, n. 12.)

accourut au chevet de sa mère. Oh, combien lui furent douces, dans ce moment suprême, les tendres effusions de sa piété filiale, et dans cette lutte si pénible contre les angoisses de la mort, quelles consolations et quelle force elle puisa dans la présence de sa fille bien-aimée.

Mais auparavant, et dans la prévision d'une mort prochaine, la sainte veuve avait pris ses dernières dispositions, et connaissant l'usage qu'en ferait sa fille, elle lui léguait tout ce qu'elle possédait ; elle assignait néanmoins de grands biens aux serviteurs et aux servantes du Seigneur, qui chantaient, jour et nuit, ses divines louanges en divers monastères érigés dans le pays.

Bertilie mourut en présence de sa fille Aldegonde et d'un grand nombre de parents et d'amis qui étaient venus assister à ses derniers moments, attirés par la vénération qu'ils lui portaient. Le comte Walbert avait été enterré à Coursolre, dans une église bâtie par lui et dédiée à la Mère de Dieu. Selon le désir que Bertilie en avait exprimé, elle fut inhumée à côté de son mari ; une même tombe réunit les deux époux, si tendrement unis pendant leur existence, inséparables dans la mort.

...... Les chants funèbres avaient cessé ; Aldegonde a répandu, avec ses larmes, une dernière prière sur la tombe où reposent, en attendant l'éternité, ses vertueux parents. Puis, dégagée maintenant de tout ce qui la rattachait encore à la terre, elle redit, dans son cœur, ces paroles du Psalmiste : « Mon Dieu, me voici affranchie, puisque vous avez brisé tous mes liens ; c'est pourquoi je vous sacrifierai une hostie de louanges, et vous immolerai en holocauste toute l'étendue de mon cœur et toutes les amours de mon âme». Désormais, disait-elle encore, ne redoutant et n'espérant plus rien du monde, ma vie s'écoulera, humble et paisible, dans mon bénit ermitage, et là, chaque jour, sous la lumière de votre regard, ô Seigneur, je purifierai peu à peu mon âme des tâches qui en obscurcissent la blancheur.

La douce colombe, heureuse et tranquille dans son innocence, ignorante de tout danger, se complait à étaler, aux rayons du soleil, la blancheur immaculée de son plumage, et le lissant de son bec, en fait disparaître, avec soin, tout ce qui pourrait en ternir l'éclat. Soudain, l'œil perçant d'un épervier l'a aperçue du haut des airs, l'oiseau vorace fond à l'improviste sur sa proie sans défense ; mais la colombe a vu le péril, un bois voisin lui offre un abri sauveur, elle y vole à tire d'ailes, et l'ombrage hospitalier de la forêt la soustrait aux poursuites de son cruel ennemi.

Telle sera l'histoire de notre sainte ; nous la verrons se réaliser au chapitre suivant.

CHAPITRE VI

A renommée fit connaître bientôt en Angleterre le trépas de la princesse Bertilie. Cette
nouvelle ranima les espérances d'Eudon ; il
crut triompher plus facilement d'une jeune
fille privée de tout appui, et il résolut de se
mettre encore une fois à la merci des flots, et de courir les
dangers d'un long voyage. A toute force, il veut épouser sa
chère accordée Aldegonde, et devenir, par là même, possesseur
de biens sans nombre et de tant de seigneuries objets de sa
convoitise. Un vent favorable enfle ses voiles, de nobles
compagnons lui font une suite nombreuse, et déjà il leur a
donné ses ordres pour préparer sans retard le festin des
noces.....

Soudain le bruit se répand à Coursolre que le prince
arrive en toute hâte. Le danger est imminent, il n'y a pas de
temps à perdre, et Aldegonde, inébranlablement assurée de
la protection divine, s'échappe une seconde fois du palais ;
elle fuit, non pas pour préserver sa vie, mais ce qu'elle aime
mille fois plus que la vie, sa chasteté. Sa course précipitée

l'a conduite à trois lieues de Coursolre, au haut d'une colline baignée par les eaux de la Sambre; elle s'arrête, harassée de fatigue et dévorée d'une soif ardente ; mais c'est en vain qu'elle cherche, dans ce lieu aride et désolé, une source où elle puisse étancher sa soif. Alors de son cœur s'élève une prière fervente, et voici qu'à ses pieds jaillit une fontaine dont les eaux la désaltèrent et la fortifient (1). Puis la jeune vierge s'étend sur la terre nue, demandant à un peu de repos de refaire ses membres épuisés. Un épais fourré de broussailles la dérobent à tous les regards ; ses paupières s'abaissent, elle a succombé au sommeil.

Cependant Eudon, trompé dans son attente, s'emporte en imprécations, et jure de tirer une éclatante vengeance d'un tel mépris de sa personne. Ses gens se répandent dans la campagne ; on dirait d'une meute acharnée à la poursuite de quelque bête féroce. Bientôt ils approchent de l'endroit où repose Aldegonde. Mais leurs voix retentissantes ont réveillé la pauvre enfant ; elle a compris le péril et retrouve sa vigueur. Elle se dérobe, elle fuit ; mais, hélas ! elle n'a pas eu le temps de reprendre sa chaussure, quittée un instant pour laisser reposer ses pieds endoloris ; un pied est resté nu, les ronces du chemin le déchirent, on la suivra peut-être à la trace du sang qui en découle (2). De sauvages clameurs l'avertissent que ses ennemis vont l'atteindre.

Que faire ? Où fuir ?

(1) Cette fontaine existe toujours ; elle est connue sous le nom de Fontaine de Sainte Aldegonde, et située dans le faubourg de ce nom, sur la pente de la montagne qui domine Maubeuge et descend vers les rives de la Sambre. A côté de cette fontaine s'élève une petite chapelle; elle a été bien souvent rebâtie dans le cours des siècles, mais toujours sur les mêmes fondements. Celle qui se voit maintenant date de 1808; elle remplaça alors la chapelle que la Révolution avait abattue quelques années auparavant. Elle est en style néo-gothique ; une statue moderne de sainte Aldegonde, accostée des statues de S. Pierre et de S. Paul, surmonte l'autel. Celui-ci, ainsi que les murs, sont chargés de nombreux ex-voto qui témoignent de la dévotion et de la reconnaissance des fidèles envers sainte Aldegonde.

(2) Appendice, V.

Aucun chemin, dans cette extrémité, ne s'offre à ses
regards. Éperdue, elle descend rapidement la côte ; mais un
obstacle imprévu lui barre le passage : la Sambre, que lui
cachait un rideau de verdure, roule devant elle ses eaux
profondes ; se penchant sur le bord extrême, Aldegonde
interroge l'horizon ; point de passerelle, pas une seule barque,
aucun secours à espérer ; aucun, sinon de Celui qui sait
affermir les flots sous les pas de ses serviteurs. Puisqu'elle
n'a plus d'asile, Dieu sera son refuge. Elle revoit en esprit
Pierre marchant sur la mer, Paul sortant sain et sauf du
naufrage des eaux ; elle n'espère pas moins d'une puissance
toujours aussi grande et aussi secourable. Alors, marquant
son corps entier du signe de la Trinité, au nom du Père, du
Fils, et de l'Esprit, elle s'avance, et la Sambre n'ose même
toucher la frange de ses vêtements Deux anges, à sa prière,
étaient descendus du Ciel, et, soutenue par leur aide, la
vierge, souriante et tranquille, franchissait le fleuve (1).

Qui pourrait s'étonner de cette Providence de Dieu sur ses
élus ? Il faudrait s'étonner au contraire que celui dont il est
écrit qu'il envoyait ses anges au secours de son serviteur (2),
abandonnât celle qui, dans le danger, se confiait en sa parole.
Puis, n'est-elle pas vraiment la sœur des anges, la jeune fille
qui mène une vie aussi angélique, et fuit, au mépris de
tant de périls, afin que rien ne ternisse en elle sa ressem-
blance avec les bienheureux esprits.

Eudon et ses gens furent les témoins de ce miracle : mais
leurs flèches restèrent dans le carquois, et leur éperon ne
pressa point leurs chevaux de franchir le fleuve. Ce jeune
prince, dit le P. Triquet, vit bien que ce serait perdre son

---

(1) Crucis Dominicæ signo corpus suum undique munivit, sicque
pie de Domino præsumens, undas fluminis ut iter solidum conscendit.
Graditur super aquas, dextram lævamque angelicis spiritibus susten-
tantibus, extremis vestium fimbriis nec inundationem fluminis contin-
gentibus. (Hucbald, n. 10.)

(2) Quoniam angelis suis mandavit de te ; ut custodiant te in omnibus viis tuis. (Ps. xc, 11.)

temps de poursuivre la sainte, puisque le ciel épousait sa cause, et que les éléments changeaient de nature pour favoriser ses desseins. Il trouva bon dès lors de retourner d'où il était venu, et nous le laisserons aller à la garde de Dieu. Aussi bien, il n'en sera plus fait mention dans cette histoire (1)

(1) Vers la même époque, un jeune prince de la nation franque, montra, dans une circonstance à peu près identique, un noble courage et une abnégation toute chrétienne qui contrastent singulièrement avec la conduite du prince saxon. Ce fait est ainsi rapporté par le R. P. Paul Mury, S. J., dans son *Histoire du Moyen-Age,* p. 72.

« Au viie siècle, à la cour d'Austrasie, se passait une scène bien touchante. Une jeune princesse, nommée Friedburga, avait été fiancée par ses parents, au fils d'un de ces rois qui périrent victimes des fureurs de Frédégonde et de Brunehaut; mais Friedburga avait consacré à Dieu sa virginité, et jamais elle n'eut consenti à violer ce saint engagement. Le jour même où devaient se célébrer les fiançailles, elle se réfugie à l'Eglise et conjure l'évêque présent de lui donner le voile de religieuse. Le jeune prince, averti de ce qui se passe, arrive à l'Eglise avec la robe nuptiale et la couronne qu'il destine à sa fiancée. A sa vue Friedburga craignant qu'il ne veuille l'enlever de force, se jette dans le sanctuaire et s'attache à l'autel; mais le prince la rassure et lui dit : « Je ne viens ici que pour faire ta volonté. » Puis il ordonne aux prêtres de la lui amener. Quand elle est auprès de lui, il la fait revêtir de la robe nuptiale, pose la couronne sur son voile, puis, après avoir quelque temps gardé le silence : « Telle que tu es là, lui dit-il, parée pour mes noces, je te cède à l'époux que tu me préfères, à mon Seigneur Jésus-Christ. »

CHAPITRE VII

N compare souvent, dans le langage sacré, la
vierge, fille du Ciel, au lys de la vallée, au
parfum du printemps, à la perle radieuse.
Cette dernière appellation s'applique à juste
titre à la vierge dont nous écrivons la vie.
La perle, c'est d'abord une goutte de rosée qu'une coquille
recèle dans son sein. Ballotée par les orages, elle roule dans
les vastes mers au gré des vents et des tempêtes, au bruit
cadencé des flots. Puis le soleil a dardé ses plus chauds
rayons sur la nacre qui s'entr'ouvre, la goutte de rosée se
condense, s'empreint de cette lumière si vive, s'en pénètre et
se l'assimile avec une telle énergie, qu'elle en devient comme
une éblouissante émanation.

Il en sera ainsi d'Aldegonde. Elle ne nous est encore
apparue que comme une blanche rosée qui fertilisera un jour
nos verdoyantes campagnes ; jouet des vents et des tempêtes,

elle a fait de cette vie un rude apprentissage, et souvent les flots de la tribulation ont été sur le point de la submerger. Mais bientôt le ciel s'ouvrira de toutes parts sur sa tête, le vrai soleil de justice l'illuminera de ses plus doux rayons, et l'âme d'Aldegonde, s'ouvrant sans efforts à toutes les inspirations de la grâce, s'éclairera d'une splendeur toute divine. Perle précieuse, les peuples en admireront l'éclat et la beauté, les rois l'entoureront de leur vénération, les pontifes l'enchâsseront dans leurs églises, son nom et son souvenir s'attacheront à mille lieux divers, tous enfin s'honoreront d'un culte aujourd'hui plus de douze fois séculaire !

Mais reprenons la suite de notre narration.

Les anges, qui avaient aidé la jeune Aldegonde à franchir les eaux de la Sambre, étaient retournés au Ciel, et la pieuse vierge, dans l'élan de sa reconnaissance pour le secours miraculeux qui l'avait soustraite à un péril si grand et si prochain, se prosterne sur la poussière du chemin, et une prière fervente s'échappe de son cœur : « O bon Jésus, dit-elle, que votre charité est grande. Mieux que jamais je comprends combien la virginité vous est chère, et quel soin vous prenez de votre pauvre enfant. Seigneur, gardez-moi, conduisez-moi, et que les anges vous bénissent à jamais. »

Aldegonde s'est relevée ; errante et seulette, ne sachant où elle était ni où elle allait, elle s'enfonça dans la forêt pour y chercher un abri. Un taillis plus épais sembla lui offrir un refuge, au moins momentané ; elle s'y retira, et appela *Malbodium* ce lieu qui sera plus tard la ville de Maubeuge (1). Confiante en la bonté de Dieu qui ne l'abandonnerait pas dans sa détresse, elle s'y construisit une petite cabane de feuillage et s'y tint cachée pendant quelques jours.

Mais hélas , à la consolation qu'avait éprouvée Aldegonde succéda bientôt un grand accablement. Son âme était dans l'angoisse, abreuvée de tristesse. Retourner dans la maison de ses pères, elle ne le voulait ; vivre dans les bois où sa

____

(1) V. Introduction, p. XII, en note.

retraite serait tôt ou tard découverte, n'était point possible.
Le pilote lutte avec ardeur aussi longtemps que gronde la
tempête ; mais, lorsqu'après avoir démembré son vaisseau,
les vagues se sont apaisées, il regarde avec terreur l'immen-
sité de la mer, et ne sait à quel vent il doit ouvrir sa voile.
Ainsi, après ce grand orage, Aldegonde ne sait où diriger sa
vie, elle a peur de l'avenir, et la solitude l'épouvante ; les
rameaux de la forêt la défendaient mal d'ailleurs du froid et
de la pluie. Le moment de la tristesse est celui de la tentation, et le démon ne manqua point de faire résonner aux
oreilles d'Aldegonde les chants de fête et les acclamations de
ses sujets, si elle consentait à leur revenir. Mais le Seigneur
Dieu, si miséricordieux et si benin pour les hommes ses
créatures, ne permet point qu'ils soient tentés au-dessus de
leurs forces. Le jour succède à la nuit, le printemps à l'hiver,
le calme à la tempête, de même la joie succéde à la tristesse,
et les saints anges ne laissèrent pas plus longtemps Aldegonde dans la peine. C'est vraisemblablement par leur
ministère qu'elle apprit l'arrivée à l'abbaye d'Hautmont,
située à une lieue de sa retraite, des saints évêques Amand et
Aubert. Elle se hâte à cette nouvelle de quitter son refuge.
Nul n'osera tenter de l'arrêter, quand l'invincible athlète du
Christ, l'évêque Amand, et le pieux évêque de Cambrai,
Aubert, vont se déclarer ses soutiens. C'est vers ces grands
serviteurs de Dieu qu'elle marche, ainsi qu'à une ville inexpu-
gnable, mais dont les remparts s'ouvriront pour protéger son
innocence. Afin de marquer son respect pour eux, Aldegonde
voulut faire le chemin pieds nus, parmi les pierres et les
ronces ; qui a le cœur au Ciel ne songe guère à la terre, et
qui vole sur les ailes de la charité, n'a nul souci du chemin
sur lequel il marche. Arrivée à Hautmont, et se trouvant en
présence des deux prélats, elle se prosterne à leurs pieds
avec une humilité profonde, arrosant le pavé de ses larmes. Puis elle leur raconte les grâces dont Dieu l'a favorisée,
les luttes qu'elle a soutenues, les poursuites auxquelles elle
est en but, et son désir toujours plus ardent de se vouer au

service de Dieu. Ignorante de la marche qu'elle devait suivre, elle ne peut offrir que sa bonne volonté, et les supplie de lui apprendre les desseins de Dieu sur elle.

Il faudrait connaître toutes les tendresses du cœur des saints pour dire l'accueil si rempli de déférence et de bonté qu'ils firent à la jeune vierge, dont la foi si courageuse excitait au plus haut point leur admiration. Ils louèrent ce qu'elle avait déjà fait, en lui indiquant ce qui restait à accomplir. Le bienheureux Amand, connu dans l'univers entier par l'éclatante renommée de ses vertus, infatigable ouvrier dont le labeur hâtait la moisson du Seigneur, les mains pleines d'œuvres, le cœur débordant d'une suave éloquence, la consola grandement, et ces paroles, comme une rosée féconde de la céleste doctrine (1), coulèrent de ses lèvres : « Ma fille, lui dit-il, je ne puis mieux vous répondre que par les paroles qui sont sorties de la bouche de Jésus notre bon maître. Le monde se réjouira et vous serez dans la tristesse, mais votre tristesse se changera en joie, et cette joie ne vous sera jamais enlevée (2). La peine et le travail ne sont que d'un moment, bientôt récompensés par une éternité de gloire. O fille bien-aimée, ne craignez rien, Dieu ne vous délaissera pas; il a enlevé tous les obstacles qui pouvaient vous détourner de son service, et puisqu'il s'est donné tout à vous, donnez-vous toute à lui. Jésus, dont les chants délicieux ont enivré votre âme, vous a donné l'anneau des divines fiançailles, vous êtes l'épouse de Celui dont le soleil et la lune admirent la beauté, et déjà vous croyez entendre cette parole descendue du Ciel : « Viens, ma colombe, viens, et tu seras couronnée. » O gloire suprême de la virginité ! Appelées à former l'escorte éternelle de l'Agneau, les vierges le suivent partout où il va, chantant un cantique nouveau dont seules elles connaissent les accords. »

(1) Aperiens os suum doctrinæ cœlestis imbre facundum. (Hucbald, n. 13.)

(2) Jean, xvi, 20.

L'histoire rapporte que ces paroles inspirées pénétrèrent au plus profond de l'âme de la bénie vierge. « Pères vénérés, leur dit-elle, je vous l'ai dit, je veux être à Jésus, je veux être à celui dont l'amour, plus fort que la mort, s'est emparé de toutes les puissances de mon âme. Oh! je vous en conjure, que vos mains, consacrées par l'onction sacerdotale, s'étendent sur ma tête, et qu'elles élèvent, entre le monde et moi, une barrière insurmontable qui me délivre enfin de ses cruelles obsessions. O prêtres du seigneur, vous avez entendu le cri de ma prière, ne la repoussez pas. » Et par l'effusion de larmes abondantes, Aldegonde témoignait de la vivacité de sa foi et de l'ardeur de ses désirs.

Il parut aux saints prélats que la volonté du ciel s'était si évidemment manifestée qu'on ne pouvait la méconnaître ; mais il fallait une solennelle consécration pour qu'il fût hautement établi que désormais Aldegonde était au Christ, au Christ seul ; le jour de la prise de voile fut désigné, et l'on prépara les solennités......

Les anciens serviteurs d'Aldegonde couvrent les chemins qui conduisent au monastère d'Hautmont. De toutes parts arrivent des personnages renommés par leurs vertus, venant remercier Dieu, visible protecteur de la Vierge de Coursolre, et prendre leur part d'une si grande joie. D'anciens compagnons de ses travaux guerriers se pressent à cette heure autour du comte Madelgaire, (S. Vincent,) heureux de voir la jeune sœur de Valdétrude entrer si courageusement dans la voie que tous deux lui ont tracée. L'évêque de Cambray, Aubert, et l'évêque missionnaire Amand doivent présider à la pieuse cérémonie, entourés sans doute des hôtes habituels du monastère, S. Ghislain, S. Humbert, S. Vasnon, et tant d'autres, tous hommes vraiment apostoliques, pères et fondateurs de peuples.

Cependant Aldegonde est introduite dans une chapelle ou oratoire dédié à Saint Vaast (1). Une foule nombreuse et

---

(1) Cette chapelle était située au dehors de l'abbaye, mais y attenait. « Madelgaire, dit Vinchant (t. VII, p. 48), commença à jeter les fonde-

recueillie remplit le lieu saint et reflue au dehors. Aldegonde s'est agenouillée ; par sa grâce naïve et presqu'enfantine, elle semble comme une apparition de cette jeune romaine dont la couronne, tressée de lys et de roses, brille dans le Ciel d'un si pur éclat ; Aldegonde est bien la sœur d'Agnès. Agnès et Aldegonde, fleurs charmantes, dont la tige tendre et flexible se plie gracieusement et ne rompt pas néanmoins sous les vents impétueux des passions humaines, volontiers on associe vos noms dans une même invocation ; l'histoire de votre vie défend de les séparer. Toutes deux avaient le même âge, lorsque, chastes fiancées de l'Emmanuël, elles dédaignaient et repoussaient, avec la même énergie, une alliance terrestre ; toutes deux, d'illustre race, dans un corps délicat portaient une âme virile ; ainsi le fils de Dieu, par un conseil admirable, se montre plus admirable dans un instrument fragile (1). Mais écoutons Agnès répondant à Symphronius qui la veut épouser ; les paroles qui expriment le refus de la fille des Romains semblent avoir inspiré la réponse qu'oppose la fille des Francs aux sollicitations de sa mère Bertilie : « Non, non ; j'aime le Christ, je serai l'épouse de celui dont la mère est vierge, de celui que son père a engendré spirituellement, de celui qui a déjà fait retentir à mes oreilles ses harmonieux accords. Si je l'aime, je suis chaste ; si je le touche, je suis pure ; si je le possède, je suis vierge. Il est si beau que sa splendeur dépasse la clarté du soleil ; il est si riche qu'il m'a donné un trésor qni vaut mieux que tout l'Empire ; il est si puissant, qu'il n'a d'égal ni sur la terre, ni dans le Ciel ; il est

ments d'une égl.se et monastère à Haulmont. Mais afin que durant l'érection de ces bastiments ce lieu ne fut frustré du service divin, il fit bastir avant tout, mais au légier, un petit oratoire en l'honneur de Saint Vaast. »

(1)   *Sic Dei Filius*
      Mutu mirabili,
      Se mirabilius
      Prodit in fragili.

(Adam de Saint-Victor, prose tirée des anciens Missels Romains-Français.)

si bon, qu'il m'a donné sa foi et sa parole, et déjà, par l'aliment céleste, sa chair est unie à la mienne, et son sang colore mes joues. » Ainsi Aldegonde s'offrait à la virginité comme Agnès au martyr. O cœurs d'enfants, vrais cœurs de héros ! Au jour du supplice d'Agnès, la longue insensibilité païenne fut vaincue, et nul ne savait non plus retenir ses larmes, parmi ces Francs échappés à tant de combats, lorsqu'Aldegonde, foulant aux pieds toutes les grandeurs terrestres en cette fête de sa nativité religieuse, inclinait la tête sous le glaive de l'immolation. Les anges eux-mêmes, ravis d'admiration, contemplaient ce spectacle avec amour, et la sainte Trinité n'y voulut point paraître insensible.

L'office divin était commencé. Aldegonde a déposé les parures mondaines et pris l'humble habit de la profession religieuse, vêtement de justice et de sainteté, le symbole de la pureté et de la mortification. Abimée dans sa prière, la jeune vierge répandait son cœur en effusions d'amour et de reconnaissance. Sur l'autel, on avait étendu le voile de la consécration : « Seigneur, dit le Pontife, que le secours de votre bonté fortifie et défende votre servante, afin que, par votre protection, elle conserve intacte sa promesse de la sainte virginité qu'elle a embrassée par votre inspiration (1). » Mais voici qu'au milieu de la solennité, une colombe, ou plutôt l'Esprit, sous la forme d'une colombe, descend du ciel. Lentement, les ailes étendues, la colombe plane sur l'autel ; elle prend le voile que les évêques ont béni ; puis, s'aidant du bec et des pieds, elle l'étend comme un pavillon, et s'élève pour rendre le peuple témoin du miracle. Quand tous ont admiré le prodige, la colombe descend, couvre du voile le front d'Aldegonde et disparaît dans l'azur (2).

(1) Sacramentaire d'Hildoard, évêque de Cambrai et d'Arras en 812, *Oratio ad ancillas Domini velandas.*

(2) Ne autem aliqua fieret ambiguitas tanti super ostensione miraculi, videntibus cunctis qui aderant, velum in altum a terra levatum, beatissimæ virginis imposuit capiti. Quo patrato, columba cœlitus missa, ab oculis videntium continuo disparuit. (Hucbald, n. 14.)

Le R. P. Charles Cahier. en ses *Caractéristiques des Saints*, p. 244,

C'est ainsi que la très noble fleur du Hainaut se voua éternellement à l'époux de son âme. Qui pourrait dire quelle abondance de grâces et de perfections il plut alors au divin époux de répandre sur notre incomparable vierge ! Bien loin d'ailleurs d'attribuer cette merveilleuse intervention de l'Esprit-Saint à ses propres mérites, Aldegonde en reporta toute la gloire aux bienheureux prélats, et se disant indigne de si grandes faveurs, elle rendit à Dieu des actions de grâces infinies (1).

parle du voile de sainte Aldegonde, et il en parle avec une légèreté étonnante ; c'est un peu chez lui péché d'habitude ; voici ce qu'il dit :

« Sainte Aldegonde, abbesse ; au-dessus de sa tête est une colombe dont le bec soutient un voile. L'auteur de sa vie raconte que comme elle se présentait devant saint Amand pour recevoir la bénédiction des vierges consacrées à Dieu, une colombe vint tenant un voile qu'elle laissa tomber sur la tête de la sainte. Aldegonde, dit-on, attribua cette merveille aux mérites de saint Amand qui la bénissait, et de saint Vast auquel la chapelle était dédiée. Il ne serait pas improbable que la peinture eût été ici le guide de la légende, et que l'artiste eût pour véritable intention de montrer ce qu'il avait fallu de grâces célestes pour déterminer cette jeune princesse à mépriser le monde. Ma supposition semble d'autant plus admissible, si l'on fait attention à une autre légende (celle de sainte Franque) où le même fait se repète exactement, avec cette seule différence que le rôle de la colombe y est rempli par un ange. »

Ainsi, selon le P. Cahier, le moine Hucbald, l'écrivain sérieux, signalé par Dom Pitra pour la sévérité d'examen apportée par cet auteur dans la discussion des faits qu'il rapporte, le moine Hucbald, disons-nous, relatant, dans tous ses détails, au commencement du xe siècle, la légende du voile de S. Aldegonde, se serait trompé au point de prendre une peinture allégorique pour un fait matériel ! Mais ce qui détermine surtout la conviction de notre critique, c'est que, dans la légende de Sainte Franque, *le même fait se repète exactement* ; et la conclusion sous-entendue du P. Cahier est celle-ci ; dès lors qu'un fait se repète, on ne peut plus croire à sa réalité. En vérité, devant un tel raisonnement, nous éprouvons plus que de la surprise. Comment discuter de tels arguments ?

(1) Le P. Basilidès, qui écrivait son histoire de S. Aldegonde en 1623, après avoir raconté ce prodige, ajoute (p. 183) : « La chapelle ou oratoire ou tout ce que dessus se passa, se voit encore aujourd'hui au monastère de Hautmont, au costé droit du maistre autel, hors du chœur, ayant esté depuis quelques années rebastie par le Révérend Père en Dieu D. Gaspar Hano, prélat très-digne de la susdite abbaye, sur les vieux fondements et en son ancienne forme, et afin que ce lieu où un

Admirez-vous point ici, dit un vieil auteur, la très particulière bonté de Dieu pour sa fidèle servante. Un jour, il avait dit à Jean : Celui sur qui vous verrez le Saint-Esprit descendre du Ciel, comme une colombe, celui-là est mon Fils bien-aimé, en qui j'ai mis toutes mes complaisances ; » et lorsque de nouveau nous voyons l'Esprit d'amour, sous la forme d'une colombe, descendre sur la téte de la bienheureuse Aldegonde, il nous semble que retentit la parole divine : « Celle-ci est ma fille bien-aimée, l'épouse de mon fils unique. »

Le même auteur fait encore ce pieux rapprochement : L'ange dit à Marie : « Le Saint-Esprit surviendra en vous, et la vertu du Très-Haut vous couvrira de son ombre ; » de même le Saint-Esprit descend sur l'heureuse Aldegonde, et la Vertu du Très-Haut la voile et l'ombrage de ses divines miséricordes (1).

Heureux qui furent les témoins de ces fêtes et de ces miracles ; grande fut l'édification quand i's en répandirent le récit. La piété du peup'e a vécu de ce souvenir, et les chants de l'Église de Maubeuge en prolongeaient et en ravivaient l'allégresse ?

O glorieuse vierge, de quelles louanges ne devons-nous pas entourer votre culte ! Les cieux s'unissent à la joie de la terre, et les hymnes s'élèvent joyeuses qui célèbrent vos chastes hyménées :

O troupes virginales, louez notre Aldegonde ; gloire éternelle à la génération des chastes.

O Aldegonde, dans une allégresse entière, nos chœurs vous offrent le pieux tribut de leurs louanges.

miracle si signalé est jadis advenu soit honoré comme il le mérite, et que cela ne s'escoule facilement de la mémoire des hommes, les paroles suivantes sont mises sur le frontispice de ladite chapelle : « Anteces- » sorum relatione tenemus B. Aldegundem in hoc Oratorio sacræ » religionis habitum de manibus SS. episcoporum Amandi et Auberti » suscepisse ; columbamque cœlitus missam velum sacratum pedibus » et ore a terra elevatum beatissimæ virginis capiti imposuisse. »
(1) Binet, p. 232.

C'est elle, la fille des rois, qui, fiancée du Christ, ne veut point d'humaine alliance.

Et son âme, que la charité dévore, chaste comme les anges, vole au plus élevé.

Si le Pontife la consacre au Seigneur, c'est d'une colombe qu'elle reçoit le voile descendu des cieux.

Réjouis-toi, Maubeuge, ô murs témoins de la gloire d'Aldegonde et de sa divine hyménée.

Ange de la terre, elle triomphe de la chair et du monde ; elle a frappé, d'une vigueur toujours entière, l'antique ennemi.

Pierre précieuse, patiemment travaillée, elle brille, aux yeux du monde, par ses miracles.

La vierge achève son pèlerinage, et, rose printanière du Paradis, elle s'épanouit sous le regard des élus.

Là, dans les embrassements de son époux, elle nous protège par ses mérites et ses prières. AMEN (1).

(1) Prosa ad missam S. Aldegundis. Appendice, VII.

CHAPITRE VIII

Aldegonde retourne à son ermitage et fait construire un double monastère. — Elle orne et décore le lieu de la sépulture de ses parents. — Aldegonde fait donation de tous ses biens. — Miracle de l'eau changée en vin.

’ACTE si glorieux et si solennel de sa consécration terminé, Aldegonde était revenue, le cœur inondé de joie, à son ermitage de Malbodium. Libre maintenant de suivre toutes les inspirations de son zèle, elle avait hâte de mettre à exécution les conseils des saints évêques. La forêt qu'elle habitait faisait partie du patrimoine de sa famille, et elle se mit à l'œuvre. C'était un pays sauvage, couvert de ronces et de broussailles, solitude jusqu'alors respectée. Aldegonde ordonne à ses serviteurs d'y jeter les fondements d'un double monastère pour les serviteurs et les servantes de Dieu (1); la cognée frappe sans relâche le tronc

(1) Appendice, IX.

des arbres séculaires, les fossés se creusent, les cloîtres s'élèvent, ouvrant leurs cellules autour de trois églises édifiées
au nom de la sainte Trinité.

La première fut dédiée à la sainte Mère de Dieu, qu'Aldegonde aimait de tout son cœur, et aux douze apôtres. Cette
église sera celle de son monastère ; elle y viendra chaque
jour, avec ses compagnes, chanter les divines louanges et
réciter les saints offices.

La deuxième fut bâtie en l'honneur de saint Quentin, pour
le monastère des hommes. Cette église fut rendue paroissiale
pour le service de la population qui vint peu à peu abriter
sa demeure sous ces murs bénis.

La troisième sera consacrée aux princes des apôtres,
Pierre et Paul, en mémoire du passage miraculeux de la
Sambre.

Mais tant de travaux entrepris pour la plus grande gloire
de Dieu ne firent point oublier à notre sainte les devoirs de
la piété filiale ; elle fit restaurer et décorer l'église de Notre-
Dame à Coursolre, lieu de sépulture de Walbert et de Bertilie ; en même temps, elle y fondait un collège de douze
vierges ; jour et nuit elles prieront Dieu pour le repos éternel
de leurs âmes,

Les enfants de la terre, pour orner leurs tombeaux, élèvent, sur la pierre qui recouvre une froide dépouille, quelque
statue, plus froide encore, de marbre ou de bronze. Mais
quelle grande et plus chrétienne pensée d'entourer les restes
mortels des personnes qui nous furent chères de vierges sup-
pliantes, statues animées, dont la prière incessante sollicitera,
jusqu'à la fin des temps, la miséricorde divine (1).

Cependant Aldegonde, aspirant après le jour où elle ne
posséderait plus que Jésus, versait d'abondantes aumônes
dans le sein des pauvres. Impatiente d'atteindre à cette perfection dont le Seigneur a parlé, elle repassait souvent en
son cœur ces paroles que nous redit l'évangéliste : « Si vous

(1) Appendice, X.

voulez être parfait, allez, vendez ce que vous avez, et le
donnez aux pauvres, et vous aurez un trésor dans le Ciel ;
puis venez, et me suivez (1). » Hélas ! disait-elle, ou nous ne
croyons pas aux paroles du Sauveur, pourtant si fidèle à ses
promesses, ou nous n'aimons guère les trésors immortels
auxquels il nous convie ; ses divins conseils effraient notre
lâcheté. Et cependant, quel marché plus avantageux d'échanger le Paradis contre une poignée de terre ! — Une merveilleuse vision, dans laquelle le Seigneur Jésus apparut devant
elle, tout rayonnant de splendeur, et entouré d'une troupe
d'esprits célestes (2), l'encouragea dans le désir d'accomplir
un projet longuement médité, et, se dépouillant sans retard
de toute sa fortune, elle ne possédera plus rien sur la terre,
ses trésors seront dans le Ciel. Elle fit donc relever l'état de
toutes ses richesses, en or, en argent, en pierres précieuses,
de tant de parures et ornements splendides, objets de la mu-
nificence du roi, de la reine et de ses proches, en un mot de
tout ce qui lui restait après les larges aumônes distribuées
aux pauvres du Christ, et la vierge, prudente et sage, qui
aimait la beauté de la maison de Dieu, donna le tout pour
la décoration des églises.

Mais il fallait assurer l'avenir de ses établissements, et elle
résolut d'attribuer, par un acte public, ses immenses possessions à l'entretien de ceux qui, dans ses deux monastères,
serviraient le Christ-Roi. Désirant que ses volontés, sanc-
tionnées par la présence et par la signature de personnages
considérables, reçussent dans la suite leur exécution complète, et que nul n'osât jamais y contredire, elle pria l'évêque
de Cambray de venir consacrer ses églises et bénir ses monastères ; en même temps, il confirmerait de son sceau l'acte
de donation. Le saint évêque, se réjouissant de rencontrer

(1) Matth. XIX, 21.
(2) Visione mirabili, quâ Dominum Jesum tanquam solem splen
dentem circumstantibus angelis videre meruit, lætificata. (Hucbald.
n. 20.)

tant d'amour de Dieu et de zèle pour son service, s'empressa d'accéder à ses désirs ; la consécration eut lieu le 10 juin de l'an 646 (1). De grands serviteurs de Dieu, saint Amand, saint Humbert et plusieurs autres, témoignant par cette dé-marche l'amour et le respect qu'ils portaient à la fondatrice, s'y trouvèrent, entourant le bienheureux Aubert ; l'acte de donation rédigé, ils y apposèrent leurs signatures (2).

Valdétrude était accourue aux côtés de sa sœur Aldegonde, et l'abbé d'Hautmont, Vincent, n'avait eu garde de manquer à cette pieuse cérémonie. Ces âmes si saintes, unies par les liens du sang, mais bien plus encore par les liens de la même foi et de la même charité, marcheront dès lors d'un même élan dans la voie des parfaits, et pendant de longs siècles, les monastères d'Hautmont, de Château-Lieu et de Mau-beuge, gardant fidèlement la mémoire de leurs vénérés fon-dateurs, rediront et verront souvent revivre leurs éminentes vertus.

Aldegonde s'était dépouillée de tout, et, en donnant tout, elle crut n'avoir rien donné, tant elle tenait en mépris les biens de la terre. Ah ! le monde est bien petit, quand le cœur est grand. Jamais le visage de la sainte ne parut plus gai, jamais son cœur ne tressaillit d'un bonheur plus grand, qu'au moment où, foulant aux pieds toutes ses vaines ri-chesses, il lui sembla que ses épaules s'allégeaient d'un poids énorme, et son âme, comme dégagée des liens d'une dure captivité, ressentait toutes les joies de la liberté reconquise. Quand le vide s'est ainsi fait dans une âme, vase d'élection qui a rejeté de son sein toute scorie impure, Dieu accourt aussitôt pour combler ce vide, le remplir de sa divine pré-sence, et sa main libérale dispense à cette âme affranchie

---

(1) Le P. Smet reporte cette consécration à l'année 661. Cette der-nière date est également adoptée par M. Le Glay dans son *Camera-cum Christianum*, et par le baron de Reiffenberg dans son *Histoire du comté de Hainaut*.-- Nous avons dit plus haut (p. 37) les raisons pour lesquelles nous n'avons pas cru devoir suivre la chronologie du P. Smet.

(2) Appendice, II.

tous les trésors de sa bonté et de sa miséricorde. Mais le
Seigneur va témoigner à son humble servante combien lui
est agréable son complet détachement de toutes choses, et,
pour sanctionner lui-même l'acte de donation, il le scellera
par un éclatant miracle.

Nous sommes encore au 10 juin de l'année 646, les évêques
et ceux qui les accompagnaient se sont peu à peu retirés, et
Aldegonde, fatiguée des préoccupations et des émotions de
cette grande journée, se reposait au milieu de ses compagnes,
lorsque, sur sa demande, un serviteur se rendit à une fontaine voisine pour y puiser un peu d'eau dont notre sainte
voulait se désaltérer. Mais Celui qui avait changé l'eau en
vin aux noces de Cana, en Galilée, changea encore l'eau de
la fontaine en un vin d'une merveilleuse saveur qui apaisa
délicieusement la soif d'Aldegonde (1).

Le Seigneur a promis le centuple en ce monde à quiconque
quitterait, pour l'amour de lui, sa maison et tout ce qu'il
possède, et voici qu'Aldegonde, en échange de biens périssables, qui disparaissent bientôt, comme on voit l'onde
rapide fuir et disparaître, reçoit, abondant et généreux, le
vin de la grâce céleste, et son âme altérée n'ira plus s'abreuver
qu'aux sources mêmes de l'éternelle suavité.

Et toutes les servantes de Dieu, en ce monastère, à la vue
de ce miracle, s'éprirent et s'embrasèrent d'un plus ardent
amour pour le Christ ; se faisant à elles-mêmes l'application
du sens moral et mystérieux de ce prodige, elles disaient :
Avant d'abriter notre innocence sous ces murs bénis, nous
buvions encore au torrent des voluptés de la terre, mais
Jésus, par ce miracle même, nous apprend que désormais,
rejetant les eaux de la mondanité, nous puiserons, dans la
coupe divine, le vin qui fait germer les vierges.

---

(1) Eo namque die, quo famula Dei tam gloriosum opus largitionis
suæ compleverat , advesperascente, dum ipsa jubente ministri sibi
deferrent ad potandum aquam de fonte, qui nuptiarum celebratoribus
in Cana Galileæ vinum ex aqua largitus est, ipse fontis aquam sponsæ
suæ refocillandæ mutavit in mirabilis vini saporem. (Hucbald, n. 20.)

Aldegonde considérait en son cœur l'infinie bonté de son Dieu qui daignait agréer, avec tant d'amour, l'offrande qu'elle lui faisait d'elle-même, et consacrait cette offrande par un miracle de sa Toute-Puissance. En descendant sur elle, sous la forme d'une colombe, l'Esprit-Saint avait déversé en son âme ses dons les plus parfaits; la suite de sa vie nous les découvrira de plus en plus.

CHAPITRE IX

OUTES choses étaient heureusement achevées et Aldegonde demeurait seule avec son petit troupeau. Croissant tous les jours en vertu, elle hâte, avec un courage nouveau, le travail de l'édifice spirituel élevé de ses mains avec un soin jaloux. Destiné à abriter, pendant tant de siècles, les générations qui viendront successivement y chercher le pain de vie, y puiser le vin de la sainte doctrine, elle voulut tout d'abord donner à cet édifice le sûr fondement de l'humilité. Mais il est difficile d'être bien et véritablement humble. D'aucuns disent des merveilles de l'humilité, y exhortent tout le monde, la demandent souvent à Notre Seigneur, et, parlant d'eux-mêmes, disent qu'ils ne sont rien et moins que rien ; on apprend cela par cœur, mais en vérité le cœur ne le croit pas. Le vent de la vanité les emporte, ils

méprisent, jugent, condamnent et damnent volontiers les autres, rien n'est bien fait s'ils ne le font, rien n'est bien dit s'ils
ne le disent, mais vienne la tentation, elle les trouvera sans
force. Notre Aldegonde parle peu, elle évite surtout de parler
d'elle-même, mais combien mieux elle comprend, combien
mieux elle pratique la sainte vertu de l'humilité. Dès son
enfance, elle est favorisée des grâces les plus signalées, les
anges du Paradis se complaisent à converser avec elle, il lui
a été révélé que son nom est inscrit au livre de vie, elle n'aura
point d'autre époux que le Seigneur Jésus, et dans une nuit
radieuse, dont la vision passe sans cesse devant ses yeux,
pour les réjouir, le Christ lui-même, fils du Dieu vivant, est
venu confirmer leurs chastes fiançailles, et sa main a posé
sur le front de la vierge l'incorruptible couronne. Puis les
prodiges se multiplient, et le Tout-Puissant, pour témoigner
de quelle protection jalouse il aime à entourer son épouse
bien-aimée, se joue des éléments, et les fait servir à la glorification de notre chère sainte. Certes, la superbe humaine
trouverait ici de quoi se satisfaire, mais au moins, tranquille
désormais sur ses destinées éternelles, Aldegonde s'endor-
mira dans une heureuse quiétude. Ce serait bien mal comprendre les profondeurs, inconnues à la plupart il est vrai, de
l'humilité chrétienne. Aldegonde a entrevu les magnificences
du ciel et les inénarrables perfections de son céleste époux,
mais en même temps découvrant, sous cette lumière d'en
haut qui l'inonde de sa clarté, son propre néant et sa misère
extrême, et mesurant, avec tremblement, les distances infinies
qui séparent le Créateur de la créature, elle semble avoir
oublié toutes les assurances de prédestination, et ne trouve
de repos et de tranquillité que dans l'abaissement et l'humi-
liation de son âme devant la majesté divine ; à l'ange qui lui
rappelle la récompense qui lui est réservée dans le Ciel, elle
répond et s'écrie, en joignant les mains : « Ah, je vous en
conjure, enseignez-moi ce que je dois faire pour parvenir à
la vie éternelle. »

Telle une pierre précieuse, que la main de l'ouvrier a longtemps polie et travaillée, brille du plus pur éclat ; mais abandonnée à elle-même, elle se précipite vers la terre ; il semble qu'elle ait hâte de retourner dans la poussière d'où elle est sortie.

Ainsi, Aldegonde, la perle du Hainaut, taillée et façonnée par la main du Seigneur, resplendit de tout l'éclat de ses vertus, et son front s'illumine des rayons de la sainteté. Néanmoins, repoussant avec horreur toute pensée de s'approprier la moindre parcelle du bien que le Seigneur a opéré en elle, l'humble vierge s'étonne qu'il ait regardé la bassesse de sa servante, et se souvenant qu'elle est poussière, voudrait retourner en poussière.

Qui n'admirerait une si profonde humilité dans une si grande abondance de grâce !

Or, c'était un édifiant spectacle de voir le bon ordre et la sainte dilection qui régnaient en ce monastère. L'amante du Christ, fidèle à son époux, le servait dans l'humilité, dans l'obéissance, dans la bénignité ; elle s'adonnait aux jeûnes, à la prière ; l'espérance s'enracinait dans son cœur avec la charité. Toujours douce à ceux de sa maison, indulgente à toutes les fautes, compatissante à toutes les misères, elle était un miroir qui représentait à ses filles l'image de toutes les perfections, et ses filles, se mirant dans la vie de leur mère, s'étudiaient à la prendre pour modèle. En même temps, la vierge prudente, afin de mieux assurer un bon gouvernement, avait gardé pour elle et les abbesses qui lui succéderont, les droits presque souverains qu'elle avait reçus de sa famille, et, par une sage administration, elle savait également régir les revenus de sa communauté, et dans une sainte libéralité, en répandre le superflu. Ce monastère sera donc désormais la principauté d'Aldegonde ; c'est là qu'elle veut régner avec le Seigneur Christ, son époux ; leurs hôtes seront tous les pèlerins qui s'arrêteront à leur seuil, leurs enfants tous les orphelins, leurs amis, tous les serviteurs et les servantes de Dieu.

La sainteté a la puissance de l'aimant et attire à elle tous

les cœurs ; les vertus d'Adegonde, fleurs écloses dans le jardin du Seigneur, répandaient leurs suavités par le monde.
Quelque temps s'était à peine écoulé, et déjà ce petit coin
de terre, comme un ciel que peuplent de brillantes étoiles,
réunissait en grand nombre, autour de la bienheureuse fondatrice, de saintes filles, issues de noble race. La chasteté est
comme un lys dont l'éclatante blancheur est ternie par le
moindre souffle, et ces vierges sages, délaissant les joies
fugitives et trompeuses de la terre, venaient en foule abriter,
derrière ces murs sacrés, le précieux trésor de leur innocence. S'offrant à Dieu comme une hostie vivante, comme
une hostie sainte, comme une hostie d'agréable odeur, elles
se donnent à lui sans réserve, et soumises avec joie au joug
de l'obéissance, elles sont heureuses de vivre sous une vigilante direction qui leur enseigne, avec toute autorité, la
doctrine de la vérité, la science de la justice, la pratique de
la chasteté.

Les délices de la Sainte étaient d'habiter au milieu de ses
filles. Ce troupeau, béni du Ciel, répandait les pénétrantes
senteurs des épis fauchés sous la caresse du soleil. Aldegonde
pouvait répéter à son sujet ce que le Patriarche disait de son
fils : « Qu'il est bon le parfum de ses vertus ; il ressemble à
celui d'un champ que jaunit sa riche moisson, *Odor filii mei
sicut odor agri pleni* ; et de fait quelle excellente moisson la
grâce n'y faisait-elle pas de fleurs odorantes et de fruits
savoureux.

Ce champ fécond, gracieux assemblage des productions
les plus variées, offrait aux yeux ravis le spectacle le plus
attrayant.

Là, la fleur de la vigne pénétrait d'abord les âmes de son
discret parfum ; mais bientôt le raisin, mis sous le pressoir,
je veux dire la parole divine, enivrait les intelligences, embrasait les cœurs ; là, le rosier épanouissait sa fleur humide,
symbolisant le vivant amour du Seigneur Christ, dans
l'abondance des saintes larmes, empourprées du sang de la
pénitence ; là, se dérobait aux regards la violette, image de

ces humbles que la prière inclinait vers le pavé du temple ;
là, les fruits de l'olive donnaient leurs précieuses moissons,
tant la prière était parfaite, et suave la miséricorde se répandant, comme une huile excellente, sur les pauvres de la
contrée, pour guérir leurs blessures ; là, les lys entr'ouvraient
leur blanche corolle, et les âmes s'ouvraient au saint amour
de la virginité. Mais Aldegonde disait : « Si la moisson est
belle sur le champ que j'ai ensemencé, louons Dieu qui l'a
béni ; que son nom seul soit glorifié. »

Et le chœur des vierges, unissant, à ses cantiques sacrés,
les chants de la reconnaissance, s'écriait : « O Aldegonde,
mère de nos âmes, nous nous réjouissons et nous nous glo-
rifions en vous dont les mamelles nous ont versé le lait de
la piété et de la charité. » Puis, s'adressant au Dieu Sauveur, elles chantaient : « Que le Bien-Aimé descende dans
son jardin pour y cueillir les fleurs et les fruits qui lui
appartiennent (1). »

Valdétrude n'avait point tardé à reconnaître et à apprécier
l'excellent esprit et le bon gouvernement du monastère de
Maubeuge, et elle résolut de confier à sa bien-aimée sœur
Aldegonde, l'éducation de ses deux filles, Aldétrude et Madelberte. La servante de Dieu lui accorda gracieusement ce
qu'elle désirait, et accueillit avec joie ses deux nièces. Désor-

(1) Ibi redolebat flos uvæ, quia magna erat virtus prædicantium,
quæ debriabat mentes audientium. Ibi vernabat flos rosæ quia mira erat
fragrantia, quæ rutilabat ex sanctarum lacrymarum, vigiliarum, jeju-
niorum passione. Ibi flos violæ, quia magna erat virtus humilium, qua
ex desiderio loca ultima tenentes se per humilitatem a terra in altum
non sublevabant..... Ibi splendebat flos olivæ, quia suave erat opus
misericordiæ, quod more olei fovebat, et lucebat rei necessariæ. Ibi
quippe candedat flos lilii, quia candida erat vita carnis de incorrup-
tione virginitatis..... Itaque percipientes ab ea (Aldegunde) præcepta
salutis, gaudentes succinebant : Exultabimus et lætabimus in te, me-
mores uberum tuorum.... Et convertens cor suum ad Deum cantabat:
Descendat dilectus meus in hortum suum, ut comedat fructum pomo-
rum suorum. (*Vita S. Aldeg. auct. anonymo ex Ms. Gisleniano,*
n. 14.)

Il faudrait citer tout ce passage et bien d'autres de ce pieux auteur.
On n'écrit pas avec plus de charme, de poésie, de saint enthousiasme
et dans une latinité qui n'a rien à envier à la latinité païenne.

8

mais elle sera pour elles une seconde mère, les entourant de
toute sa sollicitude, et elle cultivera, avec amour, ces jeunes
plantes, que la main du Seigneur a choisies, qu'il a arrosées
de sa grâce, dont les premières fleurs se sont épanouies sous
les baisers maternels, et qu'Aldegonde fera fructifier pour
l'éternité. Mais ce fut surtout par l'autorité de l'exemple
qu'elle les conduisit à la plus haute perfection et leur inspira la
volonté de choisir le sauveur Jésus pour époux. Heureuses vierges, sous la blanche parure de leur innocence, leur chasteté
brillera comme un pur miroir, leur sainteté comme un joyau
d'or (1), et c'est à elles qu'Aldegonde mourante léguera le
noble héritage de ses vertus. La Providence divine les
appellera successivement à diriger le monastère de Maubeuge.

Aldétrude avait un vif désir d'acquérir la science des choses
divines, et chaque jour, racontent les plus vieilles chroniques,
s'asseyant aux pieds de sa tante, et ne la quittant point des
yeux, elle s'abreuvait de la sainte doctrine qui coulait si
abondamment des lèvres de la Bienheureuse, et s'étudiait,
comme une autre Marie, à conformer sa vie et toute sa
conduite aux saints exemples qu'elle en recevait (2). C'est
ainsi que cette jeune vierge fleurissait son âme de toutes
vertus dont elle était libéralement partagée, mais elle pra-
tiqua surtout, à un degré éminent, la vertu de l'obéissance ;
il plut à notre Seigneur de la faire briller du plus vif éclat ;
voici dans quelle circonstance :

Aldegonde ne croyait pas, avec raison, déroger à sa dignité
d'abbesse, en veillant aux moindres détails de son administration, et ne voulait point d'ailleurs que les choses de sa
maison, même de peu d'importance, se perdissent faute de
soins. Un jour donc, se souvenant des paroles que Notre
Seigneur adressait à ses disciples, lors de la multiplication

(1) Quatenùs candidato virginum honestissimum sanctitatis speculum et castitatis insigne lucerent aureum. (J. de Guyse, t. vii, p. 108.)

(2) Aldetrudis, puella bonæ indolis, materteræ suæ mores et vitam
satagebat imitari, secusque pedes illius indesinenter accumbens, doctrina
vitæ sitiebat informari. (Hucbald, n. 16.)

des pains sur la montagne : « Ramassez les morceaux qui
sont restés afin que rien ne se perde, » (1) elle donna l'ordre
à Aldétrude de recueillir tous les déchets de cire pour les
refondre en un seul bloc. La jeune vierge obéit avec promptitude, et place sur le foyer un vase d'airain que remplissent
ces déchets. Mais l'imprudente enfant, novice dans ce travail,
n'a pas vu que le bois, miné peu à peu par le feu, décroit
sensiblement, le vase s'incline sur un côté, la cire, entrée en
liquéfaction, s'en épanche comme une lave brûlante, et donnant au feu lui-même une nouvelle et plus dévorante activité,
va peut-être provoquer un embrasement général. Aldétrude
a vu le danger ; mais sa foi est vive, son obéissance héroïque,
elle ne sait, elle ne veut qu'une chose, exécuter, quoiqu'il
advienne, l'ordre qu'elle a reçu, et confiante d'ailleurs dans
les hauts mérites de celle qui lui a donné cet ordre, elle
saisit, au milieu des flammes qui l'enveloppent de toutes
parts, le vase incandescent, et le dépose sur le pavé. Ses
mains et ses bras nus sont couverts de flammes et de cire
bouillante, mais elle ne ressent aucune douleur, nulle lésion
n'apparaît ; Dieu l'avait préservée de tout danger (2).

Les flammes de l'amour divin, dit un vieil auteur, et le
désir extrême d'obéir, étonnèrent les flammes de ce monde,
et leur ôtèrent tout pouvoir de nuire. C'est qu'aussi la vertu
de l'obéissance est excellente et agréable aux yeux de Dieu ;
sa parole nous l'atteste : « Qui vous écoute, m'écoute. »

Le Seigneur ne tarda pas à rendre témoignage, d'une
manière plus particulière, à la sainteté d'Aldétrude ; il fera
connaître en même temps combien il aime chèrement la
sainte assemblée de ces filles vertueuses, ferventes imitatrices
des vertus de leur mère.

Un soir, l'office divin terminé, Aldétrude était demeurée
seule au chœur, et persévérait dans la prière. Au dehors le
temps était orageux, mais sous les voûtes assombries du

---

(1) Colligete quœ superaverunt fragmenta, ne pereant. (Jean, VI, 12.)
(2) Hucbald, n. 16.

sanctuaire, nul bruit n'interrompait la silence de la nuit (1); Aldétrude est tout-à-coup ravie en extase, et elle voit descendre du ciel le prince des Apôtres, tout rayonnant de gloire : « Ma fille, lui dit Saint Pierre, ne craignez rien, c'est le bon maître Jésus-Christ qui m'envoie vers vous, assurez-vous que désormais je prends sous ma garde et sous ma protection spéciale toutes celles qui servent le Seigneur on le serviront à l'avenir en ce lieu béni de Maubeuge; à jamais je serai leur défenseur et les préserverai des embûches du démon. »

Puis, la vision disparut.

O gloire incomparable ! Voici que le divin apôtre, à qui Dieu a confié le gouvernement de l'Eglise, est aussi particulièrement commis pour être le protecteur de ce nouveau monastère. Heureuse demeure, dont la base pose encore sur la terre, mais dont le faîte se dore déjà aux rayons matinals de la gloire céleste ! Sainte maison, avenue du ciel, qui aboutit directement aux portes de l'Eternité ! Tandis que ses nobles habitantes resteront les vraies filles d'Aldegonde, elles franchiront d'un pas tranquille, à leur heure dernière, le passage d'ordinaire si redoutable ; qu'auraient-elles à craindre ? Celui que le Seigneur, dans sa miséricorde, leur assigna pour protecteur, celui-là même tient entre ses mains les clefs du Paradis et les attend au port ; vraiment c'est le port du salut; elles en goûteront éternellement la joie et les délices (2).

---

(1) Intempestæ noctis silentio. (*De S. Aldetrude virgine sylloge historico-critica, Auctore C. Smetio, Act. SS. Belgii,* v, p. 162.)

(2) A la mort d'Aldegonde, en 686, Aldétrude lui succéda et gouverna le monastère pendant douze années ; elle fut remplacée par sa sœur Madelberte qui vécut encore neuf ans.

Sainte Aldétrude reçut probablement la sépulture dans son monastère de Maubeuge, mais on ignora toujours la place même où elle fut inhumée.

Sainte Madelberte fut d'abord enterrée à Coursolre; en 722 son corps fut transporté à Liège, mais l'église de Sainte Aldegonde à Maubeuge possédait des reliques de la sainte renfermées dans un reliquaire en

Cependant, la presence, au monastère de Maubeuge, des
deux filles de Valdétrude, avait naturellement amené de plus
fréquents rapports entre cette dernière et la B. Aldegonde ;
toutes deux aimaient à prier ou à converser ensemble des
choses de Dïeu, et se communiquant, par un doux
échange, les pieux sentiments qu'excitaient en leur cœur les
joies de la patrie céleste, objets de leur espérance, elles s'en
nourrissaient comme d'un bien qui devait leur appartenir un
jour, et semblaient vouloir hâter cet heureux moment par
l'ardeur de leurs désirs (1). D'autres fois elles s'entretenaient
du salut des vierges confiées à leur sollicitude par le divin
Pasteur, et sur le meilleur gouvernement de leurs communautés. La Providence pourvoit aux besoins de tous ses
enfants, et il semble qu'Aldegonde soit appelée par elle à
recueillir, dans son monastère, les saintes âmes qui, ayant
goûté aux richesses de ce monde, aspirent à un état de vie
plus parfait, et n'aimant, ne possédant et ne voulant rien que
Dieu, détachées de tout bien propre, n'auraient pas néanmoins à se préoccuper des nécessités de la vie. Gardant
pieusement leurs saintes règles et gardées par elles, sans que
nul souci les retienne sur la terre, elles s'élèveraient d'un
vol plus libre vers les hauteurs où Dieu les appelle. Valdétrude ne voulait aussi que Jésus, mais Jésus nu et crucifié,

argent. Ce reliquaire, comme les autres, fut envoyé à la Monnaie en
1791. (Voir les notes 9 et 10 de M. Estienne.)

Parmi les personnes qu'attira au monastère de Maubeuge la haute
réputation d'Aldegonde, nous ne devons point oublier sainte Amalberge,
sœur du comte Walbert. Mariée au B. Witgu, elle en eut trois enfants
tous trois honorés comme saints : sainte Gudule, patronne de Bruxelles,
sainte Reinelde, honorée à Condé, et saint Emebert qui fut évêque de
Cambray ; puis, les deux époux se séparèrent d'un mutuel accord, le
B. Witgu pour aller finir ses jours au monastère de Lobbes, sainte
Amalberge pour suivre l'étendard de Jésus-Christ sous l'obéissance de
sa nièce Aldegonde, au monastère de Maubeuge.

(1) Ut dulcia sibi invicem vitæ verba transfunderent, et suavem
cibum cœlestis patriæ, quià adhuc perfectè gaudendo non poterant,
saltem suspirando gustarent. (*Vita sanctæ Waldetrudis, auctore anonymo, Acta SS. Belgii*, t. iv, p. 445.)

et n'ayant pas une pierre pour reposer la tête. Elle aimait la pauvreté pour elle-même, la pauvreté qui, en ôtant tout, nous donne tout, en nous ravissant la terre nous fait maîtres du Ciel, et détachant nos cœurs de toute créature, les attache invinciblement à Dieu et à l'Eternité. Elle disait : « Est-on pauvre quand rien ne nous manque, et que peut-il nous manquer quand Jésus-Christ est avec nous ; quitter tout pour celui qui a tout quitté pour nous, et ne dépendre absolument que de lui seul, c'est ma joie suprême, et je n'ambitionne nul autre bonheur. »

Dieu est grand et multiples sont les voies qui conduisent à lui, même les parfaits. Que chacun demeure donc dans sa vocation. Vivez, ô pieuses et saintes femmes, vous Valdétrude en votre riche pauvreté, vous Aldegonde en vos pauvres richesses ; soyez, vous Marie, et vous Marthe, vous pauvre et vous riche, mais toutes deux soyez servantes de Jésus-Christ. Ce ne seront ni la pauvreté de l'une, ni les richesses de l'autre, qui vous rendront plus grandes et plus saintes devant Dieu, mais celle-là qui aura dans son âme une pureté plus grande, une charité plus vive, une fidélité plus constante, une humilité plus profonde.

On raconte qu'un jour Aldegonde, à la vue de l'étroite cellule où vivait sa sœur, témoin des privations que son extrême pauvreté lui imposait, et touchée d'une charitable commisération, la supplia de venir demeurer avec elle dans son monastère de Maubeuge. Mais Valdétrude, jalouse de son indigence, et plus inquiète de conserver intacte la possession de son trésor que n'est l'avare veillant sur ses richesses périssables (1), prit un visage riant et répondit : « O sœur bien-aimée, restons l'une et l'autre dans l'état où Dieu nous a mis ; qu'importe le toit qui abrite nos corps, puisque nos âmes se retrouvent sans cesse dans le cœur sacré

---

(1) Metuebat paupertatis suæ securitatem perdere, sicut avari divites solent divitias perituras custodire. (*Vita S. Waldetrudis, auctore anonymo, Acta SS. Belgii,* t. v, p. 445.)

de Jésus-Christ, notre très-cher époux ; » et toutes deux, émues de ce touchant débat, confondirent leurs larmes dans un saint embrassement.

Le Seigneur avait certainement pour agréable la sainte affection qui unissait ces deux âmes et se complaisait dans leurs pieux entretiens. Un double prodige nous montre le Sauveur ne dédaignant pas de se manifester à ses chères filles, dans des circonstances où facilement l'on oublie le prodige, pour ne plus voir et admirer que la condescendante familiarité dont il use à leur égard.

Un soir donc, c'était, croyons-nous, à Château-Lieu, les deux sœurs avaient conversé longuement sur l'amour du divin Maître et sur les intérêts religieux de leurs communautés. La nuit était déjà assez avancée, lorsque le cierge qui les éclairait tomba à terre et s'éteignit. Elles appelèrent pour qu'on le rallumât ; mais le Seigneur Jésus qui, de sa propre bouche, a dit à ses disciples : « Je suis la lumière du monde, » ne voulut pas que ses servantes, réunies en son nom, restassent momentanément plongées dans l'obscurité, ni que leur entretien fût interrompu. Sans plus longtemps attendre, Aldegonde ayant relevé le cierge, la flamme s'y ralluma d'elle-même (1), et ces deux âmes, avec une incroyable ardeur, élèvent en même temps vers Dieu les flammes de leur saint amour, et ces amantes du Christ rendent grâces à la céleste lumière qui brille dans les ténèbres et que les ténèbres n'ont point comprise.

Peu de temps après, Valdétrude vint au monastère de Maubeuge. A l'heure de sexte, elle se rendit, avec Aldegonde, à l'église de Saint-Pierre. Trouvant les portes fermées, et n'en possédant pas les clefs, elles se disposaient à s'éloigner ; mais Celui qui aime la prière de ses serviteurs, témoigna com-

(1) In cujus (Aldegundis) manu continuo lucerna divinitus lumen recepit. Quo miraculo Dominus noster Jesus Christus, qui est lux vera, se præsentem esse ancillis suis manifestavit, quas in suo nomine congregatas nec ad momentum perpeti tenebros vermisit. (Huchald, n. 18.)

bien celle de nos deux saintes lui était agréable, et soudain les portes, miraculeusement ébranlées, s'ouvrent d'elles-mêmes, comme si elles avaient craint d'y apporter le moindre retard (1). Entrant alors dans la maison de Dieu, elles dirent à Jésus-Christ, avec une grande tendresse de cœur, toute leur gratitude, et, l'office divin terminé, s'en retournèrent chez elles, heureuses et glorifiant le Très-Haut (2).

C'est ainsi que le Seigneur, qui jadis brisa les portes de la ville où Pierre était détenu, ouvrit pareillement à ses servantes les portes qui leur barraient l'entrée de l'église, et ravies de cette grâce à elles faite, grâce toute aimable et si touchante du bon Jésus, elles ressentirent en leur âme une profonde et intime allégresse. Mais que sera-ce, ô mon Dieu, lorsqu'au sortir de cette vie, elles verront s'ouvrir devant elles les portes du Ciel, pour y jouir, durant l'éternité des siècles, de l'Auteur même de toutes grâces !

(1) Ut famulæ Christi ad aditum Basilicæ pervenerunt, statim ostia, divinitùs concussa, ità summâ celeritate patuerunt, ac si orationem earum impedire perhorrescerent. (*Vita sanctæ Waldetrudis, auctore anonymo, Acta SS. Belgii*, t. ıv, p. 445.)

(2) Hucbald, n. 19.

CHAPITRE X

Vie suréminente d'Aldegonde. — Sa libéralité envers les pauvres. — Son hospitalité. — Elle est calomniée; un ange la console. — Le démon furieux s'efforce, mais en vain, de la molester. — Elle visite saint Humbert dans son monastère de Maroilles. — Mort de S. Humbert.

NOUS avons dit les vertus de notre chère sainte, et néanmoins nous n'avons encore qu'une idée incomplète de ce miroir de toutes les [perfections. Il nous faut encore rechercher et découvrir tant de trésors de grâces que dérobait à tous les regards le voile d'une profonde humilité. « Il suffisait de la voir, dit le P. Binet, pour devenir meilleur, tant sa façon était ravissante. » Animée d'un vif désir de s'avancer de jour en jour dans la voie des parfaits, elle n'était point de ces personnes qui, semblables à des roues qui roulant toujours sur elles-mêmes, ne s'avancent jamais, et jamais ne s'èloignent de leur point de départ, ou de celles qui, s'abandonnant aux caprices de tous les vents, vont toujours et ne s'arrêtent jamais, effleurant toutes les vertus, mais n'en pratiquant sérieusement aucune, et bien loin de s'approprier leur suc vivifiant, dissipent en de vaines paroles leurs parfums délicats.

Tout au contraire, comme le ciel qui chaque jour se montre à nous sous un aspect nouveau, et fait briller à nos yeux quelque nouvelle beauté, chaque jour on découvrait, dans le cœur d'Aldegonde, quelque nouvelle perfection. Qui fut plus accueillante et plus débonnaire que cette aimable sainte ? Cette colombe du Paradis était si attrayante, qu'elle gagnait les cœurs les plus rebelles. Aldegonde estimait que si parfois un vent violent fait aborder plus rapidement au rivage un navire en détresse, plus souvent encore il le brise, tandis qu'un vent plus doux le conduit plus lentement, mais plus sûrement au port.

La pieuse Aldegonde était semblable à une pierre précieuse qui projette ses rayons de toutes parts ; bien loin toutefois de se complaire dans la considération de ses propres mérites, elle reportait toute gloire à Dieu de qui tout émane, comme le rayon émane du soleil, comme le ruisseau coule de sa source, comme le torrent descend de la montagne.

Mais la vertu ne s'assure que dans les rigueurs de la pénitence et les austérités de la mortification. C'est une rose qui ne fleurit qu'au milieu des épines, une perle qui ne s'affine que dans la tourmente. Aldegonde assujétissait rigoureusement son corps à des jeûnes continuels et à de rudes travaux.

Dès ses plus jeunes années, nous l'avons raconté plus haut, Aldegonde unissait dans un même amour, et Jésus-Christ, son divin maître, et les pauvres de Jésus-Christ (1). Lorsqu'elle habitait encore le château de Coursolre, elle leur donnait miséricordieusement tout l'argent dont elle pouvait disposer, et ses aumônes n'avaient d'autres limites que l'im-

---

(1) Crevit cum eâ amor vitæ cœlestis et cura eleëmosynarum in pauperibus Christi. (*Vita S. Aldeg. auctore æquali,* n. 19.)

possibilité d'y subvenir (1). Devenue abbesse du monastère de Maubeuge, elle put s'abandonner sans entrave à tous les sentiments de son cœur secourable, habitué à ne voir, dans le pauvre le plus deshérité, qu'un membre souffrant de Jésus-Christ.

L'aimable simplicité de la sainte, son filial abandon à l'amour de son Seigneur, surtout cette foi intrépide qui lui faisait quitter, à travers tant d'obstacles, la maison paternelle, et franchir d'un pas assuré les flots mouvants de la Sambre, avaient dû singulièrement toucher le cœur de notre Dieu. Aussi en use-t-il, vis-à-vis de son humble servante, avec une familière condescendance qui nous étonne ; il semble se dépenser pour elle sans mode et sans mesure, et vraiment, oserai-je m'exprimer ainsi, il multiplie les prodiges à temps et à contre-temps. Tout à l'heure, j'omettais, je le regrette maintenant, mais je vais réparer cette omission en quelques mots, j'omettais le récit d'un de ces miracles ne s'expliquant que par la libéralité toute gracieuse du bon Jésus, attentif à épargner à notre chère sainte le plus léger ennui. Un jour, quelque suivante avait rempli d'eau une aiguière, pour l'ablution des mains de la Bienheureuse. Par quelque inadvertance, cette eau fut employée à un autre usage, et au moment où la suivante se disposait à la verser sur les mains de sa maîtresse, elle s'aperçut de son étourderie, et elle se mit hâtivement en chemin pour en aller quérir de l'autre à la fontaine. Mais voilà que soudain et instantanément l'aiguière se remplit d'elle-même (2).

Presqu'à chaque page de notre histoire nous retrouvons les marques évidentes d'une bienveillance qui ne se dément jamais. Bientôt nous raconterons le charmant épisode du poisson, sauvé providentiellement d'une mort prochaine ; mais en ce moment, le Seigneur, pour attester combien lui

(1) Si virgini nonnunquam deerat, voluntas tamen largiendi sibi nunquam decrescebat. (Hucbald, n. 17.)
(2) Hucbald, n. 21.

est agréable la tendre sollicitude d'Aldegonde pour ses amis
les pauvres, de même qu'il fit miraculeusement venir dans
une aiguière l'eau qui s'en était *respandue,* fait venir dans
l'escarcelle d'Aldegonde l'argent qui s'en était *despendu.*

Voici ce qui arriva :

Désireuse de procurer aux serviteurs et aux pauvres du
Christ les vêtements nécessaires pour les garantir des injures
du temps, Aldegonde appela un jour un de ses serviteurs et
lui confia une somme importante pour acheter les étoffes
convenables. Le serviteur accomplit fidèlement sa mission,
et vint en rendre compte à sa maîtresse qui, en ce moment,
avait près d'elle sa sœur Valdétrude. Toutes deux approu-
vent l'achat qui a été fait, puis, lorsqu'il s'agit de vérifier le
surplus de l'argent *despendu,* elles constatent, avec une
grande surprise, que la somme est restée intacte (1). Ainsi le
Seigneur multiplia, chez la pauvre veuve de Sarephta, son
peu d'huile et de farine ; d'où l'on voit que pour avoir beaucoup, il faut donner beaucoup ; mais donner au monde, c'est
le plus souvent perdre ; c'est gagner, au contraire, que de
donner aux pauvres, et par les mains des pauvres à Jésus-
Christ.

Mais poursuivons et montrons, par un dernier fait, le soin
particulier de Dieu à seconder les intentions de son épouse
bien-aimée.

Aldegonde exerçait, avec un généreux empressement, les
devoirs de l'hospitalité, et on a pu mettre dans sa bouche ces
paroles du saint homme Job : « L'étranger n'est point
demeuré dehors, et ma porte a toujours été ouverte au
voyageur (2). »

A cette œuvre de miséricorde corporelle, pratiquée avec
un zèle si pieux, le Seigneur répondra par un nouveau
miracle dont le récit, sous une gracieuse image, nous rappelle

---

(1) Hucbald, n. 17.
(2) Foris non mansit peregrinus, ostium meum viatori patuit. (Job
XXXI, 32.)

l'Agneau de Dieu venant au secours de l'homme pécheur, et le sauvant de la mort éternelle.

Il arriva qu'un jour le pêcheur du monastère retira vivant de la Sambre un beau poisson, qu'il porta à sa maîtresse Aldegonde. Celle-ci ordonna qu'on le mît dans un vivier où il grandirait et se multiplierait peut-être ; elle voulait le réserver pour l'offrir, quand l'occasion se présenterait, à quelque pélerin, serviteur de Dieu. Mais il advint qu'en se jouant, ce poisson s'élança hors de l'eau et retomba loin du bord. Hélas, que'que temps il se débattit pour se replonger dans le vivier. Vains efforts ; ses sauts allaient diminuant, et déjà la mort était proche, lorsque des corbeaux, perchant non loin de là, prévoyant un festin, s'abattent de tous côtés, agitant leurs ailes et poussant des croassements aigus ; encore un instant, ils auront fait leur curée du pauvre animal. Mais, ô merveille ! le plus jeune agneau d'un troupeau, qui paissait l'herbe dans le voisinage, arrive en toute hâte, et défend le poisson contre ses voraces ennemis. Est-ce pas chose étrange que cet agnelet, si doux d'ordinaire, déploie tant de courage. Luttant de toutes ses forces, de la tête et des pieds, il a pu tenir les corbeaux à distance. Mais les filles d'Aldegonde ont aperçu de loin ce combat d'un nouveau genre ; elles accourent et, trouvant le poisson sain et sauf, elles le reportent au monastère. L'agneau les suivit jusqu'à ce qu'elles eussent présenté le trophée de sa victoire à la bienheureuse vierge, et ne s'en retourna qu'après avoir reçu une caresse de la sainte.

Aldegonde, voyant ce prodige, en éprouva une grande joie. Ses filles ne doutèrent point à quel mérite il fallait l'attribuer, mais la pieuse vierge, se réfugiant dans son humilité, n'en conçut aucun orgueil (1).

---

(1) Hucbald, n. 22. — En rapportant ces prodiges si multipliés, nous ne pouvons, cela nous mènerait trop loin, citer les autorités nombreuses sur lesquelles ils s'appuient. Disons seulement qu'ils sont racontés par la plupart des auteurs qui ont écrit la vie de S. Aldegonde, et notammenl par le savant moine Hucbald, dont l'autorité est incontestable. (V. Bibliographie, p. xxxiv.) Voici d'ailleurs au sujet de ces

Il semblerait que tant et de si éminentes vertus, s'offrant à tous sous les traits de cette aimable vierge, si bonne pour chacun, si sévère seulement pour elle-même, auraient dû désarmer la calomnie. Mais que ne peut empoisonner son venin? Des méchants osèrent répandre contre son honneur un mensonge hideux. Quelque saints que soient les saints, toujours ils sont hommes; Aldegonde connut ce que l'on disait d'elle, elle en fut couverte de confusion, et son cœur en resta crucifié; mais le Dieu infiniment bon, ne permit pas à la douleur d'accabler plus longtemps cette sienne et très-aimée vierge. Pendant qu'elle pleurait, un ange lui apparut : « Pourquoi, lui dit-il, ô très-chère épouse de mon Seigneur Jésus-Christ, pourquoi vous affligez-vous? Les propos des oiseux et des malveillants ont-ils donc le pouvoir de vous attrister ! Qui est à couvert des traits de l'envie, et ne voulez-vous point suivre le chemin par lequel tous les saints ont passé, et, à leur tête, le Saint des Saints? (1) »

La pieuse vierge fut tellement consolée par ce peu de

prodiges et de la foi qui leur est due, ce qu'en écrivait M. de Monta-lembert :

« La dignité de l'histoire n'a rien à perdre en s'arrêtant à ces récits et aux pieuses croyances qu'ils entretenaient. Ecrite par un chrétien et pour des chretiens, l'histoire se mentirait à elle-même si elle affectait de nier ou d'ignorer l'intervention surnaturelle de la Providence dans la vie des saints choisis par Dieu pour guider, pour consoler, pour édifier les peuples fidèles. »

Et plus loin : « L'Eglise ne saurait, du reste, répondre des erreurs ou des mensonges qui se sont glissés dans quelques légendes. Elle n'oblige de croire à aucun des prodiges, même les mieux avérés, dont on y trouve le récit. Mais lorsque de pareils faits sont rapportés par des auteurs graves et surtout contemporains, l'Eglise, qui est elle-même fondée sur les miracles, fait profession de les reconnaître et de les recommander à l'admiration des chrétiens, comme une preuve de la fidélité des promesses de Celui qui a dit de lui-même « qu'il était ad-mirable en ses saints, » et ailleurs : « Qui croit en moi fera aussi des prodiges et plus grands que les miens : *Majora horum faciet.* »

« Il est donc juste et naturel d'enregistrer ces pieuses traditions, sans prétendre assigner le degré de certitude qui leur appartient, mais sans prétendre non plus poser des limites à l'omnipotence de Dieu. » (*Les Moines d'Occident,* t. ii, p. 424.)

(1) Hucbald, n. 24.

paroles que désormais elle dédaigna complètement les vains
discours des hommes. La vertu, qui n'est pas rongée par la
calomnie, est comme le diamant brut ; il faut une lime pour
donner à celui-ci l'éclat et le poli, à la première la grâce et la
beauté.

Mais si le Seigneur aimait à rappeler, dans le cœur
d'Aldegonde, la paix et le repos, l'antique serpent s'efforçait
de lui ravir ce contentement, et aux faveurs continuelles
qu'il plaisait au divin maître de répandre sur son humble
servante, il opposait toutes les ruses d'un esprit infernal,
ardent à promouvoir la perte des élus du Seigneur. Aujour-
d'hui, connaissant la tendre affection d'Aldegonde pour ses
chères filles, c'est contre l'une d'elles qu'il portera une main
sacrilége ; mais le trait même dont il voulait la frapper, se
retournera contre lui, et il n'en retirera que honte et mépris.

Le fait que nous allons rapporter nous montrera d'ailleurs
les religieuses du monastère de Maubeuge, saintes filles,
toutes de haut lignage, ne dédaignant pas cependant de
s'employer aux plus bas offices. L'exemple de la digne
abbesse portait ses fruits, et l'humilité n'avait pas de plus
ferventes adeptes.

Voulant un jour, selon leur coutume, laver elles-mêmes
leurs vêtements, elles avaient allumé un grand feu et suspendu
au-dessus du foyer des vaisseaux d'airain, remplis d'eau.
L'une d'elles, et ce détail témoigne encore d'une simplicité
de mœurs patriarcale, s'était revêtue d'une tunique de notre
chère sainte. Elle se trouvait non loin du feu, et au moment
où l'eau entrait en ébullition, l'ennemi des hommes, furieux
de voir cette pieuse fille s'acquitter, avec tant de zèle, de son
humble besogne, la poussa violemment dans le brasier, et
renversa sur elle toute l'eau bouillante. Mais la jeune vierge
a invoqué le nom de la Très-Sainte Trinité, et se rappelant
en quelle faveur l'abbesse vénérée du monastère était auprès
du Tout-Puissant, elle oppose aux flammes l'habit qu'elle
porte. Cependant ses compagnes éplorées s'empressent autour d'elle, la retirent du milieu du brasier, et constatent

que ni l'eau ni le feu ne lui ont causé le moindre mal (1). Toutes ressentirent une grande joie de cette miraculeuse délivrance.

Les vertus d'Aldegonde, les rares perfections de cette créature privilégiée, en qui le Seigneur avait mis toutes ses complaisances, paraissent avoir excité au plus haut point la rage du démon, et même exercé sur lui une sorte de fascination qui sans cesse le ramènera sur le théâtre même de ses humiliantes défaites. Un abîme appelle un autre abîme ; des profondeurs de l'abîme, abîme de souffrance et de désespoir, il est invinciblement attiré vers cet autre abîme, abîme de pureté, d'innocence et de sainteté. Quelques jours se sont à peine écoulés depuis le fait miraculeux rapporté plus haut, et voici que de nouveau Satan apparaît ; mais il a dépouillé toute son arrogance et son front est chargé d'une sombre tristesse. La vierge, qui s'est désapprise de toute crainte vis-à-vis d'un ennemi impuissant à lui nuire, l'interroge : « Pourquoi, lui dit-elle, cette haine furieuse contre les hommes, et que vous sert-il de les entraîner incessamment et par milliers, au fond des enfers ? » L'ange déchu, non sans doute par la bonne volonté de complaire à celle qui l'interrogeait, mais contraint plutôt par sa sainteté, répondit que dévoré d'une éternelle envie contre les enfants d'Adam, il ne les pouvait voir, sans une immense douleur, monter chaque jour au Ciel, et occuper le trône dont il a été misérablement renversé avec tous les partisans de sa révolte (2).

Que cette réponse, ô pieux lecteur, nous soit un pressant motif de nous tenir sur nos gardes, et de veiller de telle sorte sur nos actions, qu'à la fin de cette vie nous rendions à Dieu notre âme, si non avec la robe blanche de son baptême, au moins régénérée par la pénitence.

Nous arrivons aux dernières années de notre chère sainte. Désormais sa vie ne sera plus qu'un long martyr Mais avant d'aborder cette phase de son existence, il nous faut raconter

(1) Hucbald, n. 23.
(2) Hucbald, n. 26.

sa visite à saint Humbert, en son monastère de Maroilles, et le miracle éclatant qui la consacra (1).

La haute sainteté du Bienheureux Humbert et sa connaissance profonde des divines écritures avaient porté au loin sa réputation. Désireuse de s'abreuver sans cesse aux sources les plus pures de la parole de Dieu, et de connaître les meilleures règles et les meilleures coutumes de la vie religieuse, Aldegonde visitait souvent les monastères voisins ; elle ne pouvait manquer de se rendre au monastère de Maroilles. Ces deux saints personnages se saluèrent avec une mutuelle déférence, et s'entretinrent longtemps, avec une grande consolation, des choses spirituelles. Aldegonde manifesta au Bienheureux le désir de visiter avec lui les alentours. Le saint s'accorda volontiers à ce désir qui n'avait d'ailleurs d'autre but que de s'édifier sur le bon gouvernement d'un monastère. Ils cheminaient depuis longtemps, sous les rayons brûlants d'un soleil d'été. Fatiguée de sa course, épuisée par la chaleur, la vierge est saisie d'une soif ardente, et quelque grande que fût sa mortification, elle dut confesser qu'elle se mourait de soif. Sans doute la main de Dieu ne fut point étrangère aux circonstances qui amenèrent cet incident. C'est ainsi que, bien long-temps après, il inspira à saint François un désir extrême d'entendre quelque suave harmonie, et il lui fit ouir, la nuit suivante, une musique céleste et si mélodieuse qu'il se crut transporté en

(1) Saint Humbert, né vers l'an 620 dans le Laonois, se retira, vers l'an 653, au monastère de Maroilles dont on lui attribue la fondation C'était une âme précieuse aux yeux du Seigneur. Deux fois il se rendi à Rome pour vénérer les saints apôtres. Le premier voyage s'accomplit dans la compagnie de son saint ami, le B. Amand. Malgré les fatigues de ce long trajet, ils éprouvèrent intérieurement de grandes consolations, et de leurs lèvres s'échappaient fréquemment ces paroles de l'Ecriture : Qu'il est bon, qu'il est agréable pour des frères d'habiter ensemble.

Lors de son second voyage, un ange du Seigneur le marqua au front du signe de la rédemption, et quand au retour, Amand l'embrassa avec une affectueuse tendresse, il vit resplendir la croix sur la tête du pieux pélerin : *Vidit super caput ejus radiantem Dominicæ Crucis speciem, incredibili fulgore coruscare.* (*Vita S. Huberti, Auct. anonymo, Acta SS. Belgii,* t. IV, p. 149.)

paradis. Saint Thomas d'Aquin désira ardemment de manger des sardines fraîches à une époque et dans un lieu où il était impossible de lui en procurer ; Dieu suscita en lui ce goût singulier, afin d'y satisfaire miraculeusement, et de réjouir, par cette aimable attention, son bon serviteur.

Ce sont là jeux du Ciel, dit le bon Père Binet. Le Seigneur prend plaisir à éprouver les siens, pour leur montrer ensuite toute la tendresse de son cœur.

Revenons à notre chère sainte. Elle dit au B. Humbert : « Père vénéré, je suis tourmentée d'une soif étrange. » — « Ma sœur, répondit le saint, aucun cours d'eau ne rafraîchit ces terres arides ; patientez un peu, une rivière coule à quelque distance. » — « Que je souff.e, s'écria-t-elle tout-à-coup ; ô cher Seigneur, la soif qui me brûle est devenue insupportable, je me sens défaillir. » — Tous deux alors implorent le Dieu qui s'approche de ceux qui espèrent en lui. Le prêtre saint incline le front vers la terre, la vierge vénérable élève au ciel ses mains virginales, ses yeux innocents, et son cœur plein de confiance (1) . .. Soudain, des pr fondeurs du sol, une eau limpide commence à *surionner*, puis bientôt sort en abondance ; Aldegonde y apaisa la soif qui la dévorait (2). Et cette fontaine ne cessera plus de couler ; comme le dit un moine du monastère de Maroilles : *Sitit virgo, justus orat, fons oritur, ut hauriat superventura posteritas* (3). Une vierge a soif, un juste a prié, une source a jailli, et à jamais les générations viendront s'y désaltérer (4).

---

(1) Sacerdos sanctus caput terræ deflexit, virgo venerabiles manus virgineas, oculos columbinos, mentem sine disceptatione, ad cœlum levavit. (*Vita S. Aldeg.*, *auctore anonymo, ex M. S. Gisleniano.*)

(2) Fons illico dulcis e terra novus emanavit ; virgo reficitur.(Hucbald, n. 27.)

(3) *Vita S, Humberti, auctore anonymo monacho Maricolensi, Acta SS. Belgii*, t. iv, p. 153.)

(4) « Aujourd'hui par les divers changements que près de douze siècles ont opérés à Maroilles, comme dans toutes les autres localités, cette fontaine se trouve presque au centre de la commune ; elle est connue sous le nom de fontaine de Saint-Humbert.» (M. Estiénne, n. 17).

Cependant nos deux saints s'unirent dans une commune action de grâces envers la divine bonté qui venait de se manifester par une si touchante sollicitude ; puis, Aldegonde, fuyant les louanges que lui attirait ce prodige, se hâta de retourner en son monastère.

Dieu donna à Aldegonde les joies des amitiés saintes ; nulle ne lui fut plus chère que celle du Bienheureux Humbert ; une pieuse et toute familière correspondance s'établit entr'eux. Prévoyant, avec allégresse, l'arrivée prochaine de son dernier jour, Humbert souhaita que son corps fût enseveli dans un linceul tissu par la sainte, et il lui envoya un messager pour lui porter cette suprême demande. Le messager, au milieu du chemin, rencontra un envoyé d'Aldegonde miraculeusement avertie ; il lui apportait le linceul demandé par son maître (1). Humbert en fut revêtu pour descendre dans son repos. De longues années après son heureux trépas, on découvrit son corps. O miracle ! Toute l'assistance est embaumée d'un merveilleux parfum, le linceul tissu par Aldegonde n'avait point souffert de la corruption du tombeau, et le patriarche, qui en était couvert, semblait encore plein de vie. Un aussi grand prodige fit éclater en acclamations le peuple fidèle, louant Dieu qui glorifie ses saints ; il disait : « Est-ce le linceul qui garde le corps du Bienheureux patriarche Humbert ? Est-ce le corps du Bienheureux patriarche Humbert qui garde le linceul ? »

Tant il est vrai que la sainteté, comme la charité, est plus forte que la mort : elle fait vivre dans le sein de la mort même.

____

(1) Hucbald, n. 27.

CHAPITRE XI

OTRE sainte cependant poursuivait le cours de
son pélerinage, mais le terme en approchait.
Un mal, auquel elle ne voulait pas de soula-
gement, lui arrachait des plaintes fréquentes ;
c'était le mal de la patrie, le désir du Ciel.
Il lui tardait de jouir des chastes embrassements de son
époux. « Que mon exil est long, s'écriait-elle ; vivrai-je toujours, comme une étrangère, sous les tentes de Cédar, parmi
les ennemis de la paix ? »

Mais son attente ne devait plus se prolonger ; elle l'apprit
par une miraculeuse vision du Bienheureux Amand.

C'était pendant la nuit du dimanche, au sixième jour de
février de l'année 684. Semblable à l'épi mûr qui, sur le point

d'enrichir les greniers du père de famille, rejette une paille inutile (1), l'âme du saint patriarche abandonnait son corps et montait au Ciel. A cette même heure Aldegonde, dans l'église de son monastère, en face de l'autel de la très-glorieuse Vierge Marie, par les veilles et les prières prolongeait ses supplications.

Parce qu'elle avait beaucoup aimé, pendant sa vie, le saint évêque, Dieu lui révéla quelle était sa gloire au Ciel. Elle vit, dans un ravissement, un vieillard vénérable, le front couronné de cheveux blancs, paré des ornements sacerdotaux, ayant en main le bâton pastoral ; il entrait dans les tabernacles éternels, précédé et suivi d'une troupe nombreuse de saints revêtus de blanches robes, et la vierge Aldegonde se voyait elle-même dans son cortège. Comme on lui demandait quel étit le chef de cette glorieuse assemblée, elle ne savait que répondre. Son ange, à ses côtés, lui dit : « C'est Amand, si aimé de Dieu, qui va de la terre au Ciel, et parce qu'il s'est gardé de toute faute en la grâce de son Seigneur, et qu'il a fait profiter les talents qui lui furent confiés, il entre aujourd'hui, comblé de gloire, dans son heureuse éternité, avec toutes les saintes âmes que ses exemples et ses paroles ont gagnées à son Maître. »

La vierge prudente ne dit rien de cette vision à celles qui l'entouraient, mais elle fit mander au bienheureux Ghislain et à sa sœur Valdétrude qu'elle serait bien consolée de les voir. Elle-même fut à leur rencontre, et ils se réunirent en un lieu appelé Mairieux (2). Quand le bienheureux Ghislain eut connu la vision d'Aldegonde, une lumière intérieure lui en découvrit la signification, et non sans laisser entrevoir la peine qu'il en éprouvait, il répondit : « O sœur très-chère, aimable et dévouée fiancée du roi éternel Notre Seigneur,

(1) Tanquàm frumentum maturum in horreum cœleste condendum, paleâ carnis depositâ migraret. (Hucbald, n. 25.)

(2) *Mervius, Meinrivus.* Mairieux se trouve près de Maubeuge, sur la route de cette ville à Mons.

rendez grâces à la divine bonté qui vous apprend en même temps que votre très-doux père Amand est maintenant en possession de la gloire du Ciel, et que bientôt vous devez le rejoindre (1). Mais puisque, par révélation divine, vous avez déjà goûté la joie et la suavité de la patrie céleste, persévérez, persévérez dans le service de Dieu ; bientôt vous goûterez la récompense de ceux qui l'ont fidèlement aimé. »

Aldegonde ne trouva pas seulement sur les lèvres des hommes le pressentiment de sa fin prochaine. Le Ciel lui-même daigna condescendre aux aspirations de la sainte, et il lui députa un de ses anges pour lui annoncer la bonne nouvelle.

Un samedi, de grand matin, la vierge, agenouillée devant l'autel, priait, et voici qu'un ange du Seigneur lui apparaît : « Bientôt, lui dit-il, tu jouiras de la récompense que notre bon Maître t'a promise, les épreuves de ce monde vont avoir leur fin ; viens, ô sœur bien-aimée, prendre place au milieu de nos célestes cohortes (1). » Aldegonde ouït ces paroles avec une joie profonde ; prosternée la face contre terre, elle inonde de ses larmes le sacré parvis.

Mais, au moment d'être admise en présence de son céleste époux, notre bénie vierge a ressenti un ardent désir d'une purification plus grande, d'une conformité plus complète avec son Rédempteur. Il n'a voulu parvenir à la gloire qu'à travers les humiliations et les souffrances ; servante du Seigneur, Aldegonde ne veut pas être traitée plus favorablement, elle a faim, elle a soif de reproduire au moins en elle quelques traits de l'auguste victime, et elle lui demande de tour-

---

(1) O carissima soror, amabilis et devota sponsa Regis æterni Domini Nostri Jesu Christi, gratias age sine intermissione divinæ dignationi, quæ tibi dulcissimi pastoris et jam factum ad cœlestia transitum, et tuum in proximo futurum, præmonstravit, (Hucbald, n. 25.)

(1) Promissam tibi à Domino remunerationem scito percipere, proximâque afflictione quam perpessura es in hoc labenti sæculo, coronari ab eo quasi unus ex nobis. (*Vita S. Aldegundis, auctore æquali*, n. 16.)

menter sa chair, d'affliger son corps de quelque maladie dont la douleur achèvera de la purifier (1). Si la prière innocente a tout pouvoir sur le cœur de Dieu, la miséricorde infinie du Sauveur conserve aussi tous ses droits, et il parut tout d'abord que la miséricorde hésitait à frapper l'innocence. Mais, de ce combat singulier, la prière sortit victorieuse (2). Aldegonde est exaucée : un cancer, survenu au sein droit, dévore sa chair virginale, semblable, dit le moine de Saint-Ghislain, à quelque bouc, immonde et sauvage, paissant au milieu des lys (3). Cette douleur ne la quittera plus ; elle la chérira comme une faveur signalée du Ciel, le progrès du mal augmentera sa joie, et chaque jour, aggravant les ruines de son corps, les fera irrémédiables ; la misérable cabane allait tomber, et l'espace immense des cieux s'ouvrirait à son âme jusque là prisonnière.

Au milieu de ses cruelles souffrances, Aldegonde adoucit constamment, par une admirable patience, ce qu'elle y trouvait d'amertume. A ceux qui, compatissant à sa peine, l'interrogeaient, un peu curieusement peut-être, sur la cause de son mal, elle répondait avec l'épouse des Cantiques : « Eh ! ne vous étonnez donc, si j'ai perdu de mon éclat ; toute fleur s'est flétrie que le soleil a trop longtemps éclairée. » Cette réponse était pour les amis du dehors. Mais seule, au milieu de ses filles s'abandonnant à toute leur douleur, elle disait : « Encore, Seigneur, encore ! Brûlez et crucifiez mes reins et torturez mon cœur. Vous le savez, je n'ai point méconnu votre miséricorde, et j'ai mis toute mon espérance dans votre justice (4). »

(1) Hucbald, n. 28.)

(2) Certabant Virginis oratio et Creatoris miseratio, pensantis puellæ viscera et humanæ fragilitatis discrimina. Vicit Virgo. (*Vita S. Aldegundis, auctore anonymo, ex ms. Gisleniano*, n. 16.)

(3) Accepit ergo cancri vulnus in mamilla corporis ; cujus animæ sicut duo hinnuli capreæ gemelli qui pascuntur in liliis. (*Vita S. Aldegundis*, id. et ibid.)

(4) Cumque a circonstantibus nimio dolori compatientibus tanti vulneris caussa requireretur, dicebat : Nolite me considerare quia fusca sim, quia decoloravit me sol. Sed hoc apud exteros ; ad Deum vero

Cependant s'écoulaient, longs comme des années, les jours et les nuits, et Aldegonde ne voyait point arriver l'heure de la délivrance. Elle s'en plaignit à l'ange dont elle était accoutumée à recevoir les consolations et elle apprenait de lui que la milice céleste avait demandé le prolongement de ses jours afin d'accroître ses mérites (1) ; son âme, le Ciel la voulait encore plus pure, plus détachée, plus belle. Ces courts moments de peine enfanteront bientôt des éternités de gloire. Ce fut en ce moment, racontent les plus vieilles chroniques, que la sainte entrevit clairement le bonheur dont jouissent les saints dans le Ciel, et que lui furent montrées les richesses inénarrables de la sainte Sion.

Mais cet or déjà si pur devait encore, par la volonté d'en haut, s'affiner dans la fournaise. Une fièvre violente accable notre sainte, et la réduit à une faiblesse extrême. Elle était dans ce douloureux état depuis quelques jours, lorsque, vers le milieu de la nuit, elle est prise d'une soif si véhémente qu'elle menace de lui être fatale. Tout d'abord, se souvenant du Christ mourant sur la croix, et ne voulant point boire, Aldegonde se résolut de mortifier et dompter cette altération qu'elle croyait ocasionnée par la fièvre, et elle eut recours, dans sa prière, à la fontaine d'eau vive qui est Jésus-Christ Et voilà qu'avant le jour, elle aperçoit l'antique ennemi; son aspect est horrible, il respire le feu et la flamme : « Il faut bien que je l'avoue, lui dit-il, une volonté plus forte que la mienne me contraint à venir encore te fatiguer de ma présence, alors que tant de fois, vaincu par toi, j'ai dû prendre honteusement la fuite. Je suis l'envie même, c'est elle qui m'a précipité du Ciel perdu pour jamais, c'est poussé par elle que j'ai excité la soif qui te dévore. (2) » Puis il ajouta, en

et intra se suis illis familiarissimis singultibus et lacrymis replicabat sæpius : Proba me Domine, et tanta me ; ure renes meos et cor meum, quoniam misericordia tua ante oculos meos est, et complacui in veritate tua. (*Vita S. Aldegundis,* id. et ibid.)

(1) Hucbald, n. 29.

(2) Constrictus, fateor, minis Angelicis cur iterum ausus sum fatiga-

blasphémant : « Il ne faudrait point d'ailleurs, crois-moi, t'enorgueillir de tes vertus. Qui sait ? Elle est rude et étroite la voie que tu dois encore parcourir, et il n'est nullement certain que tu resteras toujours fidèle à ton Dieu. » Mais la Vierge repartit avec force : « Dieu est mon aide, que puis-je craindre sous sa protection et que m'importent tes menaces ? » — A ces mots le démon disparut et aussitôt la soif s'appaisa. (1)

Cette épreuve avait péniblement affecté notre sainte, mais les consolations divines arrivèrent en abondance. Ce n'est plus même un ange que le Seigneur députera vers sa bien-aimée, il vient en personne et lui apparaît au côté droit de l'autel, revêtu des ornements sacerdotaux et entouré d'une troupe angélique. Aldegonde a reconnu son Seigneur et son Dieu et l'adorant du plus profond de son cœur, elle s'écrie : « Voici l'agneau de Dieu, voici celui qui efface les péchés du monde. » Puis, sans doute encore sous l'impression des paroles si cruelles que lui avait fait entendre le démon : « O mon bon maître, dit-elle, ne permettez pas, qu'infidèle à votre service, je sois jamais séparée de vous. » — « Fille très-chère, répondit le Seigneur, il sera fait selon ton désir. » (2)

Cette manifestation du Sauveur Jésus devait amener, à quelques jours de là, un nouveau miracle, et il semble que, dans cette circonstance, Dieu ait voulu honorer publiquement sa fidèle servante, et ainsi fermer la bouche à ces hommes vaniteux qui, pleins d'eux-mêmes et de leurs fastueuses vertus, n'auraient pas été fâchés d'attribuer aux démérites

---

tionem imponere, cum jam multoties erubescentiâ ductus confusus abscessi. Propriâ matre invidiâ coactus hæc fecisse fateor, quæ me de sede florigerâ prostravit. *(Vita S. Aldegundis, auctore æquali. n.17.)*

(1) Hucbald, n. 29.

(2) Hucbald, n. 29.

de la sainte, les épreuves dont elle était accablée. (1).

Il arriva donc que le quatrième jour après l'apparition de notre Seigneur, on apporta au monastère un jeune enfant sur le point de mourir ; les médecins l'ont abandonné et les parents du pauvre petit, n'en espérant p'us rien, viennent en toute hâte le présenter à la bienheureuse et la supplient de vouloir bien lui rendre la santé. La sainte amie du Christ ordonne de placer l'enfant près de l'autel, du côté où Jésus lui avait parlé. On obéit, et l'enfant recouvre soudain la santé. (2)

Aldegonde avait obtenu la guérison de l'enfant, mais elle, ne voulant être guérie de son mal, continuait à souffrir, et les douleurs qu'elle endurait ne parvenaient point à fléchir son courage ; toujours on la vit assidue aux saints offices qui se récitaient en commun, et le Seigneur voulut montrer combien cette assiduité lui était agréable.

Une nuit, selon sa coutume, la Bienheureuse se leva pour se rendre à matines ; une de ses filles l'accompagnait. L'obscurité était profonde, lorsque subitement la cour du monastère resplendit d'un éclat extraordinaire. des globes de feu parcouraient les airs, l'un d'eux-mêmes descendit jusque sur la tête de notre sainte. (3) Ce prodige excite au plus haut point son admiration. elle ne peut y méconnaître le doigt de Dieu et se hâtant de pénétrer dans le sanctuaire, elle se prosterne et s'écrie : « O maître divin, source de toute lumière, honneur, louange et gloire vous soient à jamais rendus ! O Christ, salut des hommes, soyez-nous propice. » Et la voix du Père retentit du haut des cieux : « Viens, ô ma bien-aimée, une vie nouvelle s'ouvrira bientôt devant toi. » — Le matin venu, la compagne d'Aldegonde s'em-

---

(1) Ne ergo tam incurabilis dolor, ab his qui de corde in corde loquuntur vanitatem imputaretur meritis et impotentiæ, Christus hoc modo voluit declarare. *(Vita S. Aldegundis, auctore anonymo ex ms. Gisleniano, n. 19).*

(2) Hucbald, n. 3o.

(3) Hucbald, n. 3o.

pressa vers ses sœurs, et leur raconta de quel admirable spectacle elle avait été témoin pendant la nuit ; et toutes, avec une pieuse allégresse, disaient : « Béni soit le Seigneur qui nous a placé sous l'obéissance de notre Sainte-Mère. » (1)

La fatigue n'est jamais que de peu de jours et toute vie est proche de son terme. Le moment n'est plus éloigné où Aldegonde entrera dans la joie de son sauveur ; sa vie, toujours si pleine d'épreuves, est arrivée au seuil de l'éternité. Rassemblons, en quelques courtes pages, ce que les historiens de sa vie nous rapportent des derniers jours qu'elles passa sur cette terre ; malheureusement les circonstance qui ont accompagné une mort si sainte sont restées, pour la plupart, inconnues, mais notre âme, attristée à la pensée d'une séparation qui s'amonce de toutes parts, veut au moins mettre à profit cette heure suprême et recueillir tout ce qui peut intéresser sa piété et son affection pour la sainte.

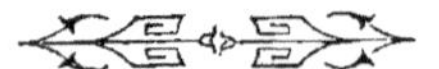

---

1) *Vita S. Aldegundis, auctore æquali,* n. 12.

CHAPITRE XII

E bruit d'une mort prochaine se répandait
dans les solitudes voisines, et le Ciel semait,
pour ainsi dire, les prodiges, avertissant par
là les amis d'Aldegonde que le départ était
imminent.

Un prêtre, habitant depuis son enfance le monastère et
dont le témoignage mérite toute confiance, se trouvant un
soir à l'entrée de l'église, avait vu un globe de feu descendre
du Ciel ; ce globe demeura quelques instants immobile au-
dessus de la chambre où la vierge agonisait (1).

Le lendemain, un fait bien touchant vint attester que la
bonté du Sauveur ne connait point d'obstacle, lorsqu'il s'agit
de satisfaire aux pieux désirs d'une âme aimante, aspirant à
la communion de sa chair divine.

Une des plus anciennes religieuses du monastère, après
avoir assisté aux offices de la nuit, se retira pour prendre un
instant de repos que la fatigue des veilles lui rendait nécessaire. Pendant son sommeil, elle vit la Bienheureuse, en
face de l'autel, à la place où se tient le prêtre, lorsqu'il offre

____

(1) *Vita S. Aldeg. auctore æquali,* n. 25. — Hucbald, n. 31.

le saint sacrifice. Ayant rompu l'hostie, elle la mit dans le
calice ; puis, se retournant vers la sœur, elle lui dit : « Allez
trouver le prêtre et lui demander qu'il vienne consacrer ce
pain dans ce calice, afin que j'aie part au corps et au sang de
mon Sauveur ; car la défaillance de la chair m'a interdit hier
cette consolation. » Au point du jour, le prêtre arriva, et
pendant la célébration des saints mystères, il fut étrangement
surpris de voir le calice s'élever en l'air, puis redescendre sur
l'autel. « Qui sait, dit avec un sentiment très-vrai le pieux
P. Binet, si les anges, comme ils ont fait souvent, n'ont
point eux-mêmes donné la sainte communion à la vierge
innocente, chère épouse de Jésus-Christ, leur maître ? »

Le prêtre et la sœur, réfléchissant sur ces faits merveilleux, en conclurent tous deux à la mort prochaine de notre
sainte (1).

Une grande douleur s'était étendue sur le monastère.
Mais l'ineffable contentement de la vierge la dissipa aussi
doucement que le rayon du soleil fait disparaître les nuages.

La tristesse de Valdétrude ne fut pas moindre ; son
inquiète sollicitude y joignit une autre préoccupation. Les
âmes les plus saintes, dans leur passage à travers ce monde,
peuvent y contracter quelque souillure, et la pieuse abbesse
de Château-Lieu, interrogeant un ange qui lui était apparu,
lui demanda, avec tremblement, si sa bien-aimée Aldegonde
n'avait point terni, par quelque tache, la blancheur de son
hermine. L'ange la rassura et lui dit : « Aldegonde a été
reconnue digne d'être l'épouse de Notre Seigneur Jésus-
Christ (2). »

Mais non-seulement la bonté de Jésus condescend à en-
voyer l'un de ses anges à Valdétrude pour lui faire connaître
la prédestination de sa sœur, elle veut encore la rendre
témoin de sa glorification. La pieuse veuve est ravie en la
contemplation du Ciel, et, dans son extase, elle aperçoit

(1) *Vita S. Aldeg. auctore æquali,* n. 25.
(2) Hucbald, n. 29.

Aldegonde, conduite par la Reine des anges, accompagnée des princes des apôtres, saint Pierre et saint Paul ; une troupe nombreuse d'esprits célestes et de saints personnages lui font cortège, et elle est introduite dans les tabernacles éternels, pour être associée aux joies des bienheureux qu'ici-bas elle avait pris pour modèles (1).

Le doute n'était plus possible ; le Ciel allait s'ouvrir aux désirs longtemps inassouvis d'Aldegonde, et en même temps que la vision du bonheur infini dont cette dernière allait jouir, apportait à Valdétrude une immense consolation, elle lui inspirait un vif désir de la revoir et de lui porter le suprême adieu. Le surlendemain, elle se rendit au monastère de Maubeuge ; un grand nombre de saints religieux arrivaient en même temps pour rendre leurs derniers devoirs à la Bienheureuse.

La chambre d'Aldegonde, la fiancée du Christ. est pleine de silence. Victorieuse des derniers combats et des dernières douleurs, parée de toutes ses vertus, Aldegonde attend joyeuse, parce que l'attente ne doit plus se prolonger. Soudain, au milieu des ténèbres de la nuit, une lumière éclatante couronne le lieu où elle repose, brillante auréole de la sainte, nimbe immense projetant au loin ses rayons sur la forêt voisine. L'aurore de la patrie éclairait ses derniers instants (2).

Les heures se précipitent. Demain, quand l'aube matinale dorera de ses premiers rayons les faîtes du monastère, Aldegonde n'appartiendra plus à la terre. Mais déjà le Ciel est en mouvement, il dispose ses cohortes et prépare à notre sainte une entrée triomphale. En ce moment, un peu avant minuit, au monastère de Nivelle, une religieuse, que sa simplicité et son obéissance rendaient l'exemple de toutes ses compagnes, voit soudain l'église de son monastère s'éclairer, depuis le sol jusqu'à la voûte, d'une éblouissante lumière. Tandis que,

(1) Hucbald, n. 32.

(2) Fulgor ingens nimiâ claritale refulgens apparuit supra domum, in qua Virgo spousa Domini Christi operiebatur intrepida ejus adventum. (Hucbald, n. 34.)

saisie de frayeur, elle contemplait ce prodige, une ravissante harmonie retentit à son oreille. Des chœurs d'hommes, de vierges et d'enfants, alternant leurs chants. célèbrent la gloire de Dieu et le bonheur des élus. Attentive à ces doux concerts et à cet éclat merveilleux, elle se sentit entraînée vers l'église ; mais les chants avaient cessé, la vision avait disparu (1).

Toute cette troupe céleste s'en allait, selon qu'on peut pieusement le croire, au-devant de la Bienheureuse pour la conduire au Ciel, en leur glorieuse et triomphante compagnie.

Le moment, en effet, était venu. Les filles d'Aldegonde et sa sœur Valdétrude entourent son chevet, et à cette heure de la nuit où la lune, ayant parcouru la moitié de sa carrière, déclinait sur l'horizon, une grande clarté parut dans le ciel ; il se fit comme un chemin lumineux, voie glorieuse tracée par les anges, et que devait suivre Aldegonde pour marcher à la rencontre de son fiancé. Un étonnement, mêlé de crainte et de consolation, s'empare de tous les cœurs ; chacun se demande, dans l'anxiété, ce qui va survenir ; mais quand la nuée disparut, Aldegonde avait secoué les chaînes de la mortalité, et, joyeuse dans la lumière qui descendait vers elle, son âme s'était élancée à la lumière sans aurore et sans déclin (2). Ainsi commença son triomphe, ainsi la vierge trouva son repos au milieu de celles qui, partout où il va, suivent l'Agneau, ainsi la prudente négociatrice entrait dans la possession de ce trésor pour lequel, pendant sa vie, elle avait vendu les richesses d'un jour !

C'était un samedi, le trentième jour du mois de janvier de

(1) Dum vero attonita visione tantæ claritaatis, timore solveretur, audit choros psallentium, ita ut voces discernere posset virorum ac mulierum, puellarum et puerorum, invicem alternando concinentium. (Hucbald, n. 33.)

(2) Cumque præsentes insolitam mirarentur visionem, ac beatæ Valdetrudis inter spem metumque dubia, quidnam præsignaret, tremebunda rei finem exspectaret, sancta illa anima, quæ veram Lucem. Dominum Christum amavit, et præsentiam ejus sitibunda desideravit, carne soluta, cum ipsa luce de hoc sæculo migravit. (Hucbald, n. 34.)

l'année de grâce six cent quatre-vingt-six (1) ; Aldegonde
était entrée dans la cinquante-sixième année de son pèlerinage.

Qu'elle est heureuse, s'écrie l'un des plus anciens chroni-
queurs de notre Sainte, qu'elle est heureuse et digne de
toutes louanges cette épouse de Jésus-Christ ! Les anges
s'empressent pour la recevoir, les apôtres lui servent de gui-
des, les martyrs et les confesseurs composent son escorte, et
l'armée des Vierges, parées de la blancheur des lys, la présentent au Rédempteur, fils de la vierge Marie. Réjouis-toi,
réjouis-toi, abbaye de Maubeuge ; honorée de l'appui d'une
telle fondatrice, tu y puiseras les forces nécessaires pour
atteindre aux mêmes vertus. Enivre-toi d'une sainte joie,
car si tu viens à faillir, tu auras auprès de Dieu une puissante
protection, et en faveur de la B. Aldegonde, Dieu t'accor-
dera merci (2).

Le peuple fidèle, s'associant à l'allégresse générale, s'inspi-
rera, pendant des siècles, des chants consacrés par l'Eglise :

*Il sait à peine trouver une parole vraiment digne le cœur
qu'inspire la seule sagesse humaine. Viens donc en nous,
auteur des dons sept fois multipliés, esprit créateur.*

*Oui, les acclamations des citoyens peuvent se mêler à nos
solennités. Parmi les louanges que les filles d'Aldegonde
décernent à leur mère, une éclatante parole retentit sur
Maubeuge.*

Des vallées de la Sambre, vers les cimes éternelles, elle

(1) Cette date a fait également l'objet de nombreuses controverses.
Mais l'année 685 ou 686, paraît maintenant acceptée par tous.

(2) O quam felix ! Quàmque laudabilis anima Virginis Christi ! cui
fuerunt obvii angeli, duces apostoli, martyrum comites chori, confes-
sores socii, sacerdotes testes magnifici, cœtus Virginum velut lilia
candens, animam suo creatori filio Virginis, obtulerunt ! Gaude et
exulta cœnobium Malbodiense, tantœ matris fultum præsidiis, si ejus
vestigiis inhærere volueris. Lætare in Domino, habens beatam Virginem Aldegundem deo dilectissimam oratricem pro tuis criminibus,
et reconciliatricem pro tuis sceleribus. *(Vita S. Aldeg. auctore
anonymo, prima apud Bollandum, n. 25 et 26.)*

s'est élancée au milieu des Vierges, près du Christ, où elle prend son repos, notre Aldegonde, et sa gloire a réjoui le Ciel.

Modèle des pénitents, elle a vaincu dans ses membres l'aiguillon du péché, et c'est toi qu'elle possède dans sa récompense, Jésus, Dieu Rédempteur.

Dans les luttes de la vie, que son mérite nous donne d'être forts, et qu'il nous donne aussi, Seigneur Dieu, d'être au Ciel rangés parmi tes soldats !

Afin qu'aux fatigues du monde, à ses insultes, à ses mépris, succèdent, comme leur salaire, les joies éternelles.

Au Père, au Fils, à l'Esprit, Beauté, Gloire, Puissance, maintenant, à jamais dans l'éternité, jour immuable, sans aurore et sans déclin. Amen. (1)

Aldegonde fut inhumée à Coursolre, dans le tombeau de Walbert et de Bertilie. Mais quelques années après, Aldetrude, qui avait remplacé sa tante dans le gouvernement du monastère, transféra le corps de la Bienheureuse dans l'abbaye de Maubeuge où il fut déposé dans la crypte de l'autel latéral, au côté droit de l'Eglise du Vieux-Moustier. (2).

Nous sommes arrivés au terme de la vie d'Aldegonde et à son sommet. Son âme n'est-elle point semblable à la cime de ces montagnes éclairées d'un soleil que les vallons ne connaissent pas. C'est là qu'il faut monter pour admirer la lumière et savoir la beauté de la vie ; là est le Ciel, désormais la demeure de notre Sainte.

Lecteur, laisse donc les filles d'Aldegonde, sa bien-aimée Valdétrude, les serviteurs de Dieu conduire son corps au tombeau de ses pères, et ordonner le deuil ou le triomphe de ses funérailles. Il vaut mieux pour toi descendre en ton âme et méditer.

---

(1) *Hymnus ad Vesperas S. Aldegundis ;* — Eructat vix verbum bonum.... (Appendice VII.)

(2) Appendice, IX. — Cette translation eut lieu le treizième jour du mois de novembre, mais on ignore en quelle année.

Voici donc celle qui faible a vaincu les puissants, riche a aimé la pauvreté, entourée d'honneurs a cherché le mépris, appelée au trône a fui vers la solitude. Or, elle ne s'est point trompée, en ayant horreur de ce que le monde adore, en adorant ce dont le monde a horreur.

Imitez-la, chrétien, vivez comme elle a vécu, cheminez par le chemin qu'elle vous a frayé, et sans doute vous parviendrez où elle est heureusement arrivée, moyennant la grâce de Notre Seigneur, qui opère miséricordieusement en ses saints, et qui donne vertu et force à son peuple. Dieu soit à jamais béni. Ainsi soit-il (1).

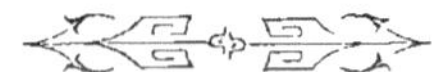

(1) Igitur imitare quod legis; vive, sicut vixit; incede, qua incessit, ac sine dubitatione pervenies, quo pervenit; adjuvante gratiâ Conditoris, qui misericorditer operatur in sanctis suis, qui dat virtutem et fortitudinem plebi suæ, benedictus Deus in sæcula. Amen. (Hucbald, n. 35.)

CHAPITRE XIII

OTRE Dieu, dit le P. Basilidès, qui n'avait
cessé d'honorer sainte Aldegonde en sa vie
par de nombreux prodiges, continua, après
son décès, à la faire esclater et reluire par
miracles, glorifiant ainsi celle qui s'était
efforcée de le glorifier en toutes choses. » La gloire de notre
chère Sainte se répandra au loin ; ses fidèles serviteurs, objets
des faveurs les plus signalées obtenues par son intercession,
rediront à tous les siècles sa toute-puissance sur le cœur de
Dieu (1).

La mémoire de son nom, s'écrie un des historiens de sa
vie, grandit et s'étend ; elle fleurit dans les vallées, atteint la
cime des monts, éclate partout en miracles (2).

Nous raconterons deux de ces miracles.

Le premier nous fera voir notre chère Sainte toujours

(1) Ejus nunc memoria fulget, ac meritis suffragantibus, plurima
poscentibus beneficia divina clementia largiri dignatur. (Hucbald,
n. 34.)

(2) Ubi vernat ejus memoria, ac miraculls coruscat magnis, et pro-
digiis floret eximiis. (*Vita S. Aldegundis, auctore anonymo, prima
apud Bollanddum*, n. 27.)

secourable aux humbles et aux petits. S'il le faut, elle descendra des hauteurs du Ciel pour les consoler dans leurs peines.

Un maïeur, du nom de Robert, pressurait indignement le peuple par de continuelles exactions. Sa rapacité, ne connaissant plus de bornes, le porta un jour à s'approprier la vache d'une pauvre veuve dont elle était l'unique ressource. Mais la foi est grande dans le cœur de cette femme, sa confiance est absolue dans madame sainte Aldegonde, et, sans retard, elle se rend à son tombeau, dans le sanctuaire qui lui est consacré. La pauvresse tient en main le licol de sa bête. — C'est le P. Binet qui nous a conservé ce naïf détail. — A-t-elle espéré, par la vue de ce licol, désormais inutile, appitoyer le cœur de la Bienheureuse ? Ou plutôt, sa vache va lui être rendue, elle n'en peut douter, et il fallait pouvoir la ramener facilement à son étable. — Arrivée près du tombeau de la Sainte, elle lui présente sa requête à grands cris ; pendant tout le jour, elle prie, elle insiste, elle ne s'en ira pas qu'elle ne soit exaucée. Bientôt à la prière succède la plainte amère. La sainte n'a-t-elle donc point pitié de son malheur ? Enfin, perdant toute patience et toute retenue, elle frappe du licol la pierre du tombeau. En ce moment, les filles d'Aldegonde l'entourent et s'efforcent de calmer son désespoir. Aldegonde, d'ailleurs, n'a vu que l'ardeur de sa foi ; ses manifestations, sans doute un peu rudes, n'en attestent que mieux la vivacité.

La nuit est venue ; Robert repose tranquillement, sans nul souci des plaintes de la veuve, et, méditant sans doute en son cœur de nouvelles concussions. Soudain Aldegonde lui apparaît ; son visage est d'une rare beauté, mais son front est empreint d'une grande sévérité : « Méchant serviteur, lui dit-elle, sont-ce là les serments que tu as prêtés quand tu fus investi de ta charge ? Comme un loup ravissant, tu portes la désolation et la ruine au milieu de mon peuple ; sache que j'ai entendu le cri de son affliction ; pour mettre le comble à ta malice, tu n'as pas craint de priver une pauvre femme du seul bien qui la faisait vivre ; reçois ton châtiment. » Ce disant, la vierge le frappa rudement de sa crosse abbatiale, puis elle disparut.

Robert s'empressa de restituer la vache qu'il avait volée ; mais en témoignage de son crime et de la juste rigueur d'Aldegonde, le coup qu'il avait reçu l'avait rendu infirme pour le reste de ses jours.

Le second miracle eut un grand retentissement. Le fait que nous allons rapporter se passa vers la fin du XIe siècle.

André de Menry était né à Maubeuge; sa bravoure militaire et de beaux faits d'armes le firent remarquer du seigneur d'Avesnes, Thierry, qui le prit à son service et l'envoya guerroyer contre le comte de Mons. Menry mit le siège devant Maubeuge qui n'était guère défendu, s'en empara et le livra impitoyablement au pillage ; l'église de Sainte-Aldegonde ne fut même pas épargnée Revenu à Avesnes, enflé de sa victoire, ce soudard en rendit compte à son maître le seigneur Thierry, il s'étendit avec complaisance sur ses faciles exploits, et croyant leur donner du relief, se répandit en paroles les plus outrageantes contre l'honneur de notre chère Sainte. La mesure était comble ; en ce moment même il est saisi d'un mal étrange et horrible qui lui brûle les entrailles. Il tombe comme frappé de la foudre et se tort dans d'affreuses douleurs, poussant des cris effroyables, « hurlant comme un loup enragé. » Cet impie blasphémateur ne peut méconnaître la main qui le châtie, il confesse son crime, et sur le conseil de ses amis, se fait transporter au sanctuaire de Sainte-Aldegonde pour implorer merci. Pendant trois jours, étendu sur le pavé du temple qu'il avait indignement profané, il crie, il supplie, il implore la miséricorde de Dieu et de la Sainte. Sous l'action incessante du feu qui le dévore intérieurement, ses membres se disjoignent et sa chaire tombe en lambeaux, exhalant une odeur insupportable. Mais que les jugements de Dieu sont effroyables. Là même où chacun trouvait secours et assistance, ce misérable ne reçut aucun allégement à ses douleurs, et il mourut à la fin du troisième jour. Dieu sans doute voulut laisser aux hommes un exemple terrible ; nul n'oserait plus à l'avenir s'attaquer à l'honneur de sa fidèle épouse Aldegonde.

Ces miracles répandaient au loin le renom de la Bienheureuse. Mais ce qui dut surtout exciter l'enthousiasme des populations et redoubler leur foi dans les vertus et les mérites de la Sainte, ce furent les diverses translations de ses reliques. Les récits authentiques de ces translations, au moins pour deux d'entr'elles, nous ont été religieusement conservés. L'histoire de ces translations va nous retenir quelques instants ; elle ne peut qu'intéresser la piété du lecteur.

Le corps de S. Aldegonde, inhumé d'abord à Coursolre, comme nous l'avons vu, puis transféré à Maubeuge, fut en l'an 1039 (1), retiré de la crypte où il reposait et mis dans une châsse dont on ne connaît ni la forme ni la matière ; on présume qu'elle était en bois.

En 1161, nouvelle translation du corps de la sainte (2). — 475 ans s'étaient écoulés depuis sa mort. — C'était une époque où la barque de Pierre était ballottée par une violente tempête. L'antipape Victor III, soutenu dans son schisme par Frédéric Barberousse, se faisait couronner par l'évêque de Tusculum, tandis que le pape légitime, Alexandre III, s'était vu contraint de quitter Rome. Il semble qu'alors le Seigneur ait voulu, sur cette terre du Hainaut, donner à

(1) On ignore l'époque à laquelle Sainte Aldegonde fut inscrite au martyrologe. Les PP. Binet et Basilidès rapportent qu'il était de tradition au monastère de Maubeuge que cette inscription avait eu lieu le 26 mai de l'année 1039. Mais on a évidemment confondu la translation des reliques de la Bienheureuse avec sa canonisation. Il faut reporter celle-ci à une date bien antérieure. La fête de S. Aldegonde, qu'on célèbre le 30 janvier, jour de son décès, a dû en effet être instituée quelques années seulement après sa mort. Cette fête, à cette même date, se trouve d'ailleurs indiquée dans l'ancien bréviaire d'Autun, dans le martyrologe de Raban qui mourut en 856, d'Usuard mort en 876 ou 877 et enfin de Notker, mort en 912.

(2) Bollandus énumère trois translations de ces reliques. Mais pour cet auteur, qui ne mentionne aucunement la translation opérée en

son Église, ailleurs si éprouvée, le consolant spectacle d'un triomphe paisible, mais éclatant, la glorification des reliques de sainte Aldegonde.

Le récit de cette translation nous est donné par un témoin oculaire (1), Adrien, doyen de Saint-Géry, prévôt de l'église de Maubeuge, et chancelier. Voici, en le résumant, ce qu'il rapporte :

La translation des reliques de la sainte dans une autre châsse avait été dès longtemps annoncée, et le sixième jour du mois de juin de l'année 1161 fut choisi et désigné pour cette solennité. La veille, arrivèrent à Maubeuge, Nicolas, évêque de Cambray, et Gaultier, évêque de Laon, assistés d'un grand nombre de prélats, d'abbés, de clercs, et des personnages les plus recommandables. Arrivèrent également le comte de Hainaut (2) et dame Alice, son épouse ; une suite nombreuse, composée des plus puissants seigneurs, formait leur escorte. Enfin une foule immense accourut de toutes parts ; près de quarante mille personnes, dit-on, se portèrent vers Maubeuge, attirées par l'éclat de cette imposante cérémonie, mais surtout par le désir de glorifier les reliques de la Bienheureuse.

Le matin venu, les évêques et leur suite, révêtus de riches ornements, le comte, la comtesse, les plus hauts dignitaires de leur cour, et les damoiselles qui servaient Dieu en ce monastère de Maubeuge pénétrèrent dans l'église, dont les portes furent fermées. L'évêque de Cambray célébra la sainte

---

1039, la première ne serait autre que le transport qui fut fait du corps de la sainte, lorsque sa nièce Aldétrude le transféra de Courtolre au monastère de Maubeuge ; *prima a S. Aldetrude operata.* (Bollandus, apud Palmé, t. III, p. 665.)

(1) *Quam ego vidi, etsi minùs dignè, tamen devotè et humiliter, et ordinem rei gestæ diligenter denotavi semper adstans operi sancto præsentialiter :* — Je raconte ce que j'ai vu ; malgré mon indignité, je le fais en toute dévotion et en toute humilité. Toujours présent à cette sainte œuvre, j'en ai noté avec soin l'ordre et le cérémonial. (*Historia II translationis, auctore Adriano, præposito Malbodiensi.* — Bollandus, apud Palmé, t. III, p. 666. — *Acta SS. Belgii,* t. IV, p. 327.)

(2) Baudouin IV.

messe, à laquelle ceux qui étaient présents assistèrent avec beaucoup de dévotion, puis, tous se prosternant devant l'autel, on chanta les sept psaumes et les litanies des saints. Les évêques alors, en grande crainte et révérence, s'approchent de la châsse et commandent qu'on l'ouvre. Cette châsse en recouvrait une seconde dans laquelle reposait le corps de la Sainte. Mais, ô merveille! cette seconde châsse n'est pas plutôt ouverte qu'il s'en exhale la plus suave odeur dont le parfum se répand sur tous les assistants, et chacun redisait en son cœur ces paroles du patriarche : « Qu'il est doux ce parfum qui sort de ma fille, semblable à l'odeur du champ dont la moisson fleurit sous la bénédiction du Ciel (1). » Et encore : « Qui est celle-ci qui monte par le désert comme une vapeur d'aromates, de myrrhe et d'encens, et qui s'élève au haut degré de gloire où nous la voyons (2) ? »

Cependant l'évêque de Cambray a touché respectueusement le corps saint; il en sépare un des pieds dont la peau, paraissant encore vive, ne laisse voir aucun signe de corruption. Le chef est aussi admirablement conservé. Le prélat les montre successivement à l'assemblée, et s'en sert pour les bénir. Tous s'inclinent avec amour, des larmes de bonheur coulent de tous les yeux.

. Mais chacun voulait voir et baiser les saintes reliques, et pour se mettre à l'abri d'un empressement dégénérant en tumulte, les évêques transportèrent dans la sacristie cette seconde châsse et le corps sacré qu'elle contenait. Quelques personnes seulement furent admises à les suivre. Les deux prélats, avec toutes les marques de la plus profonde vénération, retirent alors de la châsse le corps de la sainte, et après l'avoir débarrassé des linges qui l'enveloppaient, l'ensevelissent de nouveau dans un drap de soie, recouvert lui-même d'un linge très fin, et de leurs cœurs s'épanchent, mêlées à leurs larmes, ces touchantes paroles : « Que vous êtes belle,

(1) Gen. XXVII, 29.
(2) Cant. III, 6.

qne vous êtes aimable, ô vierge Aldegonde, épouse de Jésus-Christ ! Nous vous en conjurons, priez pour nous et pour tous ceux qui vous invoquent. »

En ce moment, la comtesse Alix, l'abbesse du monastère de Maubeuge, Fressende, et l'abbesse du monastère de Gyllenghien furent appelées pour coudre le nouveau suaire, et déposant leurs manteaux, elles remplirent, d'une main habile, leur mission, non sans verser d'abondantes larmes, et avec de grands sentiments de dévotion.

Pendant que ces choses s'accomplissaient, les nobles filles d'Aldegonde furent introduites, avec la permission de l'évêque. Transportées d'une sainte joie, elles entourent le corps béni, le baisent avec amour, et elles disaient : « Vierge sainte, honneur des vierges, d'une beauté merveilleuse qui ravit les cieux, grâces vous soient mille fois rendues de vous être montrée à nous sous votre enveloppe mortelle. Impétrez la grâce, nous vous en supplions, à nous vos humbles servantes, de vous servir dignement et à jamais. »

Enfin le corps de la sainte est déposé dans une première châsse parfumée des plus précieux aromates, puis porté au dehors, en un lieu d'où il pourra être vu par tout le peuple. La foule est immense ; la parole divine lui est annoncée par les évêques, rémission et absolution des péchés sont accordées aux cœurs repentants. Monsieur de Cambray élève de nouveau le chef de la vierge et le montrant ainsi découvert à la multitude émerveillée, il la bénit. Le saint corps, posé alors sur le couvercle de la châsse, est reporté processionnellement à l'église, à la vue de tous, et tous, louant Dieu et se frappant la poitrine, témoignent, par leur attitude, de leur vénération profonde pour les reliques de la Sainte. « Qui racontera, s'écrie le pieux auteur de cette relation, qui racontera cette heure d'allégresse, qui dira la beauté de ce jour dont la sérénité parfaite semblait s'associer à la joie, à la sérénité de nos âmes ? Qui dira cette piété qui déborde, ces larmes qui coulent, qui comptera les battements de ces milliers de poitrines, et les élans d'amour de cette foule enthousiaste et croyante.

Dieu seul les connaît et les a inscrits au livre de vie. Pour moi, j'avoue humblement mon indignité et mon impuissance à retracer, comme elles mériteraient de l'être, de telles et si touchantes manifestations (1) ! »

Mais la cérémonie approchait de sa fin. Le corps de la Sainte reçoit une troisième enveloppe formée d'une peau de cerf, puis il est remis dans la châsse, laquelle est elle-même placée dans une seconde châsse ou fierte, enrichie d'or et d'argent, et qu'on eut soin de sceller selon la coutume.

Chacun enfin s'en retourna, magnifiant le Seigneur si admirable dans ses saints.

Ces détails sont peut-être un peu longs; j'aurais craint, en les abrégeant, d'altérer le parfum de piété qui en émane. Heureuses les nations dont la foi se nourrit de tels spectacles et qui entourent les reliques de leurs saints de tant de respect et d'amour.

Près de trois siècles se sont écoulés, nous sommes en l'année 1439, et l'on prépare une troisième translation des reliques de Sainte Aldegonde. De cette translation nous possédons encore un récit authentique, d'un témoin anonyme, mais oculaire (2). Le Seigneur va de nouveau glorifier sa fidèle servante. Son corps, dans le tombeau depuis près de huit siècles, exhalera toujours les parfums de la virginité.

Des calamités sans nombre, la guerre, la peste et la famine, désolaient alors nos contrées. En ce même temps, le concile de Bâle s'insurgeait contre l'autorité du Souverain Pontife;

---

(1) In illâ horâ quanta fuerit aëris serenitas, quanta omnium gaudia, quanta pietas, quàm miserabilia virorum ac mulierum suspiria, quantæ effusiones lacrymarum, solius Dei est cognoscere, ét nostræ possibilitati vel indignitati non est præsumendum exponere. (*Historia II translationis*, Bollandus apud Palmé, t. III, p. 667, n. 7. — *Acta SS. Belgii*, t. IV, p. 329, n. 7.)

(2) Qui vidit et omnibus interfuit, scripsit hœc : « Celui qui écrit la présente relation assistait à cette solennité et a vu tout ce qu'il en rapporte. (*Historia III translationis, auctore anonymo, teste oculato*. — Bollandus apud Palmé, t. III, p. 670. — *Acta SS. Belgii*, t. IV, p. 331.)

il allait, sous quelques jours. par un jugement sacrilège, déposer le pape légitime, Eugène IV (25 juin 1439), et avant la fin de cette même année, il consommerait le schisme en créant un antipape, Félix V. Singulière coïncidence ; en 1439, comme en 1161, un schisme se produit, un antipape est élu, et si le Seigneur veut relever les cœurs et les consoler par quelque manifestation de sa miséricorde, ce sera encore « en son église de Cambray, es quartiers de Haynaut, du costé de Maubeuge. »

Mais laissons parler le pieux auteur de la relation que nous reproduirons en grande partie. Ces détails importent trop à l'histoire de notre sainte ; nous ne pouvons les omettre.

Dès longtemps, la dame abbesse du monastère de Maubeuge et tout le collége des Damoiselles, dévotement servantes à sainte Aldegonde, avaient donné des ordres pour que fût fabriquée une châsse de la plus grande richesse, afin d'y transférer le précieux trésor du corps de la Bienheureuse. Les malheurs des temps avaient, pendant plusieurs années, mis obstacle à son achèvement ; mais lorsqu'enfin elle fut terminée et présentée aux nobles chanoinesses, toutes se récrièrent d'admiration et louèrent le Seigneur, le remerciant d'avoir béni ce travail, et mené à bonne fin. Sur leur demande, Monseigneur Jean, évêque de Cambray, autorisa la translation du corps de la Sainte dans la nouvelle châsse. La mort du prélat fit ajourner cette solennité ; mais, quelque temps après, le chapitre de l'Eglise de Cambray désigna, pour présider à cette translation et veiller à l'entier accomplissement des formalités requises, Monseigneur Hugues (1), suffragant et vicaire aux actes pontificaux du siége vacant.

Le 25 mai 1439, le vénérable évêque, assisté des vénérables Paul Beye, grand archidiacre de l'Eglise de Cambray, et

(1) Le texte latin dit : *Hugonem Dagnensem episcopum*. Il s'agit de Hugues Tournet, cordelier, évêque de Dagno *in partibus,* et suffragant de Cambray, sa ville natale. Dagno est une ville de l'Albanie turque.

Gilles Carlier, professeur en la sacrée théologie et doyen de
la même église, arriva à Maubeuge, où madame l'abbesse et
les damoiselles chanoinesses le reçurent avec le plus chaleu-
reux empressement. Dès ce moment, la joie fut grande dans
toute la ville et les tambours ne cessèrent de battre pendant
la nuit.

Le lendemain, au lever du soleil, Monseigneur Hugues et
ses assesseurs se rendirent en l'église de Sainte-Aldegonde;
ils étaient accompagnés d'une suite nombreuse composée des
plus grands dignitaires de l'Eglise, notamment des abbés de
Saint-Ghislain, d'Hautmont, de Saint-Denis en Brocqueroye,
de Liessies, de Maroilles, de Bonne-Espérance et de Fonte-
nelles. Venaient ensuite madame l'abbesse et tout le chapitre
des Damoiselles de Sainte-Aldegonde, avec quelques Damoiselles de l'église de Sainte-Waudru de Mons, suivies à
leur tour d'un grand nombre de hauts et puissants seigneurs,
messire Jean, seigneur de Jeumont et de la Rocque en Ar-
dennes ; Jean, fils aîné du seigneur de Ligne ; Michel de
Ligne, seigneur de Barbançon ; Jean, seigneur de Bossut et
de Ghaumerage ; Gilles, seigneur de Berlaimont et de Pier-
rewiers, échanson du Hainaut ; Simon de Lalaing ; Samson
de Lalaing, son frère ; Anselme, seigneur de Trasegnies et
de Silli ; Adrien, seigneur de Trélon ; Everard, seigneur de
la Haye et de Ghoy ; Pinchard de Gavre, seigneur de Fre-
sen ; Gérard, seigneur de Ville ; Gérard, seigneur de Bossut
et de Serfontaines ; Jacques, seigneur de Harchies, prévôt
de Maubeuge ; Gilles de Harchies, son frère, prévôt de Vil
lemont ; Jean, dit Broyant de Sars, et son fils, tous deux
écuyers. On comptait aussi dans le cortège plusieurs nobles
dames : madame l'abbesse de la Thure ; madame Marie de
Melun, dame de Hourdaing ; mesdames de Barbançon, de
Ligne, de Lens, et mademoiselle épouse du seigneur de

Berlaimont. Enfin, l'église, autant qu'elle pouvait en contenir, se remplit d'une multitude de pieux fidèles (1).

Au dehors, mais contigu à l'église, on avait élevé un pavillon afin d'y annoncer la parole de Dieu à la fou'e assemblées, et d'y accomplir les diverses formalités de la translation à la vue de tout le peuple. L'incertitude du temps obligea le prédicateur, le révérend doyen de l'église de Cambray, de se faire entendre dans l'intérieur de l'église, Mais bientôt un vent favorable a dissipé les nuages, et l'évêque avec toute sa suite, se rend processionnellement au pavillon, en chantant les psaumes pénitentiaux. Ce pavillon est découvert et permet à la foule de voir s'accomplir la tant désirée translation.

La cérémonie commence. Les prières consacrées par la liturgie sont dites à genoux, les mains jointes, et avec une grande effusion de larmes ; l'évêque s'est relevé, il bénit et consacre la châsse merveilleuse qui, dans un moment, va recevoir le corps sacré, puis s'approche, tremblant d'une sainte émotion, près de l'ancienne châsse qu'on ouvre, sur son ordre. Le prélat et ses assesseurs se prosternent de nouveau et prolongent quelques instants leurs ferventes oraisons. Enfin la seconde châsse est retirée de celle qui la recouvrait, on constate l'intégrité des sceaux qui y ont été jadis apposés ; ces sceaux sont brisés et le couvercle enlevé !.... Mais à peine cet enlèvement est-il opéré, qu'une odeur merveilleusement suave se fait sentir à tous les assistants. L'émotion est au comble ; la sainteté de la cérémonie ne peut contenir l'explosion de la joie populaire, un cri immense s'échappe de toutes les poitrines (2) ; les uns, levant les mains au ciel, glo-

---

(1) *Historia III translationis*, Bollandus apud Palmé, t. III, p. 668, n. 5 et 6. — *Acta SS. Belgii*, t. IV, p. 333, n. 5 et 6.

(2) Nam ut dignissimum corpus cœpit videri, suavissimus odor omnes replevit astantes mirabiliter ; prodeunt gaudia foris ; et jam se continere non valentes, in voces prorumpunt exultationis et laudis.... Et clamor magnus in Rama, id est, in excelso auditus est. (*Hist. III translationis, Bollandus apud Palmé, t. III p. 669, n. 7. — Acta ss. Belgii*, t. IV, p. 334, n. 7.)

rifient la puissance du Seigneur qui comble de tant d'honneurs sa chère Sainte Aldegonde ; les autres se répandent en chants de louange et d'allégresse et proclament la Bienheureuse, patronne du pays et son avocate auprès de la mère de Dieu. De mémoire d'homme on ne se rappelait jour si joyeux et si plein de grâce ; la sainte tant aimée, dont si rarement on a pu voir les reliques, se montre enfin aux yeux de tous. En effet, le vénérable pontife élève le très-saint corps, et la foule transportée le contemple à loisir. Il est encore enveloppé dans une peau de cerf, ainsi qu'il y fut mis lors de la translation de 1161 ; on l'ouvre du côté de la tête, qu'on sépare du reste du corps, pour la remettre en un reliquaire particulier.

Ces choses étant ainsi faites, le prélat montre de nouveau à la multitude le chef de la vierge. Tous tombent à genoux, et implorent avec larmes la miséricorde de Dieu, par l'intercession de la Sainte dont la tête vénérable est si parfaitement conservée qu'à peine y voit-on quelque changement depuis sa précédente translation. C'est ainsi que le Seigneur glorifie ses saints. Il ne se perdra point, a-t-il dit, un cheveu de votre tête, si vous me demeurez fidèle (1), et le corps de la vierge a été revêtu d'incorruptibilité. Nous apprenons par là combien est grande la gloire de la maison de Dieu, combien grande la gloire de ses élus ; plongés dans une rayonnante clarté, ils s'imprègnent de tous les parfums du Ciel, et leurs ossements mêmes, pénétrés de cette vertu, distillent le baume (2)

En ce moment les calamités, les tristesses, les angoisses de l'heure présente sont oubliées, et chacun, confiant dans

______

(1) Luc XXI, 18.

(2) Sed hoc est, quod dictum est a Domino, qui sanctos suos ita glorificat : Capillus de capite vestro non peribit. Profecto jam arrhâ incorruptibilitatis sponsæ suæ Dominus corpus ornat cum ipsum a resolutione tanto nobis tempore servat, insinuans, quam magna est gloria domûs ipsius, et habitantium in eâ, quanta suavitas, quanta claritas. *(Hist. III translationis, Bollandus, t. III, p. 669. — Acta ss. Belgii, t. IV, p. 335.)*

la protection de la Vierge, se prend à espérer un meilleur avenir.

Cependant l'évêque, toujours assisté de l'archidiacre et du doyen de l'église de Cambray, procède à la translation du saint corps dans la nouvelle châsse. Auparavant, il l'élève encore pour le faire voir au peuple qui de nouveau fait retentir les airs de ses cris d'allégresse, puis il est placé dans une première châsse ou cercueil qui a reçu l'onction du saint chrême ; ce cercueil est cloué, scellé par l'évêque, et déposé enfin dans la merveilleuse châsse dont nous avons parlé, laquelle est elle-même solidement fermée.

La translation était opérée. Quelques-uns des plus grands seigneurs ont mis sur leurs épaules la châsse magnifique, qui contient le précieux corps de la Sainte, et quittent le pavillon pour retourner à l'église. A leur tête s'avance, au chant du *Te Deum*, le chœur des chanoinesses et des chanoines ; au milieu de ces derniers le vénérable archidiacre portait, avec un pieux respect, le chef de la Vierge. L'évêque suivait, précédé des hauts dignitaires ecclésiastiques.

La châsse est placée au milieu de l'église, sur une estrade, splendidement ornée, et brillant de mille lumières. Pendant ce temps, l'archidiacre avait déposé le chef de la Sainte sur l'autel ; il y demeurera jusqu'à la fin du divin office.

Le vénérable prélat a revêtu les habits pontificaux pour célébrer la sainte messe. Les sons mélodieux de l'orgue se mêlent aux chants sacrés ; la prière ardente s'élève du cœur de tous, et monte avec l'encens vers le Ciel.

Le saint sacrifice est achevé. L'évêque reporte à la sacristie le chef de la Vierge, l'enveloppe de linges précieux, et afin de le mettre à l'abri de toute irrévérence ou profanation, il y appose son sceau (1).

---

(1) Cette insigne relique ne fut déposée dans un coffret d'argent que quelque temps après. Probablement, l'idée de séparer la tête du corps de la sainte n'était venue qu'au dernier moment, et on ne lui avait point dès lors préparé de reliquaire. Cette dernière circonstance est très-clairement indiquée par l'auteur de la narration. Parlant de l'empres-

La cérémonie avait pris fin; chacun s'en retourna en bénissant le Seigneur.

Ceci se passait l'an 1439, le 26 mai, mardi de la Pentecôte. Il fut ordonné que, pour consacrer la perpétuelle mémoire de cette translation, elle serait solennisée tous les ans, en ce même mardi.

Outre les translations que nous venons de rapporter, les reliques de notre sainte furent plus d'une fois soumises à des pérégrinations forcées. Lorsque la guerre éclatait et que le danger devenait imminent, on les transportait à Mons. C'est ce que fit, dès l'année 881, Régnier, comte du Hainaut, pour les soustraire aux insultes des Normands qui ravagèrent et brûlèrent le pays. Dans les XVIe et XVIIe siècles, pendant les troubles et les guerres qui désolèrent ces contrées, elles furent souvent dirigées vers cette ville; elles s'y trouvaient notamment en l'année 1572 où le prince Louis de Nassau s'en empara par surprise; mais elles furent respectées, le chapitre de Maubeuge les ayant données en garde aux chanoinesses de Sainte-Waudru.

Le danger disparu, on rapportait à Maubeuge les restes vénérés de la Sainte, et alors encore elles étaient l'objet des plus touchantes manifestations. Une grande partie du clergé et une foule immense se portaient à leur rencontre (1).

sement des fidèles à offrir des présents, le jour même de la translation, pour le chef vénéré de la sainte, il ajoute : *Ut reliquario fabricando decenter claudatur*.

(1). M. Léopold Devillers, conservateur des Archives de l'Etat, à Mons, raconte, dans les *Annales du Cercle archéologique* de cette ville (tome x, p. 562), la pieuse cérémonie qui eut lieu en 1660, lors du retour à Maubeuge de la châsse de sainte Aldegonde qui reposait à Mons depuis plus de vingt ans. Nous résumons son récit :

La paix venait d'être conclue entre les deux couronnes de France et d'Espagne (traité des Pyrénées du 7 novembre 1659) ; les chanoinesses de Maubeuge résolurent de faire revenir en cette ville les restes de leur sainte fondatrice et députèrent six d'entre elles pour se rendre à Mons à cet effet.

Au jour désigné, le corps fut conduit processionnellement jusqu'à

O siècles de foi ! On ne songeait point alors à arrêter ces pieux élans des populations et ces témoignages d'amour envers une sainte bien-aimée. Et maintenant, ô peuple, tu as détaché ton âme de ces divines croyances qui lui apportaient, avec l'oubli de tes maux, d'invincibles espérances ; à ces chants d'allégresse ont succédé les clameurs de la rue. Pauvre peuple ! Si d'ailleurs ton cœur s'émouvait encore pour ces nobles causes de la virginité, de la sainteté, de tout ce qui élève l'âme et la purifie, il te faudrait, avec soin, en comprimer les battements ; aimer Dieu et le glorifier dans ses saints, cela est bon… et ne doit plus être permis !

Parfois encore, pour garder fidèlement la mémoire de ces retours bénis, on en faisait, chaque année, la commémoration. C'est ainsi qu'au 18 octobre, en la fête de saint Luc, il est fait mémoire de notre sainte et on lit à la fin de l'unique leçon : *Fit autem beatæ Aldegundis commemoratio ob elevationem aliquam vel translationem quæ hodierna die facta creditur* : Commémoration de la Bienheureuse Aldegonde au sujet de quelque élévation ou translation de ses reliques

la porte de Berlaimont ; une foule considérable composait le cortège. Le magistrat, voulant aussi contribuer à l'éclat de cette solennité, fit alors décharger trente-six pièces d'artillerie, et la garde placée à la porte, qui avait été plus que doublée, fit cinq salves de mousqueterie. Lorsque la procession fut arrivée à l'église paroissiale du faubourg, dite Notre-Dame-de-Messine, elle s'arrêta pour entendre l'*Adieu* que voulaient donner à la patronne de Maubeuge quatre demoiselles pensionnaires du couvent des filles de Notre-Dame. Cet *Adieu* est en vers, mais il témoigne beaucoup plus des bons sentiments de l'auteur que de son talent poétique ; nous n'en citerons aucune partie.

La cérémonie terminée, les six chanoinesses de Sainte-Aldegonde, accompagnées de six chanoinesses de Sainte-Waudru, montèrent en carrosse ; plusieurs personnes, les unes en chariot, les autres à pied, les suivirent jusqu'à Maubeuge. A une courte distance de Mons, deux compagnies de cavalerie espagnole, de la garnison de Maubeuge, attendaient en bataille ; elles firent une décharge de leurs armes, et se formant en peloton, elles servirent d'escorte au cortège.

M. Devillers a puisé ce récit dans un manuscrit du P. Triquet, intitulé : *Seconde partie de la Gloire de sainte Aldegonde*, etc. — Ce manuscrit appartenait à M. Estienne ; malheureusement il fut perdu avec beaucoup d'autres. (V. notre Introduction, p. XLI, et l'Appendice, n. IV.)

que l'on présume avoir eu lieu en ce jour (1). Bollandus
ajoute : *An fortassis eo tempore, quo Nortmanni Galliæ
Belgicæ Provincias infestabant, alio asportatum est sanctæ
virginis corpus ac deindè relatum eo die :* Peut-être,
qu'à l'époque où les Normands ravageaient les provinces de
la Gaule-Belgique, le corps de la sainte fut transporté ailleurs
et par la suite rapporté en ce jour (2). C'est ainsi encore que
dans le martyrologe manuscrit de Saint Maxime, il est dit,
à la date du 10 juin : *Eodem die remotio Aldegundæ virginis :* En ce même jour, retour de la vierge Aldegonde (3).

Depuis l'époque où Maubeuge passa sous la domination
française, c'est-à-dire depuis 1678, les reliques de la Sainte
n'ont été soumises à aucune émigration.

Cependant, « la renommée de la sainteté et des mérites
de l'illustre Aldegonde, dit le P. Basilidès, s'était espandue
parmi l'Europe », et elle avait gagné peu à peu les lointaines contrées. Aussi les témoignages d'amour et de vénération
pour la Bienheureuse vont se multiplier avec les siècles. On
nombrerait difficilement les pays qui se réfugient sous son
patronage, les peuples qui l'acclament comme leur protectrice,
les églises et les autels qui lui sont consacrés (4).

La poésie et la peinture, la statuaire et la gravure se feront
gloire de représenter notre sainte (5).

Et le peuple, étranger peut-être à la culture des arts, a
cependant aussi sa poésie, et s'appropriant, comme sa chose,
le nom tant aimé d'Aldegonde, il l'appliquera indistincte-
ment à tous les lieux témoins de ses labeurs journaliers. Les
bois et les prairies, les montagnes et les vallées, les rues et
les chemins, les viviers et les fontaines, les fiefs et les villages

(1) Officia propria peculiarium sanctorum nobilis ecclesiæ collegiatæ Malbodiensis, p. 171.
(2) Bollandus, ap. Palmé, t. III, p. 666, n. 5.
(3) Bollandus, loc. cit.
(4) Appendice III.
(5) Appendice IV.

s'abriteront sous le nom de la Sainte (1) ; et cette consécration populaire témoignera, mieux encore que les plus magnifiques compositions, de l'ardente dévotion qui s'attache à ce nom vénéré ; et quand une nouvelle cloche, personnifiant l'appel à la prière, recevra de sa marraine un nom qui la distingue et la fasse reconnaître, ce sera souvent celui d'Aldegonde, et Aldegonde, nous parlons de la cloche, gardera, pieusement gravé sur son airain, le souvenir de son baptême :

> *Soulas, plaisir et joye profonde*
> *Soit à ma marine Aldegonde* (2).

C'est ainsi que toutes les voix de la terre se sont accordées pour célébrer la gloire de notre sainte. Au Ciel, la joie n'est pas moins grande, et les anges du Seigneur ont salué, avec allégresse, lorsqu'elle vint s'asseoir sur le trône qui lui avait été préparé, l'épouse bien-aimée de Jésus.

O Jésus, fleur des champs et lys des vallées, voici que désormais Aldegonde fait retentir les voûtes éternelles d'un

---

(1) *La gloire de S. Aldegonde,* par le P. Triquet, p. 104 et s.

(2) Cette inscription était gravée sur la cloche du village de Mourcou, entre Tournay et Renaix.

La cloche de l'église métropolitaine de Cambray se nommait aussi *Aldegonde,* et elle jouait son personnage dans une cérémonie singulière. Lorsque l'évêque faisait, pour la première fois, son entrée dans la ville de Cambray, il se rendait directement devant le grand portail de cette église et prêtait le serment solennel d'en garder inviolablement les droits et immunités ; puis, s'avançant sous le clocher, il prenait en main une corde toute ornée de fleurs, c'était celle de la cloche *Aldegonde,* et promettait de la faire refondre et même d'en donner une meilleure, pour le cas où elle viendrait à se briser en s'employant pour son service. On la sonnait, en effet, tous les soirs, tant que l'évêque était présent. Pour que la chose d'ailleurs demeurât parfaitement authentique, on avait eu soin de graver, autour de la cloche, cette inscription :

> *Sero sono dum Præsul adest, ejusque periclis*
> *Pendeo; tunc aliis pro causis obligo cætum.*
> *Per prius* ALDEGUNDIS *erat, prout est mihi nomen.*
> *Sum refici jussa, Plonchet fabricam moderante.*
> *M semel et C quater, octoque per octo redactis.*

éternel et mélodieux cantique, cantique d'amour et de reconnaissance : O Christ, louange et gloire à vous dans les siècles des siècles (1).

Puis, abaissant ses regards sur la terre, la vierge bénie a vu qu'une foule innombrable assiégeait ses autels, et sa bouche inspirée a redit ces paroles de nos livres sacrés :

J'ai parfumé ma demeure comme l'encens tombant lui-même de l'arbre qui le porte, et mon odeur est comme celle d'un baume très-pur et sans mélange.

J'ai étendu ma branche comme un térébinthe, et mes branches sont des branches d'honneur et de grâce.

J'ai poussé des fleurs d'une agréable odeur comme la vigne, et mes fleurs sont des fruits de gloire et d'abondance.

Venez à moi, vous tous qui me désirez avec ardeur, et remplissez-vous des fruits que je porte.

Car mon esprit est plus doux que le miel, et mon héritage surpasse en douceur le miel le plus excellent.

La mémoire de mon nom passera dans la suite de tous les siècles (2).

Répondant à cet appel, la voix de tout un peuple s'est élevée de la terre :

Réjouissons-nous dans le Christ ; c'est lui qu'à la droite

Nous traduisons : Lorsque l'évêque est présent, je sonne vers le soir, mais à ses risques et périls ; je fais aussi métier de convoquer le peuple. On me nomme *Aldegonde*, et n'ai jamais eu d'autre nom. On m'a fait refondre, sous la direction de Plonchet, en 1464. (*Une fois mille, quatre fois cent, et huit fois huit*).

V. *La Gloire de S. Aldegonde*, par le P. Triquet, pp. 106 et s., et *Recherches sur l'Eglise Métropolitaine de Cambrai,,* par A. Le Glay, p. 41.

(1) O flos campi, et lilium convallium Jesu Christe..... Dulci resonat melodia sancta Aldegundis et frequenter ingeminat : Tibi Christe sit laus et gloria. — *Officia propria peculiarium sanctorum nobilis ecclesiæ collegiatæ Mebodiensis.* — Antiphona ad Magnificat. (Appendice, VII).

(2) Officia propria, jam cit. ; missa de S. Aldegunde Virgine, lectio libri sapientiæ. — Ecclesiast. XXIV. — Appendice, VII.

de son père Aldegonde adore, mêlant sa voix à l'hymne des cieux, de la terre et des océans !

La grâce nous convie au festin préparé par l'Agneau, nous que la charité enflamme, et qui soupirons après la patrie. Amen (1).

1) Officia propria, hymnus ad laudes. — Appendice, VII.

EPILOGUE

E village de Coursolre présente l'aspect d'un charmant et pittoresque vallon arrosé par la petite rivière de la Thure. Dès le VIe siècle, il se partageait en deux seigneuries dont l'une appartenait à Walbert IV, l'autre à son frère Brunulphe, grand-duc d'Austrasie. Sur la rive droite de la rivière se trouvait la résidence de Walbert. En face, et de l'autre côté de l'eau, au lieu nommé le Mont Sainte-Aldegonde, s'élevait le manoir de Brunulphe. Devant le manoir s'étendait un champ qui a conservé jusqu'aujourd'hui le nom de Brunulphe-champ.

La fille de Brunulphe, Saint-Aye, s'étant retiré auprès de sa cousine Sainte-Valdétrude, au monastère de Château-Lieu, laissa sa seigneurie de Coursolre à Sainte Aldegonde qui devint ainsi maîtresse de tout le pays. Aussi voyons-nous, dans le testament de cette dernière, qu'elle laisse à son abbaye le village de Coursolre (¹).

---

(1) Appendice II. Nous empruntons les détails que précèdent à l'intéressant travail de M. Jennepin : *Notice historique sur la commune de Cousolre,* pp. 19 et 56.

Au VIIe siècle, les manoirs seigneuriaux n'étaient que de grandes métairies. M. Jennepin me paraît oublier cette circonstance lorsqu'il écrit que le Chapitre de Maubeuge laissa tomber en ruines le château proprement dit (1). En réalité, il n'y avait qu'une métairie. Celle-ci, à travers les modifications successives qu'elle dut subir, demeura la propriété du Chapitre jusqu'à la Révolution ; à cette époque, elle fut vendue, avec ses nombreuses dépendances, comme bien national. Elle comprenait alors une exploitation de 126 bonniers, soit environ 182 hectares.

Nicolas Pottier, prêtre, originaire de Mons, visita Coursolre en 1644, et il en fait une description enthousiaste (2). Le magnifique domaine de Walbert, nous dit-il, s'ouvre sur les belles campagnes qui l'environnent, par une porte autrefois fortifiée pour la rendre imprenable aux ennemis ; deux autres portes plus petites donnent issue sur une prairie verdoyante ou des parterres fleuris réunissent tout ce qui peut réjouir la saison printannière. Nicolas Pottier ajoute : « Nous y voyons encore une belle maison dont l'antiquité la rend fort recommandable. C'était autrefois un grand château où Saint-Walbert et Sainte-Bertille faisaient leur plus beau séjour »

Il faut bien reconnaître que notre écrivain s'abandonne facilement aux caprices de son imagination. Quoiqu'il en soit, toutes ces splendeurs, qu'elles aient ou non existé, ont dès long-temps disparu.

M. Aimé Leroy, mon père, terminant les quelques pages, qu'il a consacrées à Sainte Aldegonde, s'exprime ainsi :

« Je me rendis à Coursolre dans l'été de 1829, pour y recueillir quelques souvenirs historiques ; l'antique demeure de Sainte Aldegonde a disparu, et ce ne fut pas sans peine que je pus me faire indiquer l'endroit où ce château avait

---

(1) *Notice historique*, p. 20.

(2) *La noblesse sainte et royale de S. Walbert et de Ste Bertille, comtes de Haynnau*, par M. N. Pottier, prestre, Mons 1644. — p. 149.

existé...... Je parvins à reconnaître les traces d'une assez vaste enceinte, en heurtant quelques débris dont l'épaisseur accuse de massives constructions. A très-peu de distance, s'élève une humble chapelle en l'honneur de Saint-Walbert..... De pieux et puissants personnages habitèrent jadis ce séjour qui n'offre plus maintenant que des ruines silencieuses (1) ».

Après plus d'un demi siècle, le 28 septembre 1881, j'accomplissais, avec mon plus jeune fils, le même pélerinage, et je ne pouvais que constater la disparition, plus complète encore, des ruines elles-mêmes (2).

Les bâtiments de la métairie, qui portent toujours le nom de *Cense de la cour*, ont été morcelés et démolis en partie ; ce qui reste, a vraisemblablement eté reconstruit sous Henri IV et sous Louis XV. Ce sont des constructions en briques, sans aucun mérite architectural, si ce n'est les écuries occupées, comme la plupart de ces constructions, par les ateliers de marbrerie de M. Louis Goblet ; ces écuries s'abritent sous des voûtes, en arc de cloître, soutenues par des colonnes toscanes en pierre ; elles datent du commencement du XVIIe siècle.

A l'ouest des bâtiments on croît reconnaître l'emplacement des vastes jardins du manoir. Peut-être découvrirait-on quelques substructions mérovingiennes si l'on opérait des fouilles sur les points signalés (3).

(1) Légende choisie de Flandres, par M. Aimé Leroy.

(2) M. l'abbé Bulteau, curé de Wambaix, avait bien voulu nous accompagner. Nous aurions plus d'une fois à interroger l'antiquité, et il m'était on ne peut plus agréable de le faire par l'entremise d'un de ses savants interprètes.............Hélas, pendant l'impression de ce livre, une mort soudaine enlevait le digne curé de Wambaix à ses œuvres, à ses études, à ma vieille affection. Ces lignes, que ma reconnaissance lui consacrait, je les offre à son pieux souvenir. Aujourd'hui sans doute, en possession de sa récompense, le fidèle serviteur découvre, mieux que dans ces humbles pages, la gloire de Sainte Aldegonde.

(3) Ces renseignements nous étaient donnés par l'excellent M. Jennepin, l'auteur de la *Notice historique sur la commune de Cousolre* ; il nous fit, avec une obligeance parfaite, les honneurs de son village qu'il

Attenante à la propriété de M. Goblet, se trouve une vieille construction faisant aussi partie intégrante de l'ancienne *Cense de la cour*. Cette construction recouvre, dit M. Jennepin, « une cave ou crypte longue et étroite, dont la voûte est taillée dans une argile siliceuse très-solide, et que la tradition prétend avoir servi d'oratoire à sainte Valdétrude et à sainte Aldegonde. On y voyait, il y a une vingtaine d'années, un billot de chêne placé en forme de marche sur lequel on montrait la trace qu'y avait laissée les genoux des saintes, lorsqu'elles venaient y prier. Dans des réparations qu'on fit à la maison, on enleva cette pièce de bois qui avait conservé l'apparence du chêne, mais qui était complètement silicifiée. Une moitié a disparu, et l'auteur de cette notice possède l'autre moitié (1) ». Nicolas Pottier n'émet aucun doute sur cette tradition ; il faut le citer : « Ce qui paraît le plus remarquable pour le présent dans le château de Coursolre, ce sont deux caves (2) faites par un artifice inconnu, qui servaient d'oratoire à sainte Waudru, fille aînée de saint Walbert, et à sainte Aldegonde, la cadette. C'était dans ces retraites que ces deux tourterelles faisaient leur plus belle solitude. C'était là que Jésus se découvrait plus particulièrement à ses amantes ; il parlait, mais c'était à leur cœur..... Jésus leur apprenait à fuir le monde, à mépriser ses grandeurs.

« O mon Jésus, répondait sainte Aldegonde, je ne veux que vous, les grandeurs du monde ne me plaisent pas ; dans

a longuement étudié ; de consciencieuses recherches l'ont mis à même d'en connaître toutes les particularités.

Je me reprocherais de ne point mentionner également l'accueil si gracieux qui nous fut fait par M. et Mme Louis Goblet ; c'est dans leur hospitalière demeure que nous étions descendus. Mme Goblet est la parente de notre compagnon de voyage, mais il me parut que l'on voyait surtout en nous des dévots à S. Aldegonde. La foi en notre chère Sainte est restée vive et profonde chez la plupart des habitants de Coursolre ; la piété de nos hôtes ne craignait pas de la manifester hautement.

(1) Jennepin, *Notice historique,* p. 20.

(2) En fait, la cave dont il est ici question se divise en deux parties. On reste donc dans la vérité en employant l'une ou l'autre de ces expressions : La cave, les caves.

ses plus beaux bouquets, je ne cueille que des soucis, et ses plus belles roses n'ont pour moi que des épines. Pour vous posséder entièrement, je veux tout quitter, ô Jésus ; je trouverai mon plaisir dans la souffrance, ma consolation dans les délaissements, ma douceur dans l'amertume, et dès maintenant, je veux embrasser votre croix avec tant de ferveur qu'elle sera gravée au milieu de mon âme (1). »

Cette pieuse croyance est-elle bien fondée ? Nous n'oserions l'affirmer ; mais nous voulons encore moins contester une tradition dont l'antiquité est si respectable, et que ne contredit absolument aucune invraisemblance.

J'avais atteint le but de mon pélerinage, visité les lieux où naquit et vécut longtemps Aldegonde, foulé le même sol, respiré le même air, prié là même où, passés douze siècles, l'heureuse vierge, instruite par un ange qu'elle n'aurait point d'autre époux que Jésus, se prosterna en s'écriant ! Qu'il me soit fait selon votre parole.

J'avais aussi recueilli de nombreuses sympathies et de précieux encouragements, et je revins, animé du plus vif désir de promouvoir, autant qu'il serait en moi, le culte de notre chère sainte.

O Aldegonde, c'est à vous que je confie ces pages inspirées par la tendre dévotion que je vous ai vouée. Bien souvent, au cours de ce travail, impuissant à retracer, comme je l'aurais voulu, les chastes attraits de votre âme virginale ; plus impuissant encore à redire ces touchantes manifestations d'un Dieu tout amour à sa fidèle servante, j'élevais mon cœur par une humble prière, implorant de vous-même la grâce qui découvre, le rayon qui éclaire, et il m'a paru que bien souvent aussi, si l'écrivain restait toujours bien audessous de sa tâche, elle lui était néanmoins rendue plus facile.

(1) Nicolas Pottier, oper, cit., p. 150 et s.

O sainte, si secourable à toutes les faiblesses et à toutes les infirmités, soyez-en mille fois bénie !

Soyez bénie en votre époux bien-aimé ! « O Christ, je vous rends grâces, de toute l'affection de mon âme, à vous dont le puissant secours m'a donné d'accomplir le travail entrepris. A vous donc louange, honneur et gloire, ô Créateur et Rédempteur des hommes, Jésus-Christ, Notre Seigneur qui, étant Dieu, vivez et régnez avec Dieu le Père, et l'Esprit Saint, dans les siècles des siècles. Amen. » (1)

FIN DE L'HISTOIRE DE SAINTE ALDEGONDE

(1) *Vita S. Eligii,* auctore sancto Audœno, *Acta SS. Belgii,* t. III, p. 309.

APPENDICE

I

GÉNÉALOGIE DE SAINTE ALDEGONDE
(LIGNE PATERNELLE)

LDEGONDE appartient, par sa naissance, à la famille la plus fameuse de son siècle et peut-être de son pays. Il n'a été donné à aucune de surpasser sa fortune ou son mérite, soit dans l'Eglise, soit dans l'Etat. Valbert I fut le fondateur de cette famille, ou du moins il faut remonter jusqu'à lui pour trouver un aieul commun à tant de rois et de saints. Lui-même était issu du sang Mérovingien ; c'est l'opinion de beaucoup d'historiens. Quoiqu'il en soit d'ailleurs de la gloire de ses ayeux, on ne peut contester à Walbert celle de ses descendants. Cette famille, dont les racines plongent dans les profondeurs du sol, se partage après lui en deux branches maîtresses ; l'une va fleurir sur le trône, l'autre sur l'autel.

La première de ces branches est plus connue ; elle a produit Charlemagne. Aucun nom n'est aussi grand dans les annales de l'histoire.

Sur la seconde de ces branches, — celle qui garde le nom de Walbert, — Aldegonde a fleuri. C'est bien la fleur la plus odorante, épanouie sur cette tige vigoureuse, mais ce n'est point la seule. Tous les rameaux, de ce côté, sont chargés des fleurs et des fruits de la sainteté.

Si la gloire de la première branche est plus éclatante, celle de la seconde est plus pure. La naissance illégitime de Charles-Martel communique un principe adultère à la famille Carlovingienne, et la sève, après Charlemagne, ne produit plus que des rejetons stériles. La descendance, par Walbert II, fut plus heureuse. Le rameau fut aussi retranché, mais on peut dire que ce fut par la main du jardinier céleste, pour embaumer le ciel.

Voici comment s'établit cette généalogie (1) :

(1) L'église de Sainte Waudru, à Mons, possède un ancien tableau, portant la date du 9 avril 1577, et représentant la généalogie des Walbert. D'après ce tableau, le roi Pharamond serait le bisaïeul de Walbert I; c'est remonter un peu loin. Le P. Basilidès reproduit cette généalogie et l'accompagne d'un long commentaire. Elle est également reproduite, avec le commentaire du P. Basilidès, dans un ouvrage publié à Mons par Emm. Hoyois, éditeur, sous ce titre : *Documents pour faire suite à l'histoire de Sainte Waudru, patronne de Mons;* sans date. Enfin, M. Jennepin, dans sa *Notice historique sur la commune de Cousolre,* p. 15, en donne un résumé.

GÉNÉALOGIE DES WALBERT.

WALBERT I.

ANSBERT. — WALBERT II.

ARNOALD, ép. Oda, fille de Gunzo, duc de Souabe. — WALBERT III épousa Amalberge.

ARNULF, Maire du Palais, ép. Doda, puis devint évêque de Metz. — BRUNULPHE, ép. Vraye, fille du comte de Boulogne. — St WALBERT IV, ép. Sto Bertilie. — Ste AMALBERGE, ép. le B. Witger.

ANSÉGISE, ép. Begga, fille de Pépin de Landen. — Ste AYE. — Ste VALDÉTRUDE, ép. St Vincent (Madelgaire). — Ste ALDEGONDE. — Ste GUDULE, patronne de Bruxelles. — Ste REINELDE, honorée à Condé. — St JEMEBERT, évêque de Cambray.

Pépin d'Héristal. — St DENTELIN. — St LANDRY. — Ste ALDÉTRUDE. — Ste MADELBERTE.

Charles Martel, vainqueur des Sarrazins.

Pépin-le-Bref, proclamé roi en 752.

Charlemagne.

II

TESTAMENT DE SAINTE-ALDEGONDE

E document, qualifié à tort de testament, est une véritable donation ; par cet acte en effet, Sainte Aldegonde se dessaisit de son vivant de tout ce qu'elle p ssède, *quia*, dit avec raison l'auteur contemporain de sa vie, *per Scripturarum diversa testimonia, melius est unum solidum manu propria tradere quam centum post mortem promittere* ... Parce que les saintes écritures enseignent en divers endroits qu'il vaut mieux donner aux pauvres une pièce d'or de son vivant que cent après sa mort (1).

Toutefois, nous nous conformerons à l'usage et garderons à l'acte par lequel Aldegonde s'est dépouillée de tous ses biens le nom sous lequel cet acte est connu.

Son authenticité a été souvent contestée (2), et il a subi certainement des altérations. Ce testament est daté de la vingtième année du règne de Dagobert, et cette date ne peut aucunement concorder avec la chronologie des rois qui portent ce nom. Dagobert I, roi d'Austrasie en 622, devint

(1) *Vita S. Aldegundis auctore æquali, Acta SS. Belgii,* t. ᴵⱽ p. 322, n. 23.

(2) *V. Bollandus, apud Palmé,* t. III p. 654, lettre E ; Bréquigny et Pardessus, t. I, Proleg, p. 100 ; Duvivier, *Recherches sur le Hainaut ancien*, p. 268 ; Le Glay, revue des *opera diplomatica* de Mirœus, p. 165.

roi de toute la Gaule à la mort de son père Clotaire II en 628,
et mourut lui-même en 638. Quant à son petit-fils Dagobert
II, après son long exil en Irlande, il ne revint régner en
Austrasie qu'en 670. D'ingénieuses combinaisons ont été
mises en avant pour concilier ces dates, mais toutes sont
plus ou moins spécieuses, et la contradiction reste entière.

Une autre cause de suspicion résulte des signatures apposées au bas du testament. L'acte en effet porte la signature
de personnages déjà morts (1), ou de personnes encore
vivantes qui n'ont pu se donner les qualifications qui suivent
leurs noms (2). Le P. Smet prétend même que S. Ursmar et
S. Erminius n'ont pu être présents à la consécration des
églises édifiées par S. Aldegonde et qu'ils n'ont point dès
lors revêtu de leurs signatures l'acte de donation (3). Enfin
Sainte Aldegonde déclare ne disposer de ses biens qu'avec
le consentement de l'illustre empereur Hilderic. Quel est cet
Hilderic ou Childeric ? Childeric II, fils de Clovis II, ne
fut roi d'Austrasie qu'à partir de 656, et on ne peut d'ailleurs
lui attribuer le titre d'empereur.

Il est possible toutefois qu'un copiste inintelligent ait
commis ces faux ou ces altérations ; on peut croire que faisant
trop de zèle, il ait ajouté de son chef d'autres noms, et à
certains noms des qualifications qui ne s'y trouvaient point
d'abord. On peut supposer enfin que les deux nièces de
S. Aldegonde, Aldetrude et Madelberte, trop jeunes pour
donner leurs signatures lors de la rédaction de l'acte, l'y ont
apposée plus tard, lorsqu'elles sont devenues abbesses, pour
lui donner une nouvelle sanction.

---

(1) Gutlandus dudûm decesserat. (*Bollandus apud Palmé*, t. III, p. 654,
lettre E.)

(2) Erminius vir sanctus.
    Aldetrudis abbatissa.
    Madelberta abbatissa.
    Beata Aldegundis.

(3) *De S, Aldegunde virgine, auctore Smetio, Acta SS. Belgii,*
t. IV, p. 304, n. 31.

Mais d'autres raisons, qu'a fait surgir en nous la lecture attentive des textes, nous font encore supposer que nous ne possédons pas le texte même, le texte primitif des deux donations faites par Sainte Aldegonde aux serviteurs et aux servantes de Dieu en son monastère.

Tout d'abord, l'une et l'autre donations, après l'énumération des biens donnés, semblent supposer l'existence d'un acte antérieur, en disant, la première : *Et alias multas villas quas enumerare longum est,* la seconde : *Hæc et multa alia.* Si nous possédions l'acte même de ces deux donations, l'acte de 646, il devrait contenir l'énumération compléte des biens donnés, puisque cet acte doit former titre entre les mains des donataires, et quelle valeur aurait ce titre pour les biens qui n'y sont pas nommément désignés ?

Puis que signifient, dans l'acte même portant donation, dans l'acte qui donne, ces verbes mis au passé : *Tradidi,.....* *Tribui ?* Et cet anachronisme s'accentue singulièrement lorsque faisant sa donation le jour même où furent çonsacrées les églises édifiées par elle, Aldegonde semble cependant reporter cette consécration à une époque antérieure. En effet, parlant d'abord des servantes de Dieu en son monastère de Maubeuge, elle s'exprime ainsi : *Possessiones meas... tradidi...in ministerium ancellarum ad illud sacrum monasterium Malbodium, ubi venerabiles episcopi... altare Domini in honore santæ Dei genitricis... dedicaverunt quarto idus junii.* — Puis, arrivant à la donation faite aux moines, elle dit encore : *Tribui, eodem die quo espiscopi... dedicaverunt ecclesiam in honore beati Quinti martiris.* Il nous paraît dès lors que l'acte dont M. Estienne possédait la copie certifiée véritable par les hommes de fief de la province du Hainaut, n'a pu être l'acte même des donations faites par notre Sainte, et les considérations qui précèdent nous ont amené à émettre une supposition qui pourra n'être point admise par tous, mais qui cependant résout en partie les difficultés soulevées par le texte que nous discutons.

Le VIIe siècle s'acheminait vers sa fin, des rixes sanglantes s'élevaient souvent entre les divers compétiteurs qui se disputaient le pouvoir, dans les royaumes d'Austrasie, de Neustrie et de Bourgogne, et des bandes armées, avides de pillage, ravageaient le pays, n'épargnant même pas, dans leurs déprédations, les asiles des vierges consacrées à Dieu. Aldegonde put craindre, elle dut craindre que l'acte portant donation de tous ses biens ne disparut dans quelque rencontre de ces hordes presque sauvages, et elle se résolut, — ce n'est sans doute qu'une supposition, mais qui tout à l'heure prendra corps et se justifiera par les faits, — elle se résolut donc, pour rendre cette perte moins fâcheuse, d'en transcrire au moins les principales dispositions dans un nouvel acte, et ce serait ce second acte dont on posséderait le texte, le premier ayant disparu. S'il en était ainsi, bien des difficultés se dissipent. D'abord Aldegonde a pu se servir de ces expressions se reportant au passé : *Tradidi, tribui;* elle ne dit plus qu'elle donne, mais qu'elle a donné. Puis, après avoir énuméré la plus grande, et surtout la plus importante partie des biens donnés, Aldegonde, s'en référant à la donation primitive, juge inutile d'entrer dans un plus long détail, et elle ajoute : *Et alias multas villas quas enumerare longum est,* et encore : *hæc et multa alia.*

La date, objet de tant de commentaires : *Datum anno vicesimo regni Dagoberti,* s'explique en outre d'une manière toute plausible.

Sigebert III, succédant à son père Dagobert I mort en 638, mourut lui-même en 656. Son fils, tout jeune encore, et qui devait régner plus tard sous le nom de Dagobert II, fut privé violemment de ses droits à la couronne par le maire du palais, Grimoald. Abandonné sur l'Océan dans une frêle barque, les vents de Dieu et ses anges emportèrent l'exilé dans l'hospitalière Erin où il fut recueilli par Wilfrid, évêque d'Yorck (1). Son exil se prolongea de longues années. Dagobert put enfin revenir au palais et sur le trône de ses

(1) D. Pitra, *Histoire de Saint Léger,* p. 87.

pères. En 670, il régnait, de fait, sur l'Austrasie ; mais en droit, il en était le souverain légitime depuis la mort de son père Sigebert, arrivée, comme nous l'avons dit, en 656, et on pouvait en toute vérité, dater un acte en supputant les années à partir de l'année 656, première de son règne ; on le pouvait surtout à une époque où nous n'avions pas encore d'ère généralement adoptée, et où le règne de nos rois servait souvent de point de départ chronologique (1). Et Aldegonde, rééditant, après trente années, son acte de donation, pouvait y apposer cette date dès lors suffisamment vraie : *Datum anno vicesimo regni Dagoberti,* soit en l'année 676.

Quant aux signatures, on comprend plus facilement aussi les erreurs qui ont pu se produire dans l'énumération des signataires ; cette énumération est le fait d'un copiste, la donnant de mémoire, d'après la seule tradition, et il ajouta à quelques noms certaines qualifications alors parfaitement explicables, appelant saints Erminius et Aldegonde, abbesses les deux nièces de la Bienheureuse, Aldétrude et Madelberte.

D'autre part, avant le retour de Dagobert II, Childéric, qui régnait sur tout le pays des Francs, avait approuvé la donation d'Aldegonde, et y avait même ajouté d'autres biens, — nous mentionnerons plus loin la charte émanée de ce prince, — et encore, en toute vérité, Aldegonde a pu dire qu'en disposant de tout ce qu'elle possédait, elle le faisait avec le consentement du seigneur Childéric : *Assensu domini Hilderici ;* avec non moins de vérité elle ajoute : *Quin et Dagoberti et principum ejus.* L'approbation du roi régnant Dagobert II n'est indiquée qu'en second lieu, par la raison que l'approbation du roi Childéric la précède dans l'ordre des faits.

Aldegonde, il est vrai, à la fin de l'acte ainsi renouvelé de sa donation, s'exprime au présent : *Dono igitur ego Aldegundis.* Mais ici, c'est le désir de donner à ses volontés une expression plus énergique qui prévaut, ses volontés ne sont

(1) A. Leroy, Légende choisie du pays de Flandre.

nullement modifiées, elle a donné, elle donne encore : *Ego dono*.

Telle est la conjecture que nous ne donnons évidemment que sous toute réserve, et en l'abandonnant à la critique. Quoiqu'il en soit, il est pour nous un fait acquis et ce fait nous suffira : Aldegonde a donné tous ses biens, et elle les a donnés, pour la plus grande partie, à son monastère. C'est d'abord l'auteur contemporain de sa vie qui en témoigne (1), puis tous les auteurs, anciens ou modernes, qui nous racontent la vie de la Bienheureuse, s'accordent sur ce même point et le confirment. Maintenant que le texte de cette donation soit bien réellement le texte produit, on ne peut absolument l'affirmer (2), mais le fait de la donation n'en est pas moins certain. Il est d'ailleurs positif que le monastère de Maubeuge a possédé jusqu'au siècle dernier la plupart des biens énumérés dans l'acte.

Le texte du testament de S. Aldegonde fut publié pour la première fois, en 1623, par le P. Basilidès (p. 203), mais il n'en donne que le commencement et la fin.

Il a été reproduit depuis par Miræus et Foppens, t. III, p. 557, par les Acta SS. Belgii, t. IV, p. 305, et en dernier lieu par M. Pardessus, Diplomata, etc., t. II, p. 116 ; mais tous ces textes, comme celui donné par le P. Basilidès, sont incomplets, ils passent sous silence l'énumération des biens donnés par Sainte Aldegonde à son monastère, c'est-à-dire les passages les plus importants de ce document, et ils omettent le passage relatif à la donation faite par notre sainte en faveur des

---

(1) Sancta virgo omnia quæ a proximis jure hereditario perceperat, res proprias, aurum, argentum, lapides pretiosi, vestes mirabiles, sanâ mente sulubrique consilio ad ornamentum ecclesiarum et in res pauperum, præter vile vestimentum et victum cotidianum ad præsens, distribuit. (*Vita S. Aldegundis, auctore æquali, Acta SS. Belgii*, t. IV, p. 322, n. 23.).

(2) MM. Pardessus et Duvivier estiment que le titre primitif ayant été perdu lors des invasions normandes, on l'aura refait, soit de souvenir, soit d'après la tradition conservée dans le monastère.

moines (1). Ce ne fut qu'en 1837 que M. Estienne publia (2) une traduction française de ce titre d'après une copie complète certifiée véritable par les hommes de fief de la province du Hainaut, le 14 septembre 1620. L'original existait encore en 1788, car il fut réintégré cette année au greffe du Chapitre, à la suite de sa production au Parlement de Douai, dans un procès que les chanoinesses avaient devant cette Cour. Depuis la suppression du Chapitre, il n'a pu être retrouvé.

M. Piérart, dans ses *Recherches historiques sur Maubeuge*, p. 135, et M. Jennepin, dans sa *Notice historique sur Cousolre,* p. 349, ont reproduit cette traduction.

M. Estienne avait transmis à Mgr de Ram le texte latin des passages inédits ; ils furent publiés dans les *Analectes pour servir à l'Histoire ecclésiastique de la Belgique,* t. II, p. 49.

Les *Analectes,*en reproduisant ces passages,ont omis tout un paragraphe dont M. Estienne donne cependant la traduction. Ce paragraphe précède immédiatement la phrase par laquelle Aldegonde, vers la fin de son testament, en confirme tout le contenu : *Dono igitur ego,* etc.; le voici :

Omnes etiam offerendas exceptis certis luminaribus quæ in manu sacerdotis veniunt, et excepta illa offerenda in basilica sancti Maurici quæ est capella abbatissæ ad quam conveniunt servientes et mancipia quæ sunt in obsequio abbatissæ et ancillarum Dei, et tertiam partem elemosinarum quæ deferuntur ad prædictam ecclesiam et sepulturæ pro extrinsecis defunctis exceptis mancipiis et allodio et pallio et auro et ornamentis ad ornandam ecclesiam sanctæ Dei genitricis Mariæ conservans donatione publica tribui.

J'ignore pourquoi les *Analectes* ne donnent pas ce passage. Toutefois, je n'ai pas hésité à le rétablir dans la copie complète, donnée plus loin, du testament de S. Aldegonde.

---

(1) Toutefois Foppens, t. III, p. 558, a reproduit, mais avec quelques variantes, le fragment relatif à cette dernière donation.

(2) Notes de M. Estienne, v. 10.

Je l'ai en effet trouvé reproduit par huit copies, dudit testament, lesquelles se conservent au dépôt des Archives de l'Etat, à Mons. Seule, une neuvième copie, appartenant aux mêmes Archives, n'en fait pas mention (1).

M. Duvivier (op. cit. p. 268), donne le texte complet en latin du testament de S. Aldegonde, sauf le passage omis par les *Analectes*.

Une seconde rédaction de ce testament, notablement plus courte, fait suite à la vie de notre sainte qui se trouve au dépôt des Archives de l'Etat à Liège, et paraît être, comme sa vie elle-même, du Xe siècle. Elle a été publiée dans les *Analectes*, t. II, p. 42, et par Duvivier, p. 276.

Cette rédaction, qui a subi également certaines altérations,

---

(1) De ces neuf copies, cinq, écrites sur papier, ne sont garanties par aucune signature ; elles n'ont d'autre authenticité que celle résultant de leur ancienneté même. L'une d'elles, qui n'est d'ailleurs qu'une traduction française, n'est pas datée ; les autres portent les dates de 1448, 1518 et 1629, j'entends les dates des copies plus anciennes dont elles ne sont que la reproduction ; l'écriture de ces dernières est beaucoup plus moderne.

Des autres copies, au nombre de quatre, deux sont aussi sur papier et deux sur parchemin.

Les deux copies sur papier sont du xvie siècle et toutes deux reproduisent une copie du testament en date du 16 août 1448. Elles se terminent par la mention suivante : *Collationata est præsens copia per me Jacobum Charlet presbyterum cameracensis diocesis publicum apostolica auctoritate notarium et concordat.*

(Signé) *Jacobus Charlet, publicus apostolica auctoritate notarius.*

Les deux autres et dernières copies sont sur parchemin.

Nous ne dirons qu'un mot de la première, dont la plus grande partie a été lacérée et enlevée.

L'autre est parfaitement intacte, elle est écrite sur le verso d'un seul feuillet mesurant soixante centimètres de longueur sur trente centimètres de largeur. Elle est datée du 23 avril 1629 ainsi que l'indique la mention suivante par laquelle elle se termine :

Hæc copia extracta ex originali fuit collationata cum principali et concordat de verbo ad verbum per me notarium publicum præsentibus feudalibus tanquam testibus ad hæc requisitis subsignatis, hac vigesima tertia mensis aprilis, anno millesimo sexentesimo vigesimo nono. (Signé) *Paris, notarius publicus.* — Puis sont apposées les signatures des hommes de fief.

Cette copie est très complète, et contient, ainsi que les deux copies sur papier citées en dernier lieu, tous les passages inédits dont la tran'est que la reproduction abrégée de la première. Elle ne mentionne même pas la donation faite aux moines.

Enfin un diplôme de Childéric II confirme la donation de S. Aldegonde et y ajoute d'autres biens. Duvivier, p. 278, publie ce diplôme; il est aussi reproduit dans les *Analectes*, t. II, p. 51.

Nous allons donner en entier le texte du testament de Sainte Aldegonde, et nous le ferons suivre de sa traduction.

TESTAMENT DE SAINTE-ALDEGONDE

In nomine sanctæ et individuæ Trinitatis, amen. Quod prudentius consilium, quam ut homo terrenus de terrenis rebus aut de caduca substantia debeat sibi præparare præ-

duction fut donnée en 1837 par M. Estienne, et notamment le passage cité plus haut : Omnes, etc., omis par les *Analectes*.

Nous aimons à reconnaître ici la façon toute aimable avec laquelle M. L. Devillers a mis à notre disposition les Archives dont il a la garde et a même bien voulu nous aider dans nos recherches.

Enfin nous devons constater que sept de ces copies sont un don de M. Ernest Mathieu, jeune avocat de Mons, qui déjà s'est fait connaître par la publication de travaux historiques, très appréciés. Lui-même raconte, de la manière suivante, dans les *Analectes* (t. XVII, p. 129), comment ces documents sont arrivés entre ses mains :

« La suppression du Chapitre de Maubeuge avait été prononcée dès 1789. Mais les chanoinesses, pour se soustraire à l'exécution des lois révolutionnaires, s'étaient empressées de quitter leur monastère, et étaient venues se fixer à Mons........ Lors de leur départ de Maubeuge, les chanoinesses avaient pris soin d'emporter avec elles leurs objets les plus précieux. Après l'invasion de nos provinces par les armées françaises, le Chapitre fut dispersé. Que devinrent alors les archives qu'elles avaient sauvées à Mons? On l'ignore. Elles furent sans doute confiées à des amis de la communauté, et restèrent cachées dans la capitale du Hainaut. Ce qui nous le fait supposer, c'est qu'il y a quelques mois, un honorable négociant de cette ville, voulut bien nous donner une série de documents anciens qu'il avait acquis autrefois comme vieux parchemins. Ce sont, entr'autres, sept copies, sur parchemin et sur papier, du testament de Sainte Aldegonde.... Ajoutons que nous nous sommes fait un devoir de les déposer aux Archives de l'Etat à Mons. »

mia sempiterna ? Igitur ego Aldegundis, admonita divina
vocatione et roborata evangilica voce ad præmia æterna nos
sic invitante : « *Quicumque reliquerit patrem, aut matrem,
aut uxorem, aut filios, aut agros, propter nomen meum,
centuplum accipiet et vitam æternam possidebit* », hanc pro-
missionem desiderans adipisci, despecto penitus conjugio
maritali, possessiones meas, quas ex parte patris et matris
hereditario jure obtinebam, tradidi, assensu domini Hildrici,
inclyti imperatoris, quin et Dagoberti et principum ejus,
sub testificatione et confirmatione subscriptorum venerabi-
lium episcoporum et abbatum, relligiosorum et nobilium
virorum, et sanctarum mulierum, in ministerium ancillarum
Dei ad illud sacrum monasterium quod vocatur Malbodium,
ubi venerabiles episcopi Autbertus, Amandus, Audoenus,
Ursmarus altare Domini in honore sanctæ Dei Genitricis
semperque Virginis Mariæ et sanctorum apostolorum dedicaverunt quarto idus junii, ad opus sororum ibidem Deo nocte
et die militantium. Prædia vero mea et possessiones non mo-
dicas, ad opus inibi Christo famulantium, donatione publica,
ad supradictum altare tribui. Hoc est, in primis, villam ipsam
in qua monasterium situm est, cum omnibus ad se pertinentibus, quæ nuncupatur Malbodium, sitaque est in pago
Hainoensi ; quasdam etiam villas, quarum subjecta sunt
nomina, ad usus et stipendia ancillarum Dei delegatas
habere institui, ut absque indigentia et penuria aliqua
Christo famulari et ordinis sanctimonialis vitæ competenter
deservirent ; et villam que vocatur Curtissorra, cum ecclesia
et appendiciis ejus ; et aliam villam que dicitur Colliricium
cum ecclesia et appendiciis ; et aliam villam quæ vocatur
Solra-s^{ti}-Gaugerici similiter cum ecclesia vel cum omnibus
ibidem pertinentibus; item villam que dicitur Grandis-Rivus,
ac villam que nuncupatur Froaldi-Capella cum ecclesia et
omnibus ad se pertinentibus ; et, in alio loco, in pago Lau-
mensi, villam Virellam cum ecclesia ; item, in pago Theora-
censi, villam Blicti ; item, in pago Laudunensi, villam
Maliserius cum ecclesia et mansis et vineis inibi aspicienti-

bus ; et, in eodem pago, aliam villam Vacelleias cum ecclesia et vineis et mansis ibidem pertinentibus ; similiter, in pago Suessionensi sive Meldensi, quidquid in villa Curiaco et Lustinciaco et Stirpiliaco possidebam ad idem monasterium delegavi; et, in alio loco qui appellatur Villariculus, similiter cum ecclesia et omnibus ad se pertinentibus ; item, in pago Santers, villam que vocatur Hallut cum ecclesia ; in Ostrevanto villam Ercinium cum ecclesia et appendiciis ; item aliam villam que dicitur Gasnei cum ecclesia et appendiciis ; item, in pago Cameracensi, villam Beldigeis cum ecclesia et appendiciis ; item, in pago Bavacensi, villam que vocatur Hosdeng cum ecclesia et appendiciis, et mediam partem de villa que dicitur Baviseis cum ecclesia. et aliam villam que vocatur Wandigeis cum ecclesia et appendiciis, et aliam villam Bertriceias ; item, in pago Haynoensi villam Bersiseias, et aliam villam Harmegiacum ; item, in Brabanto, villam Miniacum cum ecclesia, et aliam villam Brecam, et aliam villam Fellui, et aliam villam Anderluvias ; item, in pago Riboarensi, villas que appellantur Corma et Brocum ; item, supra ripam Zambre, villam Irecennam, et alias multas villas quas enumerare longum est. Quia vero femineus sexus non potest per se explere divina sacrementa, predicto imperatore confirmante et consilio predictorum episcoporum et aliarum religiosarum personarum, institui duodecim fratres in ecclesia sancti Quintini martiris, à supradictis episcopis consecrata, que in villa Melbodio erat sita ; tali conditione ut illi jamdicti fratres supranominate ecclesie sanctissime Dei genitricis Marie cum reverentia et honore deservirent, sicut ipsi omnes pariter in solemnibus diebus Nativitatis, Epiphanie, Resurrectionis, Ascensionis, Pentecostis, dedicationis ipsius ecclesie et solemnitatum sancte genitricis Marie intersint ni, celebratione vesperarum et missarum, et in omnibus processionibus dominicorum dierum et aliarum festivitatum, in quibus processiones debent fieri. Singulis autem diebus, presbiter cum dyacono et subdiacono adsit officio misse, sine ulla refragatione nec retardatione, et ebdomadarius presbiter, in dominica nocte, vespertinali officio, et, in omnibus solemnibus festivitatibus, vespertinali et matutinali intersit officio cum religione. Expletis vero divinis officiis, presbiter cum ministris egrediatur, et chorus ancillarum Dei ab introeuntibus et exeuntibus semper religiose conservetur. Ut autem illi jam (dicti) fratres absque indigentia et penuria aliqua Christo famulari et ordinis sanctorum canonicorum vite competenter deservirent, eis stipendia, ad usus eorum, donatione publica tribui, eodem die quo predicti venerabiles episcopi Autbertus, Amandus, Audoenus, Ursmarus dedicaverunt ecclesiam in honore [beati Quintini martiris : decimam partem que exit de potestate Melbodii, « excepta indominicata curti quam in usus hospitum et pauperum Christi statui, » (1) de laborato, de pratis, de silvis, de moneta, de ponte ecclesie, mansos servorum quinque et sedilia XXX^{ta}. pratos II, et silvam unam que dicitur Framnabus, molinos II super flumen Melbodii, cambas III, unam super ripam Sambre, II supra flumen Melbodii, et quasdam villas, Ichiacum et Havacum cum ecclesia et appenditiis et mancipiis, et aliam villam in villam Vinio que dicitur Lanterterias, et aliam villam que dicitur Villejas, et aliam villam Valdroechias cum ecclesia et appendiciis mancipiis. Hæc et multa alia illis predictis canonicis a me per supradictos episcopos attributa sunt. Omnes etiam offerendas exceptis certis luminaribus quæ in manu sacerdotis veniunt et excepta illa offerenda in basilica sancti Maurici quæ est capella abbatissæ ad quam conveniunt servientes et mancipia quæ sunt in obsequio abbatissæ et ancillarum Dei et tertiam partem elemosinarum quæ deferuntur ad prædictam ecclesiam et sepulturæ pro extrinsecis defunctis exceptis mancipiis et allodio et pallio et auro et ornamentis ad ornandam ecclesiam sanctæ Dei genitricis Mariæ conservans donatione publica dedi.

Dono igitur ego Aldegundis et (ea) specialiter ad usus

---

(1) Ce dernier paragraphe, placé entre guillemets, est emprunté à la version de Foppens.

ancillarum et famulorum in prædicto monasterio degentium, et donatum in perpetuum esse vo'o, in ea vero ratione, ut sorores et fratres in prædicto monasterio degentes jam dictas villas, cum omnibus ad illas pertinentibus, ad suos speciales usus habere debeant, vel quidquid exinde facere voluerint liberam in omnibus habeant potestatem faciendi. Ut neque aliquis neque ex abbatissis, et rectricibus ejusdem monasterii ullo aliquo tempore quippiam immutare et convellere, atque à præsenti ordinatione, quam pro amore Christi feci, alienare præsumat, sed ità omni tempore inviolatumque permaneat. Et si fuerit aliquis qui contra hanc traditionem venire aut eam ausu temerario violare tentaverit, si se exinde non correxit, in primis iram Dei incurrat offensi et ante tribunal Christi excommunicatus appareat, et sic marcescat in flore ut nunquam germinet fructum, et insuper in ultum (mulctam) per districtum judicis componat, hoc est, auri libras centum, argenti pondera LCC, coactus exsolvat, et quod repetit evendicare non valeat, sed præsens donatio omni tempore firma et stabilis permaneat. Actum Melbodio monasterio, ante altare sanctæ Mariæ et sanctorum duodecim apostolorum. Datum anno vicesimo regni Dagoberti incliti regis sub præsentia virorum et ancillarum Dei quorum nomina et signacula subter tenentur inserta. Ego Aldegundis hanc donationem feci et firmare rogavi.

 Sign. *Autbertus* episcopus.
 » *Amandus* episcopus.
 » *Audoenus* episcopus.
 » *Ursmarus* episcopus.
 » *Vincentius* abbas.
 » *Humbertus* abbas.
 » *Eloquius* abbas.
 » *Ermenius* vir sanctus et abbas.
 » *Etto* abbas
 » *Gualdetrudis* abbatissa.
 » *Gertrudis* abbatissa.
 » *Aldetrudis* abbatissa.

Sign. *Madelberta* abbatissa.
  » *Gervida* amita beatœ Aldegundis, quæ eam
    de sacro fonte suscepit.
  » *Gutlandus*.
  » *Landricus*.
  » *Charibertus* comes.

TRADUCTION DU TESTAMENT DE S. ALDECONDE

Au nom de la Sainte et Indivisible Trinité, Amen. Quel plus prudent dessein pour l'homme mortel que de chercher à se procurer, par le moyen des choses terrestres et périssables, les récompenses éternelles ? Moi donc Aldegonde, répondant à l'invitation du ciel, et fortifiée par la parole évangélique qui nous invite, en ces termes, à acquérir une couronne immortelle : « Quiconque aura quitté pour l'amour de moi, ou son père ou sa mère, ou sa femme, ou ses enfants, ou ses terres, en recevra le centuple et aura pour héritage la vie éternelle, » désireuse d'obtenir l'effet de cette promesse, éprouvant pour le mariage une vive répulsion, du consentement du seigneur Hildéric, illustre empereur, comme aussi de Dagobert et de ses princes, sous l'attestation et confirmation des soussignés, vénérables évêques et abbés religieux, hommes nobles et saintes femmes, j'ai donné les biens, que j'avais recueillis dans la succession de mes père et mère, pour l'usage des servantes de Dieu en ce sacré monastère qu'on appelle Maubeuge et dans lequel, le dixième jour de juin, les vénérables évêques Aubert, Amand, Ouen, et Ursmar ont consacré l'autel du Seigneur en l'honneur de la Sainte Vierge Marie, mère de Dieu, et en l'honneur des saints apôtres, pour le service des sœurs qui, dans ce même monastère, chantent jour et nuit les louanges divines. Quant à mes domaines et à mes possessions qui sont considérables, je les ai donnés, par acte public, au susdit autel, pour l'usage des servantes du Christ qui l'honorent en ce lieu. C'est premièrement le village même où notre monastère est bâti, avec toutes ses apparte-

nances, lequel village, appelé Maubeuge, est situé dans le
Hainaut; semblablement j'ai assigné et légué d'autres villages
pour le service et l'usage des servantes de Dieu, afin que
n'ayant à redouter ni l'indigence, ni les dures privations, elles
puissent convenablement servir Jésus-Christ, dans la vie
monastique. Voici les noms de ces domaines : Le village
appelé Coursolre, avec l'église et ses appartenances; le village
appelé Colleret (1), avec l'église et ses appartenances; le
village appelé Solre-Saint-Géry (2), également avec l'église
et tout ce qui lui appartient; le village appelé Grandrieux (3);
le village appelé Froidchapelle (4), avec son église et tout ce
qui lui appartient; et dans un autre lieu, au pays de Lomme,
le village de Virelles (5) avec l'église; dans la Thiérache, le
village de *Blicti* (6); dans le Laonnois, le village de Malzy (7),
avec son église, ainsi que les fermes et les vignes en dépen-
dant; et dans le même pays, le village de Vaucelles (8), avec
l'église ainsi que les vignes et les fermes qui lui appartiennent;
de même dans les pays de Soissons et Meaux, j'ai légué au
même monastère tout ce que je possédais dans les villages

(1) *Colliricium,* Colleret, canton de Maubeuge.

(2) *Solra-S^{ti}-Gaugerici,* Solre-Saint-Géry, canton de Beaumont, ar-
rond^t de Charleroy.

(3) *Grandis-Rivus,* Grandrieux, cant. de Beaumont. M. Estienne
ajoute : « Et le village de Sivry, avec tout ce qui lui appartient et son
église.

(4) *Froaldi-Capella,* Froidchapelle, cant. de Beaumont, arrond. de
Charleroy.

(5) *Virella,* Virelles, canton de Chimay, arrond^t de Charleroy.
M. Estienne ajoute : Dans le pays de la Fagne, le village appelé Trélon,
avec l'église. — Trélon est situé dans l'arrondissement d'Avesnes. « Le
pays de la Fagne avait pour limites, au nord le Hainaut, au midi la
Thiérache, au levant le pays de Lomme ou le Namurois, et au couchant le pays de Famars. » (Gaule-Belgique du P. Wastelain, p. 445.)

(6) *Blicti;* M. Estienne lit : *Bluei.* Localité inconnue. « La Thiérache,
au moyen-âge, était moins un pays qu'une forêt, partie de celle d'Ar-
denne; elle s'allongeait sur les frontières du Laonnois et du Hainaut,
depuis les sources de la Sambre jusqu'aux limites du Comté de Lomme
ou de Namur. » (Gaule-Belgique du P. Wastelain. p. 329.)

(7) *Maliserius,* Malzy, cant. de Guise, arr. de Vervins (Aisne),

(8) *Vacellei,* Vaucelles, cant. d'Anizy-le-Château, arr. de Laon (Aisne).

13

de *Curiacum* (1), *Lustenciacum* et *Sterpiliacum* (2); et je lui ai encore légué tout ce que je possédais dans un autre lieu appelé Villenoy (3), également avec l'église et toutes ses appartenances; dans le pays de Santerre (4), le village appelé Hallut (5), avec l'église; dans l'Ostrevant (6), le village d'Erchin (7), avec l'église et ses appendances; un autre village appelé Guesnain (8), avec l'église et ses appendances; dans le pays de Cambray, le village de Baudignies (9), avec l'église et ses appendances; dans le pays de Bavay, le village appelé Houdain (10), avec l'église et ses appendances; la moitié du village appelé Bavissiaux (11), avec l'église; un autre village appelé Vendegies (12), avec l'église et ses appendances; le village de Bettrechies (13); dans le pays du Hainaut, le village de Bersillies (14) et le village de Harmignies (15); dans le Bra-

(1) *Curiacum*, Cuiry. Le dépt de l'Aisne renferme trois villages du nom de Cuiry. C'est sans doute Cuiry-House, ou Cuiry-Lesges, arr. de Soissons. (Duvivier.)

(2) Ces deux localités sont inconnues.

(3) *Villariculus*, Villenoy, cant. de Meaux (Seine-et-Marne).

(4) Ce pagus appartenait au Vermandois; on y trouvait Péronnes, Montdidier, etc. (Duvivier.)

(5) Hallut, canton de Rosières (Somme.)

(6) L'Ostrevant comprenait le pays renfermé entre l'Escaut, la Scarpe et la Sensée.

(7) *Ercinium*, Erchin, arr. de Douai, cant. d'Arleux.

(8) *Gasnei*, Guesnain, canton sud de Douai. Non loin de Guesnain se trouvent les villages de Loffre et de Montigny (canton sud de Douai), Bugnicourt (canton d'Arleux, arr. de Douai), et Lallaing (canton nord de Douai), où le chapitre de Maubeuge possédait des biens, des dîmes, des rentes et divers droits féodaux. (Piérart, p. 137.)

(9) *Beldigeis*, Baudignies, canton du Quesnoy-Est.

(10) *Hosdeng*, Houdain, canton de Bavay.

(11) *Baviseis*, Bavissiaux, fait partie du village d'Obies, cant. de Bavay. (Piérart, p. 137.)

(12) *Wandigeis*, Vendegies-au-Bois, canton du Quesnoy-Est. La copie du testament daté de 1518, qui se trouve au dépôt des Archives de l'Etat à Mons, est suivi d'une traduction française. D'après cette traduction, *Wandigeis* signifierait *Haudignies*. Audignies est un petit village des environs de Bavay.

(13) *Bertriceiœ*, Bettrechies, cant. de Bavay.

(14) *Bersiseiœ*, Bersillies, cant. de Maubeuge.

(15) *Harmegiacum*, Harmignies, cant. de Pâturages, arr. de Mons.

bant, le village de Mignault (1), avec l'église, un autre village
Breca (2), un autre village Feluy (3), et un autre village,
Anderlues (4); dans le pays de Riboarensis, les villages qui
sont appelés Corma et Brocum (5); sur les rives de la
Sambre, le village d'Erquelines (6), et plusieurs autres qu'il
serait trop long d'énumérer.

Comme la femme ne peut administrer elle-même les divins
sacrements, j'ai institué, sous l'approbation de l'empereur
susdit et sur le conseil des évêques susnommés et autres personnes religieuses, douze frères dans l'église de St-Quentin,
martyr, consacrée par lesdits évêques, et qui est située dans
le village de Maubeuge, à la condition que lesdits frères de
l'église susnommée serviront, avec révérence et honneur, la
très-sainte Vierge Marie, et que notamment dans les fêtes
solennelles de la Nativité, de l'Epiphanie, de la Résurrection,
de l'Ascension, de la Pentecôte, de la Dédicace de l'Eglise,
et généralement dans toutes les solennités qui concernent la
sainte mère de Dieu, ils seront tous présents à la célébration
des messes, des vêpres, et dans toutes les processions des di-
manches et autres fêtes dans lesquelles les processions doivent
avoir lieu. En outre, chaque jour, un prêtre, ainsi qu'un dia-
cre et un sous-diacre, seront présents pour l'office de la messe,
sans excuse ni retardement quelconques ; chaque semaine,
un prêtre assistera pieusement, dans la nuit du dimanche, à
l'office des vêpres, et tous les jours de fête, il sera présent à
l'office des vêpres et des matines. Les offices divins terminés,
le prêtre et ses accolytes se retireront, et le chœur des ser-

(1) *Miniacum,* Mignault, cant. de Rœulx, arr. de Mons.
(2) *Breca,* localité inconnue.
(3) *Fellui,* Feluy, cant. de Seneffe, arr. de Charleroy.
(4) *Anderluviœ,* Anderlues, cant. de Binche, arr. de Charleroy.
(5) Le pays de Riboarensis et les villages de Corma et Brocum sont
inconnus.
(6) *Irecennam,* Erquelines, canton de Merbes-le-Château, arr. de
Charleroy. C'est la traduction donnée par M. Estienne. Le texte latin de
la copie de 1518, dont nous venons de parler, donne : *Erchemnan,* au
lieu de *Irecennam.* On peut dès lors accepter la traduction de M. Estienne
qui me paraissait d'abord quelque peu aventurée.

vantes de Dieu sera de tout temps religieusement protégé contre les entrants et les sortants. Mais afin que les frères susdits, n'ayant à redouter ni l'indigence ni de dures privations, puissent servir Jésus-Christ comme il convient dans un ordre de saints religieux, je leur ai donné, par donation publique, pour leur usage et pour le service dont ils sont chargés, et ce le même jour où lesdits vénérables évêques Aubert, Amand, Ouën et Ursmar ont consacré l'église en l'honneur de saint Quentin, martyr, la dixième partie des revenus du monastère de Maubeuge, excepté l'habitation seigneuriale dont j'ai disposé en faveur des voyageurs et des pauvres ; en ce dixième sont compris : le dixième du produit du travail, des prairies, des forêts, de la Monnaie, du pont de l'église ; en outre cinq habitations de serfs, trente fermes (1), deux prairies, un bois appelé *Framnabus* (2), deux moulins sur la rivière de Maubeuge, trois brasseries, dont une sur le rivage de la Sambre et deux sur la rivière de Maubeuge, puis quelques villages, Ihy (3) et Havay (4), avec l'église, les appendances et les serfs ; un hameau, dans le village de *Vinio* (5), appelé Lameries (6), un autre village appelé Villers (7), et un autre village, Waudrechies (8), avec l'église, ses appendances et les serfs. Ces biens, ainsi que plusieurs

(1) Le texte latin dit : *Sedilia XXX^{ta}*. *Sedilia*, sièges, et par extension, lieux où l'on peut s'asseoir, fermes. C'est la traduction de M. Estienne.

(2) *Frarasbus*, dit M. Estienne, et il ajoute : « On ne trouve que Frasnelle, territoire de Colleret, à qui ce nom puisse s'appliquer ; le bois de Frasnelle appartenait aux chanoinesses. »

(3) *Ichiacum*, Ihy, hameau de Havay.

(4) *Havacum*, Havay, cant. de Paturage, arr. de Mons.

(5) *Vinio* ; Miræus dit : *Ruvo*. Il faut probablement, dit M. Duvivier, lire *Rivio*, que M. Estienne traduit par Rouvroy (arrondiss. de Charleroy) ; mais je traduirais plus volontiers *Rivio* par Reng, puisque, d'après Duvivier, Lameries est un hameau de Vieux-Reng canton de Maubeuge. (Voir la note suivante.)

(6) *Lautesteriæ*, ou, d'après Miræus, *Lamerciæ*, Lameries, hameau de Vieux-Reng, cant. de Maubeuge. (Duvivier).

(7) *Villejæ*, ou, d'après Miræus, *Villeræ*, probablement Villers-Sire-Nicole, cant. de Maubeuge.

(8) *Valdroechiæ*, Waudrechies, canton d'Avesnes (Nord).

autres, ont été donnés par moi aux chanoines susdits, à l'intervention desdits évêques. J'ai donné aussi, par acte public, toutes les offrandes, excepté certains luminaires qui sont remis entre les mains du prêtre, et à l'exception également des offrandes faites dans la chapelle de S. Maurice, qui est la chapelle de l'abbesse, et dans laquelle se rendent les serviteurs et les serfs de la dite abbesse et des vierges, servantes elles-mêmes du Christ en ce monastère. J'ai aussi donné le tiers des aumônes faites à ladite église pour la sépulture des défunts étrangers, à l'exception des francs-alleux, des vêtements, de l'or et des ornements destinés à l'église de la Sainte Marie, mère de Dieu, lesquels doivent lui être réservés.

Moi, donc, Aldegonde, ai donné ces biens spécialement pour l'usage des servantes et des serviteurs de Dieu, demeurant au susdit monastère de Maubeuge, et veux que cette donation ait à toujours son effet, de telle manière que les frères et les sœurs demeurant audit monastère conservent à jamais en propre, pour leurs usages particuliers, les villages sus-nommés, avec toutes leurs appendances, et qu'ils puissent user librement de leurs revenus et en faire ce qu'ils jugeront convenable. Qu'aucune personne, fût-elle abbesse ou supérieure de ce monastère, ne s'arroge le droit, en quelque temps que ce soit, de changer, modifier ou enfreindre la présente disposition que j'ai faite pour l'amour du Christ, mais qu'au contraire elle demeure en tout temps inviolable. Et si quelqu'un osait contrevenir à cette donation, ou s'il tentait, par une téméraire audace, de la violer, s'il ne vient à résipiscence, qu'il encoure premièrement la colère de Dieu offensé, et que, sous le poids de l'excommunication, il comparaisse devant le tribunal de Jésus-Christ ; qu'il flétrisse en sa fleur et ne puisse porter aucun fruit ; et en outre, pour punition de son crime, qu'il subisse la sentence du juge et soit contraint de payer cent livres d'or et deux cent cinquante livres d'argent (1), enfin qu'il soit déchu des droits qu'il prétendait revendiquer, et que la présente donation conserve toujours sa force entière et immuable.

Fait au monastère de Maubeuge, devant l'autel de Notre-Dame et des douze saints Apôtres. Donné l'an vingtième du règne du très-noble roi Dagobert, en présence des hommes et des servantes de Dieu, desquels les noms et les signatures se trouvent ci-dessous. Moi, Aldegonde ai fait cette donation et prié qu'elle soit confirmée.

Ont signé : *Aubert*, évêque.

Amand, évêque.

Ouen, évêque.

Ursmar, évêque.

Vincent, abbé.

Humbert, abbé.

Eloquius, abbé.

Erminius, homme saint, et abbé.

Etto, abbé.

Valdétrude, abbesse.

Gertrude, abbesse.

Aldétrude, abbesse.

Madelberte, abbesse.

Gervide, tante de la bienheureuse Aldegonde qu'elle a tenue sur les fonts de baptême.

Guteland.

Landry.

Charibert, comte.

(1) Le texte latin dit : *Auri libras centi, argenti pondera LCC.* Je traduis ce dernier chiffre par 250. Il y a, ce me semble, une simple interversion de la lettre L ; il faut lire : CCL. Cette interprétation me paraît la plus plausible.

III

DES ÉGLISES, DES CHAPELLES ET DES AUTELS DEDIÉS
A SAINTE ALDEGONDE. — MALADIES CONTRE LES-
QUELLES ON L'INVOQUE. — LIEUX OU ELLE EST
HONORÉE PARTICULIÈREMENT

E P. Triquet fait suivre la vie de S. Aldegonde d'un travail ne comprenant pas moins
de 197 pages in-4º (édition de 1665) et intitulé : *La gloire de S. Aldegonde, vierge
angélique, miroir de vertu, tutélaire de
Maubeuge.* Dans ce travail, le P. Triquet a eu pour but
de faire connaître le prodigieux développement qu'avait pris
le culte de notre Sainte. Il énumère, avec de nombreux
détails, quarante églises paroissiales, cinq églises particulières, vingt-six chapelles et quinze autels placés sous son invo
cation. « Je ne doute point, a-t-il soin d'ajouter, en terminant
cette nomenclature, que la Bienheureuse ne soit encore
honorée en plusieurs autres lieux qui ne sont point venus à
ma connaissance. »

Ces quarante paroisses s'étendaient jusqu'en Allemagne.
A Emmerick, l'église, dédiée à S. Aldegonde, était l'une des
plus magnifiques de tout le duché de Clèves.

Le P. Triquet mentionne particulièrement l'église paroissiale de S. Aldegonde à Liège, bâtie en 1125, et reconstruite
vers le milieu du XVIIe siècle par la libéralité des habitants

fort affectionnés à notre Sainte ; l'église d'Hérinnes, entre Tournay et Audenarde, « indépendante de personne, et comme il se dit du noble comté de Haynaut : *Tenue de Dieu et du Soleil* » ; celle du village de Préseau, près Valenciennes, et de Mespelaëre, près d'Alost. — Le pèlerinage de cette dernière localité « est fort célèbre pour le concours qui s'y fait pour être garanti de la peste, et préservé des maladies contagieuses » ; — enfin et surtout celle de Saint-Omer.

Nous emprunterons au P. Triquet quelques-uns des curieux détails donnés par lui sur le culte rendu à sainte Aldegonde dans l'ancienne Sithiü.

L'église paroissiale, qui lui est consacrée, avait été bâtie par les seigneurs de Noircarmes, ancêtres des comtes de sainte Aldegonde, vers l'année 1198. « Il y a icy, continue notre auteur, une chose digne de remarque, à sçavoir, que Maximilien de Sainte-Aldegonde, et dame Marguerite de Lens sa compagne, ayant fondé l'hospital de Notre-Dame, dit vulgairement du Soleil, ont voulu que les religieuses qui le desservent, leur offrissent pour hommage, ou en leur absence à leur grand Bailly, tous les ans le trente janvier, (jour particulièrement consacré à sainte Aldegonde), à l'offertoire de la grand'messe solennelle, qui se chante en cette église paroissiale, deux cygnes, et que ces cygnes eussent au col chacun cent grains, ou paternostres d'ambre, et chacun une boursette aussi pendue au col avec XVI sols dedans (1).

« Au rapport de monsieur Jean Hanne, pasteur de l'église de S. Aldegonde, dit encore le P. Triquet, un concours continuel de peuple y vient de toutes les paroisses de la ville, pour impétrer, par l'intercession de cette vierge angélique, des faveurs extraordinaires. La confrérie qui y a été érigée le huitième d'août de l'an 1642, l'a rendue encore beaucoup plus illustre, et plus hantée qu'elle n'estoit auparavant. Cette confrérie est intitulée : *La Confrérie de la miséricorde à l'endroit des âmes du purgatoire* ...... Mais le principal

-----

(1) *La Gloire de S. Aldegonde,* p. 29.

concours est au premier lundy du mois de may, qui n'est point empesché de quelque feste, et ce pour assister aux prières des quarante heures qui s'y font. Toute la ville y arrive ; mais sur tous les confrères, pour y faire prières aux heures qui leur sont assignées l'un ou l'autre des trois jours que durent ces prières. La Communion se distribue tous les jours depuis les cinq heures du matin jusques au midy, à quoy j'adjoute, pour rendre la chose plus auguste, que tous les lundis de l'année, se fait une procession et une messe solennelle, avec un grand concours de peuple, et le tout non sans prodiges. »

Enfin en 1638, les Français assiégeant Saint-Omer, un huguenot, qui faisait partie de leur armée, avait charge d'une batterie, et pendant toute la durée du siège, il s'efforça de ruiner l'église de S. Aldegonde et d'abattre son clocher ; plus de trois cents coups furent tirés à cet effet, mais bien que les boulets aient plusieurs fois traversé la tour de part en part, celle-ci demeura droite et ferme, non sans exciter par la même une grande admiration, et tous en reportaient la gloire à sainte Aldegonde. Le siège fut levé, et pour laisser à la postérité la mémoire de ce prodige, on grava, au frontispice de la tour, ce chronogramme :

> eCCLesIa sanCtæ aLDegVnDIs
> a FranCIS oppVgnatVr, neC eXpVgnatVr.

En 1657, M. le pasteur Jean Hanne fit placer au-dessus de ce chronogramme une belle statue de S. Aldegonde, patronne et libératrice de la ville (1).

Ces détails sont un peu longs peut-être ; mais je me complaisais à raconter ces jours si glorieux pour notre chère Sainte, cette foi si grande en son intercession, ce concours du peuple fidèle dont l'ardente dévotion éclatait avec un si saint enthousiasme, et ne connaissait point les défaillances, les timidités d'une piété craintive, presque honteuse d'elle-

(1) *La Gloire de S. Aldegonde,* p. 29 et s.

même, et ne se croyant en sûreté qu'ensevelie dans l'ombre et le silence.

Parmi les églises particulières dédiées à S. Aldegonde, le P. Triquet indique celles du Vieux-Moustier et des Capucins à Maubeuge et l'église des chanoinesses régulières de sainte Aldegonde à Huy, province de Liège ; le monastère de Huy fut fondé le 20 janvier 1449 par Madame Jeanne de Berlaimont qui avait été chanoinesse à Maubeuge.

A l'église de Sainte-Catherine, à Lille, un autel lui était consacré. « On y célébrait sa fête le 30 janvier et les sept jours suivants avec autant de pompe et d'appareil que nulle part. »

Sur le mont de Péruwelz, en la chapelle de Notre-Dame de Bonsecours, il y avait un autel qui lui était consacré.

Ils sont innombrables les miracles obtenus par ces populations si croyantes, et qui accouraient vers la Sainte, confiantes dans son intercession, et si souvent récompensées de leur confiance. Je ne finirais jamais, dit le P. Triquet, si je voulais entrer dans le détail de toutes les maladies qu'elle a guéries. Bollandus rapporte qu'on l'invoquait particulièrement, contre les maux de tête, la fièvre, la lèpre et le cancer (1).

Citons encore le P. Basilidès : « En somme, dit-il, (p. 437) on peut favorablement opiner de sa bénignité et promptitude contre toute sorte d'affliction et de tourment, fut-il spirituel ou matériel, pourvu qu'avec humilité et foy, on en fasse instante et dévote requeste au Seigneur Dieu, y interposant, pour intercéder, les mérites et prières de cette sienne et très-chère épouse Aldegonde ».

Qu'est devenu, depuis le XVIIe siècle, le culte de S. Aldegonde ? Hélas, il faut bien le dire, les vérités ont été peu a

____

(1) *Bollandus apud Palmé*, t. III. p. 650. n. 10.

peu altérées par les enfants des hommes (1), la foi s'est affaiblie dans le cœur des peuples, et à la ferveur des anciens jours a succédé, chez beaucoup, une désolante indifférence à l'égard de nos saints les plus aimés.

Cependant dans bien des cœurs vit encore une foi profonde à sainte Aldegonde et j'en ai recueilli de précieux témoignages.

A Coursolre, on pourrait dire qu'elle a conservé sa ferveur première, tant une douce familiarité semble être le lien qui unit le peuple dévot à sa vénérée patronne. Au centre de l'ancienne propriété de saint Walbert, sur le bord du chemin qui la partage, M. Louis Goblet et sa pieuse compagne ont fait élever en 1879, sous le vocable de sainte Aldegonde, une petite chapelle en style gothique. Les parois et les deux versants du toit sont formés par de grandes dalles en marbre granité de Belgique; l'autel, qui est une charmante miniature, et ses accessoires sont en marbre blanc-veiné d'Italie. La statue de sainte Aldegonde est en terre cuite et polychromée. De nombreux *ex-voto* recouvrent la table et les gradins de l'autel au pied du quel on lit cette inscription gravée en lettres d'or :

HOMMAGE DE RECONNAISSANCE
A SAINTE ALDEGONDE
NÉE EN CES LIEUX EN 630,
FILLE DE St WALBERT ET DE Ste BERTILLE.
CÉLESTE VIERGE,
ACCORDEZ-NOUS VOTRE PUISSANTE PROTECTION.

Maubeuge a conservé également un pieux souvenir de son illustre fondatrice, mais la dévotion envers notre chère Sainte se retrouve surtout au milieu des pauvres et des humbles qu'Aldegonde aima toujours d'un amour de prédilection ; la procession qui se fait en son honneur, nous en parlerons plus loin, attire chaque année un concours

(1) *Diminutæ sunt veritates à filiis hominum.* (Psalm, XI, 2.)

considérable, et le 3o janvier, jour où l'on solennise la fête de leur Sainte bien-aimée, une foule nombreuse et recueillie se presse aux pieds de son autel. La messe y est célébrée pour obtenir la préservation de la mort subite. Cette coutume se pratique de temps immémorial ; le prêtre qui officie revét la chasuble de sainte Aldegonde (1).

Mais j'ai hâte maintenant de citer un village du département de Seine-et-Marne, dont sainte Aldegonde est aussi la patronne ; il s'agit de Villenoy, village suburbain de Meaux ; la Bienheureuse y est honorée de temps immémorial (2).

Quelle est l'origine de cette dévotion dans une commune de la Brie ? On peut l'attribuer à cette circonstance que sainte Aldegonde possédait des biens considérables à Villenoy, ainsi que cela résulte des termes mêmes de son testament ; dans cet acte en effet, elle donne à son monastère tout ce qu'elle possédait à Villenoy ainsi que l'église et toutes ses appartenances : *Quidquid possidebam... in alio loco qui appellatur Villariculus, similiter cum ecclesiâ et omnibus ad se pertinentibus.* Nous savons d'un autre côté que saint Landry, fils de saint Vincent (Madelgaire) et de sainte Valdetrude, neveu par conséquent de sainte Aldegonde, fut évêque de Meaux ; c'est l'opinion généralement admise et que confirme la « Chronique des évêques de Meaux, par Mgr Auguste Allou, évêque de Meaux (1875). » Ne peut-on dès lors supposer que saint Landry, qui survécut à sa tante de plusieurs années (3), plein de respect pour la mémoire de cette dernière, éleva à Villenoy un oratoire sous le vocable de notre Sainte.

Quoiqu'il en soit, la mémoire de sainte Aldegonde est restée à Villenoy l'objet d'une vénération profonde. M. le

(1) Appendice, v.

(2) La légende consacrée à notre Sainte par le propre du diocèse se termine par ces mots : *Ecclesia parochialis- juxta Meldas ex antiquissimis temporibus sub ejus nomine dicata est.*

(3) La date de la mort de saint Landry est incertaine ; mais d'après Ghesquière, il ne mourut que dans les dernières années du VIIe siècle. (Ac. S.S. *Belgii* t. v. p. 210.)

chanoine Barbier, autrefois curé de ce village, actuellement
doyen de St Nicolas à Meaux, à bien voulu nous écrire, à la
date du 18 octobre 1881, les édifiants détails qui vont suivre;
ce m'est une vraie joie de constater, en l'honneur de notre
chère Sainte, ces témoignages d'une dévotion qui ne s'est
jamais démentie. Sur ce coin de terre privilégié s'épanouit,
dans toute sa grâce, la fleur d'une tendre piété envers sainte
Aldegonde, les vents ni les orages n'ont pu la flétrir, et quand
revient le jour du Seigneur, la prière de tout un peuple,
ardent à proclamer la gloire de sa bienfaitrice, s'élève dans
un mélodieux cantique, jusqu'au trône de Celui qui s'est
appelé la fleur des Champs et le lys des Vallées; *O flos
campi et lilium convallium, Jesu-Christe* (1).

Voici la lettre de M. le chanoine Barbier :

« Le culte de notre chère Sainte s'est conservé fidèlement
à Villenoy. Chaque dimanche après la grand'messe, on y
chante l'antienne: *O flos Campi...* Le retour du diocèse à la
liturgie romaine n'a pu empêcher les fidèles de ce village de
continuer le chant de cette antienne, bien qu'on ne la trouve
même pas dans le propre du diocèse de Meaux.

« La confiance de Villenoy en sa patronne reçut un nouvel
accroissement en 1832. A cette époque le choléra exerçait
ses ravages dans la Brie ; pour échapper aux atteintes de ce
terrible fléau, on fit à Villenoy une procession en l'honneur
de sainte Aldegonde, et ses habitants furent épargnés. En
reconnaissance de ce bienfait, chaque année, outre la fête du
30 janvier qu'on célèbre le jour même de son incidence, sans
la remettre au dimanche suivant, on fait, le mardi de Pâques,
un office votif et solennel; en ces jours, la foule des fidèles
remplit l'église. La messe était autrefois suivie d'une procession ; on y portait la châsse de la sainte. Villenoy ne possède
d'ailleurs qu'une faible parcelle de ses reliques (2). Cette procession est tombée en désuétude.

---

(1) *In festo s. Aldegundis, antiphona ad Magnificat.* Appendice VII.
(2) Une note de M. Estienne (p. 77) nous apprend qu'au commencement de janvier 1833, M. Gravez, curé de Villeroy, écrivit à M. le Doyen

« Vers 1865, une société de secours mutuels fut fondée à Villenoy et placée sous le vocable de sainte Aldegonde. Le règlement stipule que les membres qui n'assisteront pas aux deux fêtes de la sainte, seront passibles d'une amende. Les sociétaires, précédés de deux bannières ornées de l'image ou du nom de la sainte, se rendent en corps à l'office, la municipalité en tête.

« Les habitants de Villenoy aiment à posséder dans leurs demeures une image de leur patronne. C'est pour répondre à leurs désirs qu'en 1874, alors que j'étais curé de ce village, j'ai fait faire et répandre l'image dont je vous envoie un exemplaire. »

Au nombre des localités restées fidèles à la mémoire de sainte Aldegonde, nous ne devons point oublier Préseau, près Valenciennes. M. l'abbé Bonduelle, curé de ce village, dans une lettre datée du 16 novembre 1881, nous donne quelques détails sur le culte rendu à notre Sainte dans sa paroisse :

« Il existe à Préseau, dit-il, un beau château du XVIIe siècle, ayant appartenu avant la révolution aux Merode et aux Croy. Comme les dames de Merode et de Croy étaient chanoinesses de sainte Aldegonde, ce sont elles probablement qui ont établi son culte dans cette paroisse, où elle est particulièrement honorée. Chaque année sa fête se célèbre avec solennité, et pendant neuf jours, les mères de famille viennent pieusement et en grand nombre mettre leurs petits enfants sous la protection de la Bienheureuse. — Nous avons bâti une nouvelle église, et l'autel de sainte Aldegonde vient d'y être replacé. Cet autel, et le reliquaire, qui renferme un morceau du crâne de la sainte donné par l'église de Maubeuge, sont en vieux chêne sculpté ; ces boiseries ne sont

de Maubeuge pour lui demander quelques reliques de la Sainte. M. le Doyen Bevenot, ne pouvant distraire aucune partie de celles que renferme la châsse, en obtint quelques parcelles de personnes pieuses qui en possédaient, provenant de l'ancien chapitre.

pas sans mérite. — Nous possédons en outre une statue de
sainte Aldegonde, et un tableau qui la représente au moment
où le Saint-Esprit, sous la forme d'une colombe, dépose un
voile sur sa tête. »

Nous terminerons ici ce chapitre. Sainte Aldegonde, si
populaire jadis dans nos Flandres, est encore honorée en
tant de lieux divers qu'il faudrait, pour les constater, multiplier des investigations qui nous mèneraient trop loin.

IV

SAINTE ALDEGONDE HONORÉE PAR LA POÉSIE, LA

PEINTURE, LA GRAVURE ET LA SCULPTURE.

ANS notre *Histoire de Sainte Aldegonde* (p. 103), nous avons dit que sa mort était arrivée en 686, mais que cette date avait été longtemps controversée. Au XVIIe siècle, on croyait généralement qu'il fallait la reporter à une époque de beaucoup antérieure, qu'il fallait même remonter jusqu'à l'année 663, et en 1663 on célébra, *partout le Pays-Bas,* avec un grand éclat et un pieux empressement, « la millième année que notre chère Sainte était là-haut au Ciel, avec les Bienheureux. » Parmi les nombreux documents recueillis par M. Estienne, et si malheureusement disparus, se trouvait un manuscrit que lui-même décrit de la manière suivante (1) : . « Manuscrit sur papier, in-4º de 74 pages.... Ce manuscrit, de la main du P. Triquet, jésuite, né à Maubeuge, a pour titre : « *Seconde partie de la gloire de sainte Aldegonde, sur ce qui a été fait à son honneur partout le Pays-Bas l'an* 1663, *qui estait l'annee milliesme qu'elle est là-haut au Ciel avec les Bienheureux.* C'est le récit des cérémonies observées dans quatorze en-

____

(1) *Mémoire sur les bibliothèques publiques et les principales bibliothèques particulières du département du Nord,* par M. Le Glay, p. 288.

14

droits des Pays-Bas, tels qu'Anvers, Liège, Lille, Malines, Maubeuge, Namur, Saint-Omer, etc. »

Le burin consacra ce glorieux millénaire. Une gravure de Bolswert, portant la date de 1663 et cette inscription : « *S. Aldegondis virgo. — La millième année qu'elle est au Ciel,* » représente sainte Aldegonde en grand costume d'abbesse, tenant la crosse de la main droite ; un ange, aux côtés de la sainte, la regarde en souriant.

Une autre gravure, due au burin de Gillis Hendreix, porte également la date de 1663, avec cette inscription : *Saincte Aldegonde, patrone de Maubeuge. L'an milliesme qu'elle est au Ciel.* Aldegonde y est encore représentée en costume d'abbesse. Un ange tient une fleur de lys de la main gauche ; de la droite il lui montre le Ciel.

Ces deux gravures ont d'ailleurs entre elles certaines similitudes. Dans l'une comme dans l'autre, une colombe plane au-dessus de la Sainte, dont elle lève et retient le voile avec le bec ; près de la Sainte, une couronne renversée.

Ces gravures se trouvent réunies dans un très-bel exemplaire de la Vie de sainte Aldegonde par le P. Triquet, 7ᵉ édition, imprimée à Tournay en 1665, et faisant partie de la riche bibliothèque de M. Alfred de Beaugrenier, à Valenciennes.

La poésie ne pouvait rester étrangère à cette fête de la Catholicité. Dans cette même édition de la Vie de S. Aldegonde, par le P. Triquet, on a intercalé 18 feuillets, sans pagination. Le premier feuillet est intitulé : *La Gloire de sainte Aldegonde ;* le second : *Metra panegyrica ad honorem S. Aldegundis ejusque jubilæi annorum mille in cœlo chronicon.* Puis viennent quatre pièces de poésie latine et deux pièces de poésie française, toutes ayant pour objet de célébrer ce millième anniversaire.

La première pièce de poésie latine s'intitule : *S. Aldegundi virgini nobilissimæ singulari Malbodiensium patronæ epicharma. Sive applausus poeticus R. P. Caroli Werpæi condrusii e societate Jesu. Datus anno M. DC. LXIII. Dum millesimus à felici illius obitu annus, ab illustribus ejus cultoribus communi aggratulatione celebraretur.* On y rencontre des vers d'une beauté singulière ; nous citerons les suivants, où l'auteur s'efforce de dépeindre le bonheur dont Aldegonde jouit dans le Ciel :

> *Hic inter tenerasque, lacteasque*
> *Sponsi delicias, cupediasque,*
> *Inter cantica virginum sequentum,*
> *Per myrtos, violas, amaracumque*
> *Per fragrantia lilieta gestit,*
> *Mille gaudia, mille libat haustus*
> *Puri nectaris, ebriamque mentem*
> *Rore, et ambrosia suaviori*
> *Cum pascit, sitit, et sitire gaudet,*
> *Ut semper sitiens bibat, bibensque*
> *Nunquam explere queat sitim, famemque.*

> *Hæc est cælicolum beata vita,*
> *Hæc sors aurea, blanda, gloriosa*
> *Magnæ virginis Aldegundis : illa*
> *Ex quo sidereâ potitur arce,*
> *Mille præteritos recenset annos,*
> *Annos innumeris bonis refertos :*
> *Sed cum tot numeret dies, et annos,*
> *Momentum putat esse, vel minuti.*
> *Punctum perbreve temporis, repentè*
> *Quod pernicibus avolavit alis.*

> *Cernet sæcula dena, dena rursum,*
> *Cernet sæcula mille, mille rursum,*
> *Nullis tempora terminanda lustris*
> *Cernet certa suæ beatitatis :*
> *Totis gaudia sentiet medullis,*
> *Casta gaudia, læta, sempiterna.*
> *Hæc est cælicolum beata vita*
> *Æternis sine tœdio potiri*
> *Cœli deliciis, sinumque plenum*
> *Nova ad gaudia semper explicare,*

Essayons de traduire, mais sans espoir de rendre l'énergique concision de l'original :

« C'est là qu'Aldegonde reçoit les tendres embrassements de son époux bien-aimé, et recueille sur ses lèvres, pour s'en nourrir délicieusement, le lait et le miel qui en découlent ; puis, unissant sa voix harmonieuse aux cantiques des vierges qui partout suivent l'agneau, elle tressaille d'allégresse, mille joies inconnues inondent son âme qu'abreuvent les flots pressés du plus pur nectar, et s'avançant à travers des massifs de roses et de lys, elle aspire dans tout son être, comme une rosée céleste, les parfums du myrte odorant mêlant sa douce senteur aux senteurs de la violette. Affamée de Jésus et jamais rassasiée, puisant aux sources d'eau vive et toujours altérée, elle ressent, avec une joie sans cesse renouvelée, une soif toujours ardente, toujours satisfaite, et renaissant toujours.

« Tel est le bonheur dont jouissent les habitants du Ciel, tel est le sort à jamais glorieux de l'illustre vierge Aldegonde ; plongée dans un océan de délices, nul ne saurait dire l'éclat dont brille sa couronne. De son trône élevé au plus haut des cieux, elle repasse en son esprit les mille années révolues, années de bonheur jamais interrompu ; et tant de jours, tant d'années écoulés, lui semblent n'être plus qu'un court moment, à peine un point dans l'infini du temps, et ce point lui-même disparaît avec la rapidité de l'éclair.

« Alors, envisageant l'avenir, Aldegonde a compté de nouveau dix siècles, puis dix siècles encore, elle a compté mille siècles, puis mille siècles encore et de nouveau mille siècles, et jamais, non jamais ils n'auront de fin, et son bonheur ne lui sera jamais ravi ; et ce bonheur, elle le garde au plus intime d'elle-même, elle en savoure toutes les joies, joies pures, joies inénarrables, joies sans fin; oui, tel est le bonheur des élus, le rassasiement des voluptés éternelles n'engendre jamais la satiété ni l'ennui, et le cœur, toujours plus large, reçoit et embrasse, avec une facilité merveilleuse, des joies toujours nouvelles. »

La pièce suivante, du même auteur, est intitulée : *Ejusdem parœnesis ad pios S. Aldegundis cultores, ut eam nunc millesimo a Beata illius morte, anno, rursum in lucem prodeuntem, perquam honorificè, ac benignè excipiant* (1).

---

(1) Cette pièce de vers se trouve déjà dans la sixième édition de la vie de S. Aldegonde par le P. Triquet, publiée en 1655.

Je n'en citerai que ces quelques vers offrant à l'esprit une gracieuse image :

> *Et matrem fugis, et fugis Procantem*
> *Ut solet metuens columba milvum ;*
> *Et Sabim super avolas repentè ;*
> *Pro pennis geminos tibi ministros*
> *Alatos dedit angelos* Jesus,
> *Ne sponsam sibi surripi videret,*
>
> . . . .
>
> *Et dulces nemorum requiris umbras.*

Puis, au moment où Aldegonde va quitter la terre, entendons cette touchante interpellation :

> *O amabilis Aldegundis ! Ohe*
> *Jam satis lacrymis datum, quid hæres ?*
> *Surge, Sponsus adest, amica surge,*
> *O Columbula casta surge ; venit*
> *Sponsus purpureusque, candidusque.*
> *Sponsus e violis, rosisque natus,*
> *Cæli delicium, soli voluptas,*
> *Sponsus melleus, aureusque* Jesus.
> *Surge, ô candida sponsa, surge ; castis*
> *Sponci deliciis fruëre....*

La troisième pièce de poésie latine est du P. Jean Vincart, également de la Compagnie de Jésus (1) ; elle est intitulée : *Sanctissimæ atque angelicæ Aldegundis ad nobiles Belgii Virgines Malbodienses canonissas, sui instituti sequaces, epistola. Quâ Jubilæi sui annorum mille inter cœlites festivitatem nuntiat, etc.*

Il y a là aussi de beaux vers ; mais il faut se borner. Citons seulement le passage où Aldegonde raconte sa fuite, par une nuit obscure, de la maison paternelle :

> *Pergimus obscurè per amica silentia noctis,*
> *Occulerat vultus Cynthia nube suos.*

-----

(1) Jean Vincart, né à Lille en 1593, se distingua dans la composition de plusieurs poésies latines ; ses vers ne sont point dépourvus d'élégance. Jean Vincart publia notamment un charmant petit volume, orné de gravures sur cuivre, et intitulé : *Sacrarum heroïdum epistolæ.* (Tournay, 1640). Il est aussi l'auteur d'une histoire de Notre-Dame de la Treille, composée en latin, puis traduite en français, et rééditée par le libraire Leleu, à Lille, en 1874.

Latratus canibus desunt, et murmura ventis ;
Dixisses nostræ consoluisse fugæ.

Nous mentionnons enfin, pour mémoire, un *epigramma*, intitulé : *De Aldegundianis insignibus, etc.*

Les deux pièces de poésie française sont de beaucoup inférieures aux autres. La première est du même P. Jean Vincart ; le bon père eut mieux fait de s'en tenir au latin ;

Ne forçons point notre talent,
Nous ne ferions rien avec grâce.

De fait la grâce ne fait point ici défaut, mais une grâce dont l'afféterie provoque une douce gaieté. Boileau rapporte qu'un poète, racontant le passage de la mer rouge par les hébreux,

Met, pour les voir passer, les poissons aux fenêtres (1)

Franchement, comme modèle dans ce genre badin, le P. Jean Vincart me paraît mériter la palme, lorsque racontant le passage de la Sambre par notre chère sainte, il voit

les estoiles
S'allumer dans le firmament,
Et pour la voir plus clairement
Se présenter sans aucuns voiles.

Plus loin cependant nous rencontrons avec plaisir ces quelques vers d'une grâce toute naïve ;

On dit que les eaux escoulées
Ne s'en allaient que lentement,
Comme ayant du contentement
De se sentir ainsi foulées.

Nous nous sommes longuement étendu sur le millième anniversaire de la mort de sainte Aldegonde ; revenons à ce qni fait l'objet spécial de ce chapitre.

La peinture, la gravure et la statuaire rivalisèrent autrefois de zèle pour représenter s. Aldegonde. « C'est cet éclat de vertus, dit le P. Triquet (2) qui a fait que toute sorte de

(1) Saint-Amant, dans son *Moïse sauvé.*
(2) *La Gloire de sainte Aldegonde*, p. 192.

mains ont travaillé pour elle. Elle est mise en tâbleaux, en statues et en médailles. » Malheureusement la Révolution a détruit la plupart de ces monuments de l'art chrétien. Nous allons résumer, en quelques mots, les indications que nous avons pu recueillir sur les œuvres d'art consacrées à notre Sainte. Elles sont incomplètes ; nous ne pouvons donner que le résultat de nos recherches nécessairement fort restreintes.

PEINTURE

La Bibliothèque publique de Valenciennes possède deux manuscrits, contenant chacun une Vie de saint Amand, par le moine Baudemont.

M. J. Mangeart, dans son Catalogue des manuscrits de cette Bibliothèque, les renseigne sous les numéros 460 et 461 (1).

Le premier est du XIe siècle. Au folio 3o, verso, se trouve une miniature qui remp'it toute la page, et dans laquelle se voit un ange, aux pieds duquel une femme est agenouillée, et derrière l'ange, sur une banderolle d'or, on lit : *Ecce coronandus ad cœlos migrat Amandu*s. Cette miniature représente la vision de sainte Aldegonde sur la mort de saint Amand.

De la main gauche, l'ange, les ailes déployées, montre le Ciel ; de la main droite il a saisi celle d'Aldegonde et semble vouloir l'entraîner avec lui.

Le second manuscrit est du commencement du XIIe siècle. Au folio 118, verso, au bas d'une miniature grossièrement

(1) *Catalogue descriptif et raisonné des manuscrits de la Biblio thèque de Valenciennes*, par J. Mangeart. — *Paris et Valenciennes*, 186o.

exécutée, et représentant également la vision d'Aldegonde,
on lit ce quatrain :

> Sainte Aldegonde à Dieu servante
> Cognut par révélation
> Que ès Cieulz en gloire triomphante
> Saint Amand avait mansion.

Il est évident que ce quatrain n'a été écrit que plus tard ;
l'écriture est cursive, du XVI⁰ siècle.

Dans l'église de Sainte-Waudru de Mons, à la chapelle de
saint Macaire, on voit un tableau dont le sujet se rapporte
à un miracle que le P. Basilidès raconte de la manière suivante : Thierry comte d'Avesnes était en guerre avec le
comte de Mons, Baudouin. A la tête d'un grand nombre de
soldats, il entra sur les terres de son ennemi, pillant et sacca-
geant les biens de ses sujets, et livra même aux flammes les
monastères de Sainte Aldegonde à Maubeuge, et de Sainte
Waudru à Mons. En ce même temps vivait un saint ermite,
demeurant dans les bois de Brocqueroye, et il disait avoir
eu, non pas de nuit et en songe, mais en plein jour, cette
vision : La très-sainte mère de Dieu lui fut montrée assise
en un trône magnifique ; à ses pieds étaient les deux
saintes sœurs, sainte Waudru et sainte Aldegonde, demandant justice à raison des déprédations commises, dans leurs
monastères, par le comte Thierry. « A quoy la mère du
Sauveur, continue naïvement le bon P. Basilidès, respondit
ainsi : Je vous prie de patienter un peu et de m'excuser si
pour l'heure je ne m'accorde à vos désirs. La cause qui me
fait suspendre le châtiment que le comte mérite est tel : c'est
que sa femme me fait journellement un service de dévotion
par lequel elle m'oblige en certaine façon de ne point per-
mettre que pour le présent quelque malheur arrive à son
mary..... Tous les jours sa femme me fait offre soixante fois
de la salutation angélique qui a jadis esté le commencement
de toute ma liesse..... Temporisez encore un peu et donnez-
moi quelque trève, et je vous promets que le temps approche
auquel je vous en feray bonne justice et que ses démérites

auront le payement qui leur est dû ; ce que je feray sans offenser en chose qui soit sa femme Adda, ma dévote. L'événement fit voir la vérité de ceste promesse, car les parents du comte Thierry, extrêmement faschez de ce qu'il n'avait aucun enfant de la comtesse sa femme, bien qu'ils eussent été mariez par ensemble vingt ans entiers, s'imaginèrent que cecy provenait de leur parenté, quoy que ce ne fut qu'au quatriesme degré. Ils l'accusèrent donc et déposèrent par serment, en la présence de Monseigneur le Révérendissime évêque de Cambray, qu'il y avoit entr'eux de la consanguinité ; ce qu'entendu et avéré, ils furent par jugement de l'Eglise séparez et divorcez... Ores voyez la preuve de la promesse de la Vierge mère ; à peine demy an s'escoula depuis ce divorce, que ledit messire Thierry d'Avesnes, estant à la chasse ès bois de Mormal, fut malheureusement occis par Isaac de Berlaimont (1). »

Le tableau relatif à ce miracle, et qui se trouve, avons-nous dit, dans l'église de Sainte-Waudru, est ainsi décrit par M. L. Devillers, conservateur des Archives de l'Etat, à Mons : « Un tableau sur bois, d'un beau coloris, représentant les chanoinesses de Mons et celles de Maubeuge qui supplient leurs patronnes sainte Waudru et sainte Aldegonde de les protéger contre Thierry d'Avesnes. En tête des chanoinesses de Mons se trouve le comte de Hainaut, portant la crosse abbatiale du Chapitre (2). Les chanoinesses de Maubeuge sont précédées de leur abbesse, dont la crosse est soutenue par un ange. La Très-Sainte-Trinité plane au-dessus des saintes patronnes de Mons et de Maubeuge ; enfin on remarque la Sainte Vierge arrêtant le bras de son divin Fils (3). »

M. Devillers ajoute : « Le comte Thierry fut tué, dans la

(1) Basilidès. *Vie de S. Aldegonde,* pp. 430 et s.

(2) Le comte du Hainaut était abbé séculier de ce Chapitre.

(3) *Mémoire historique et descriptif sur l'église de Sainte-Waudru, à Mons,* p. 74.

forêt de Mormal, vers 1106 ; cette mort avait été prédite dix ans auparavant (1096) par un ermite du bois de Brocqueroye (1). »

Sur le tableau est peint un blason, avec cette légende : *Depisce et suspice*, et la date 1658.

Dans cette même église de Sainte-Waudru, une chapelle est dédiée à Sainte-Aldegonde. « A l'autel, dit M. Devillers (oper. cit.), se trouve un tableau qui représente la mort de sainte Aldegonde. La sainte patronne de Maubeuge s'éteint doucement, au milieu de ses compagnes ; on voit dans le fond les deux filles de sainte Waudru qui étaient entrées au monastère fondé par leur tante.

« De chaque côté de l'autel, dans les boiseries, sont quatre peintures qui représentent les objets suivants :

« 1º La vierge Aldegonde, fuyant le prince Eudo, soutenue par deux anges, traverse la Sambre à pieds secs.

« 2º Aldegonde, consacrée à Jésus-Christ par les évêques S. Aubert et S. Amand. Le Saint-Esprit, descendant sur elle, la couvre d'un voile mystérieux.

« 3º La châsse de la sainte portée en procession.

« 4º L'invocation de sainte Aldegonde.

« Cet autel est surmonté d'une statue de l'Ange-Gardien, en mémoire de l'appui céleste qu'elle reçut de lui pendant sa vie mortelle. »

Le musée du Cercle archéologique de Mons possède un tableau du XVIIᵉ siècle représentant S. Ghislain conversant avec les deux sœurs, sainte Waudru et sainte Aldegonde.

Dans la *Gloire de S. Aldegonde*, le P. Triquet énumère les nombreux tableaux qui représentaient, à l'époque où il écrivait, S. Aldegonde ou les diverses particularités de sa vie.

A Liège, en 1651, « toute la vie de cette vierge angélique,

(1) C'était sans doute ce même comte Thierry, dont un des soldats, André de Menry, fit entendre contre l'honneur de la chère sainte d'outrageantes paroles, et en fut puni immédiatement par un châtiment terrible. (Voir notre *Histoire de S. Aldegonde*, p. 109.)

au moins les principaux points, fut exposée à l'entour du chœur en vingt-huit tableaux. »

A Huy, province de Liège, les chanoinesses de Sainte Aldegonde ont un monastère. En 1652 « une des dames de ce cloistre a embelli son église de vingt-six belles peintures qui représentent les principaux points de la vie de cette vierge angélique, à l'imitation de ce qui a été fait en la ville de Liège ».

Elle est aussi honorée, continue le P. Triquet, « par plusieurs belles peintures en l'église paroissiale de Sainte Catherine à Lille » .

A Namur, dans la chapelle des religieuses Ursulines. « se trouve une belle et grande image de Sainte Aldegonde avec son ange, qui tient un crucifix, et une fleur de lys en la main ».

Il y a encore « deux belles peintures de la même Sainte en la chapelle tant renommée de Nostre Dame de Bon-Secours, sur le mont de Péruwelz-lez-Condé en Haynaut, et plusieurs en l'église de S. Humbert, à Maroilles.

Enfin, l'image de notre vierge se voyait encore, au temps du P. Triquet, dans trois maisons de la Compagnie de Jésus, à Anvers, à Nivelles et à Rome, dans les monastères de Saint-Amand et de Crespin, chez les Sœurs noires de Mons, et dans la chapelle du cloître de Sainte Godeleve, en la ville de Bruges.

Le P. Triquet termine cette énumération en disant qu'il en a omis plusieurs autres.

L'église de Roisin (Belgique) possède un tableau du XVIIe siècle représentant sainte Aldegonde, en costume d'abbesse. Ce tableau se trouve dans la chapelle ou tribune des seigneurs de Roisin.

En fait de peinture moderne, nous n'avons guère à mentionner que les vitraux dont sont garnies les deux fenêtres accostant le maître-autel de l'église de Coursolre. Ces vitraux sont modernes ; ils datent de 1837, et sont l'œuvre des Carmélites du Mans. Ils racontent en douze tableaux les principaux traits de la vie de sainte Aldegonde et de ses saints parents.

Comme œuvre d'art, ces vitraux laissent à désirer : le dessin n'est pas correct, les couleurs sont peu harmonisées, les visages ont meilleur aspect.

GRAVURE

Outre les deux gravures dont nous avons donné la descripion, l'exemplaire de la vie de S. Aldegonde, par le P. Triquet, appartenant à M. de Beaugrenier, en renferme deux autres, dont l'une, due au burin de Jean Galle, représente S. Aldegonde, toujours en costume d'abbesse, et tenant en main la crosse abbatiale. Agenouillée sur le bord d'un chemin, devant une croix rustique, au milieu d'une verdoyante campagne, la sainte élève vers le ciel un regard inspiré ; un ange se tient debout près d'elle. Le soleil, en son midi, darde ses plus chauds rayons, tandis qu'un vent impétueux se déchaîne sur les arbres voisins et va peut-être les briser. Mais le Saint-Esprit, sous la forme d'une colombe, semble vouloir protéger notre Sainte contre les assauts de l'un et les ardeurs de l'autre ; il tient suspendu un voile audessus de sa tête. Cette très belle gravure porte cette inscription :

S. Aldegundis Malbodiensium patrona,

puis ce distique qui dépeint parfaitement la scène que nous venons de décrire :

Igne, gelu, sol, bruma, solem cœlumque lacessat ;
Ver mihi perpetuum Pneumater umbra facit.

L'autre gravure est de Martinas Bas. La Sainte y est représentée en costume d'abbesse, avec la crosse, l'ange et le voile; elle n'offre rien de remarquable.

La Bibliothèque de Valenciennes possède un exemplaire
de la Vie de S. Aldegonde par le P. Triquet, édition de 1655.
Une belle gravure, due au burin de F. Bouttats, représente
notre sainte abbesse avec les attributs ordinaires. Elle tient
un livre ouvert sur lequel un ange, posant la main, semble
lui en commenter le texte. Au bas on lit :

> *S. Aldegundis, Malbodiensium et Mespelar patrᵃⁿ.*

puis, ce distique :

> *Nemo tuis certet modulis virgo aurea ; cordis*
> *Nam pepulit chordas Aliger ille tui.*

STATUAIRE

Les monuments de la statuaire, au XVIIᵉ siècle, en ce qui
concerne S. Aldegonde, étaient beaucoup plus rares. D'a-
près le P. Triquet, l'église de Sainte Aldegonde à St-Omer,
l'église de Sainte-Catherine à Lille, l'église de Saint-Piat et
la cathédrale à Tournay possédaient une statue de la Sainte.
Il y en avait également une dans les églises de Bon-Secours,
sur le mont de Péruwelz, de Bachy, entre Douai et Tournay,
et de Dotigny, entre Tournay et Courtrai.

A Mespelaëre, il y avait une belle statue de S. Aldegonde
en une petite chapelle bâtie sur le chemin d'Alost à Ter-
monde, avec cette inscription en vers flamands :

SINTE ALDEGONDE BIDT VOHR ONS.
S. ALDEGONDE TOT DEN LESER.

> *Staet stil en leert.*
> *Tot my v keert.*
> *Door Myn bystant*
> *Geneest den brant.*
> *Korts hooft-pynen.*
> *Hier verdwynen.*
> *Pest, kancker fweer*
> *Ick van v weer,*
> *Tot Mespelaer*
> *Den wech is daer.*

Le P. Triquet traduit, comme suit, cette inscription :

SAINTE ALDEGONDE, PRIEZ POUR NOUS.
S. ALDEGONDE AU LECTEUR :

Passants, arrestez-vous un peu,
Car si mon amour vous possède,
Vous trouverez icy remède
Et le soulas à votre vœu.
La Fièvre et les douleurs de teste,
Le Feu, le Chancre icy s'arreste ;
La Peste y perd son noir flambeau.
A Mespelaer cela se passe ;
C'est icy qu'on donne la grace,
Et qu'on évite le tombeau.

Comme monuments modernes, je ne puis que signaler, dans la cathédrale de Chartres, une statuette de la sainte, placée dans la clôture du chœur. Elle est accompagnée de son ange gardien et tient entre les mains le modèle d'une église. Cette statuette est haute de cinquante centimètres et sculptée avec soin.

J'indiquerai encore, bien que n'ayant aucune valeur artistique, une statue qui se trouve dans l'église de Coursolre ; la Bienheureuse y est représentée tenant de la main gauche son livre d'heures, et, de la droite, la crosse abbatiale.

V

RELIQUES DE LA SAINTE. — OBJETS QUI LUI ONT
APPARTENU

OUS avons le bonheur de posséder encore, au moins en partie, les restes vénérés de notre Sainte ; nous allons rapporter à travers quelles nombreuses péripéties elles sont parvenues jusqu'à nous.

La châsse où fut mis le corps de sainte Aldegonde, lors de sa translation en l'année 1439 (1), subit le sort de toute la ville lorsque celle-ci fut brûlée, par les troupes de Louis XI, le 6 mai 1478. Mais les ossements vénérés de la Bienheureuse purent être recueillis, et l'authenticité en fut reconnue par l'évêque de Cambray. Enveloppés d'un linge portant les sceaux de l'abbesse et du doyen des chanoines de Maubeuge, ils furent déposés dans un coffre en chêne auquel on substitua, en 1503, une châsse en argent (2). Celle-ci, en 1588, reçut des accroissements considérables, et dès lors elle surpassa même en magnificence la châsse de 1439. Elle avait la forme d'une église gothique ; on y comptait trente-neuf statues, notamment celles du Sauveur, de la Sainte Vierge et des douze apôtres (3).

Le reliquaire, dans lequel fut renfermé le chef de la sainte, en cette même année 1439, échappa à l'incendie de 1478 ; il

(1) Voir notre *Histoire de Sainte Aldegonde,* pp. 114 et s.
(2) Piérart, *Recherches historiques sur Maubeuge,* p. 156, n. 1.
(3) Notes de M. Estienne, p. 44.

était en argent et supporté par un piédestal ; à droite et à gauche, un ange agenouillé tenait une navette et un encensoir (1).

Ce reliquaire était surmonté d'une couronne de diamants. Cette couronne s'enrichit successivement des dons qui lui étaient faits, et elle était devenue d'un prix inestimable. Vers la fin du siècle dernier, « cette riche couronne, dit M. Estienne, fut soustraite à la rapacité révolutionnaire par mon père Xavier Estienne qui la remit à Madame de Lannoy, abbesse. Peu de jours après, les chanoinesses la transportèrent à Mons ; j'ignore ce qu'elle est devenue (2). »

Nous arrivons à l'année 1791. Déjà la Révolution, marquant ses premiers pas des mesures les plus violentes, avait supprimé les couvents et les vœux monastiques. L'abbaye de Sainte-Aldegonde n'existait plus. Et cependant la Révolution elle-même semblait ne pouvoir arracher du cœur des populations l'amour et la vénération qu'elles portaient à notre sainte. On en jugera par les deux faits suivants. La cité de Maubeuge et ses magistrats restaient toujours les fidèles gardiens de l'honneur et de la dépouille mortelle de leur sainte fondatrice.

Voici donc ce qui advint dans les premiers jours de cette année 1791. L'église de Sainte-Aldegonde était fermée et le peuple voyait avec de vifs regrets que le 30 janvier, jour où l'on célèbre la fête de la Bienheureuse, ne pourrait être solennisé dans l'église du Chapitre. Ce fut alors que la municipalité, s'associant à ces regrets, demanda au vicariat de Cambray, par sa lettre du 25 janvier, l'autorisation, pour M. Demeuldre, curé de Maubeuge, de transporter le chef de

___

(1) Bollandus, qui vivait au XVIIe siècle, vint plus d'une fois à Maubeuge visiter et honorer les reliques de S. Aldegonde ; il le raconte en ces termes : *In majore malbodiensi basilicâ S. Aldegundis nomini dicatâ, ejus sanctissima ossa asservantur arcœ argenteœ inclusa, magnœ et perquam affabre factœ ; separatim in aliâ pretii capsâ conditum illius est caput.* (De S. Aldegunde virg. — Bollandus, ap. Palmé, t. III. p. 650, n. 9.

(2) Notes de M. Estienne, p. 46.

sainte Aldegonde dans l'église paroissiale, pour y être exposé, le jour de sa fête, pendant l'office divin. L'autorisation fut accordée, et la municipalité prit en conséquence la délibé_ration suivante, dont nous avons les termes sous les yeux :

« Vu la permission du vicariat de Cambrai du 26 de ce mois sur la lettre que nous lui avons adressée le 25 dudit mois, pour satisfaire aux sollicitations, désir et dévotion de la commune de cette ville ;

« La lettre que nous a adressée Madame de Lannoy, abbesse du ci-devant Chapitre de Sainte-Aldegonde, tant en son nom qu'en celui des Dames Chanoinesses dudit Chapitre datée aussi du 28 de ce mois, et d'après conversation du même jour avec lesdites Dames et Monsieur le commandant de la garde nationale ;

« Ouï le Procureur de la Commune ;

« Délibéré que nous nous rendrons après la grande messe de demain au petit portail de l'église de Sainte-Aldegonde à l'effet de recevoir le dépôt qui doit nous être confié, pour être transporté sur l'autel principal de l'église paroissiale pendant la messe solennelle qu'on y célébrera, ensuite être remis comme il aura été délivré et duquel nous répondrons jusqu'à ce moment. En conséquence, M. le commandant de la garde nationale sera requis et invité de faire escorter ce dépôt et former la haye avec un détachement suffisant pour répondre de tout événement, depuis le susdit portail jusque dans l'église de la paroisse tant en allant qu'en retournant ; le même détachement sera et demeurera rangé en bataille pendant l'office au milieu de la nef, indépendamment de quatre ou six sentinelles pour l'autel. La présente délibération sera rendue en copie collationnée à Madame de Lannoy et à M. le commandant de la garde nationale, publiée et affichée pour que tous les habitants de cette ville puissent participer au sacrifice de la messe (1) »,

(1) Extrait du registre aux délibérations de la municipalité de Mau·beuge du 29 janvier 1791.

Vers la fin de cette année 1791, le peuple lui-même affir
mera à son tour ses ardentes convictions ; il le fera dans
une manifestation quelque peu désordonnée ; mais qui donc
lui jettera la pierre?

Le 4 octobre, les commissaires du département du Nord et
du district d'Avesnes s'étant rendus à Maubeuge pour vérifier
l'inventaire de tous les objets que renfermait l'église de
Sainte-Aldegonde, le bruit se répandit qu'on venait enlever
la châsse et le reliquaire de la Bienheureuse, avec le précieux
trésor qu'ils recélaient, pour en enrichir l'église d'Avesnes.
Mais la vénération qu'inspiraient ces reliques, suscita, parmi
le peuple, une exaspération portée bientôt au plus haut degré.
En un instant une des portes latérales, donnant sur la cour
du Chapitre, est enfoncée à coup de pinces et de pioches ; une
foule considérable envahit l'église qui retentit des plus
violentes clameurs. Les commissaires, bien que protégés
par la force armée, courent les plus grands dangers ; ils sont
conduits à la Mairie, aux cris tumultueux d'une population
irritée. Quelques-uns cependant, restés dans l'église, s'empa-
rent de la châsse et du reliquaire, et les portent en triomphe
à l'église paroissiale, précédés du curé constitutionnel Michel
qui était accouru avec son clergé.

Hélas, parmi les femmes qui tinrent à honneur, en ce jour,
de porter sur leurs épaules ce noble fardeau, on en vit quelques-unes, deux ans à peine écoulés, le 10 novembre 1793,
danser la Carmagnole autour d'un feu de joie, où s'entassaient
les dépouilles des églises, les statues des saints, les crucifix !!

En novembre 1792, le curé Michel transporta les saintes
reliques dans sa propre maison, après les avoir retirées de la
châsse et du reliquaire qui les contenaient. Le 31 janvier 1793,
ceux-ci durent être brisés et envoyés au district d'Avesnes.

Vers la fin de cette dernière année, M. Michel, malgré
sa qualité de curé constitutionnel, dut quitter Maubeuge ;
avant de partir, il remit ce précieux dépôt à M. Florent Jean
qui, plus tard, le remit lui-même à son frère, M. Louis Jean,
marchand droguiste à Maubeuge.

Plusieurs années se passèrent. Le 17 juillet 1802 (28 messidor, an X) M. Desseret, curé de Maubeuge, mu sans doute par le désir de connaître l'état de ces reliques et d'en vérifier l'authenticité, fit dresser par M. Wallerand, notaire à Maubeuge un procès-verbal qui constate les faits suivants :

En la demeure de M. Louis Jean, celui-ci a représenté à M. Desseret et aux autres témoins dénommés dans l'acte

1º Une serviette dans laquelle se trouvait le chef de sainte Aldegonde. MM. Robert Joseph Bourlat et François Cambier, tous deux prêtres et domiciliés à Maubeuge, reconnaissent que ce chef est bien celui de la Bienheureuse tels qu'ils le portaient processionel'ement aux jours de sa fête.

2º Un coffret en bois de chêne. Ce coffret ayant été ouvert par M. le curé Desseret, on y trouva un sac en peau de cerf. Ce sac était ouvert d'un côté et contenait des ossements calcinés (1). Interpellé, M. Louis Jean déclare en avoir distrait trois parcelles *pour répondre aux désirs de personnes pieuses*,

M. le curé Desseret enveloppa alors de ouate le chef de la Sainte qu'il recouvrit d'une serviette blanche, et il entoura le tout d'un cordon sur lequel il apposa deux fois son cachet, Puis il enferma ledit chef et le coffret également scellé, dans une armoire dont il prit la clef.

L'année suivante, M. Louis Jean, ne voulant pas avoir plus longtemps la responsabilité de ce dépôt, le fit transporter à la chapelle du Saint-Sang, dans l'église paroissiale et le 1er juin de cette année 1803, (12 prairial an XI), M. Wallerand, notaire, dressa un nouveau procès-verbal pour recevoir les dires et les déclarations tant de l'ancien curé de Maubeuge M. Michel que de M. Florent Jean.

Le chef de la sainte et le coffret renfermant ses ossements sacrés, furent apportés à l'hôtel de la mairie. M. le curé Desseret constata tout d'abord l'intégrité des sceaux apposés

____

(1) Ces ossements avaient dû en effet être calcinés lors de l'incendie de 1478.

par lui sur la serviette renfermant le chef de la sainte et sur le coffret. Puis on procéda à l'ouverture dudit coffret. M. Michel, alors curé de Busignies, déclara reconnaître ledit coffret, le sac en peau de cerf qui s'y trouvait, et les inscriptions et scels dont le sac était revêtu ; il déclara en outre reconnaître parfaitement les précieux restes ainsi que le chef de la Sainte. On lui permit de prendre une parcelle de ces reliques, de la grosseur d'un petit doigt.

M. Florent Jean déclara de son côté que ces reliques étaient bien celles qu'il avait reçues jadis des mains de M. le curé Michel.

Ces déclarations faites, le sac fut refermé, scellé du sceau de la mairie , et remis dans le coffret qui fut lui-même scellé par M. Contamine, commissaire du gouvernement à Maubeuge. En même temps le chef de la sainte fut enveloppé de ouate, d'une feuille de papier et d'une serviette ; le tout fut fermé et scellé par le même M. Contamine (1).

Ces saintes reliques restèrent déposées à la mairie jusqu'en 1808, confiées à la garde d'un homme parfaitement respectable, M. J. Levecque, secrétaire de la mairie. Par le plus honorable scrupule, M. Levecque se refusa constamment à les laisser voir aux personnes attirées par la dévotion ou par la curiosité.

Enfin en 1808, le 26 juin, Monseigneur Belmas, évêque de Cambray, se trouvait à Maubeuge ; accueillant les vœux de toute la population et cédant aux instances de M. le curé-doyen Bévenot (2), il se fit apporter ces glorieuses reliques, et sur le témoignage de personnes dignes de foi et notamment d'anciens chanoines qui les avaient vues et

---

(1) J'ai sous les yeux la copie authentique des deux procès-verbaux dont il vient d'être question.

(2) M. Humbert Bévenot était, avant la Révolution, religieux de l'abbaye de Saint-André du Càteau. Il fut le collaborateur des PP. Ghesquière et de Smet dans la rédaction des *Acta sanctorum Belgii*, auxquels il a fourni une excellente vie de sainte Maxellende, t. III, p. 567. (Note de M. l'abbé Desilve, traduction manuscrite d'Hucbald, p. 85.)

connues avant la Révolution et qui en attestaient l'authenticité, le prélat leur reconnut ce caractère et en permit l'exposition. Le corps de la Sainte et son chef vénérable furent
réunis dans une même châsse en bois doré, et procès-verbal
fut dressé de cette reconnaissance, signé de l'évêque, scellé
de son sceau, et revêtu également des signatures de plusieurs
notables. Cet acte fut renfermé dans la châsse avec les
saintes reliques.

On pouvait espérer qu'échappées à tant de vicissitudes,
ces reliques, objets de la vénération populaire, seraient désormais à l'abri de la destruction ; hélas, il n'en fut rien, et
le 29 juin 1815, Maubeuge faillit perdre à jamais son trésor
douze fois séculaire. Nous devons rapporter les faits avec
quelques détails ; il s'agit de constater l'authenticité des
reliques que nous possédons.

Quelques jours après le désastre de Waterloo, un corps de
vingt mille Prussiens, commandé par le prince Auguste de
Prusse, vint mettre le siége devant Maubeuge. La ville était
menacée d'un bombardement et la châsse de S. Aldegonde
fut déposée, comme dans le lieu le plus sûr, au fond d'une
sacristie voutée construite sous le chœur même de l'église
paroissiale. Un double escalier conduisait à cette sacristie,
et l'entrée de chaque escalier était fermée par une porte en
bois.

Le bombardement commença le 29 juin à 6 heures du
matin. Dans la nuit du 29 au 30, les boulets rouges incen-
dièrent l'église qui abritait les restes sacrés de la Sainte.
Bientôt les deux portes s'ouvrant sur le double escalier
s'embrasent, et le feu, activé par le courant d'air qui s'établit
entre les deux portes brisées, pénétre dans l'intérieur du
souterrain.

C'est alors que plusieurs personnes dévouées, malgré l'in-
tensité du feu, et tandis que le bombardement continuait,
bravèrent tout danger, et descendirent dans le lieu où l'on
avait déposé la châsse de la Bienheureuse. Le feu n'avait
rien épargné, et la châsse même, en bois et en plâtre, était

consumée. Mais, nous l'avons dit, ce réduit était vouté, la voute était intacte, il n'y avait eu, il ne pouvait y avoir aucune chûte de brandons ou de pierres. Les débris de la châsse furent retrouvés à l'endroit même où elle avait été placée, quoiqu'entièrement brûlés. Quant aux restels mortels de la Sainte, ils n'étaient nullement confondus avec les décombres, comme il a été dit. Les ossements avaient seulement revêtu une teinte bleuâtre, les plus petits étaient calcinés ; le crâne, auquel il ne manquait qu'un petit fragment de la mâchoire inférieure, s'était partagé en deux. Le tout fut respectueusement porté chez M. le doyen Bévenot.

M. Estienne, à qui nous empruntons en partie cette relation écrite en 1837, ajoute : « Le doyen et quelques-unes des personnes qui retirèrent les reliques existent encore. Deux cents témoins du fait le certifieraient hautement. »

Au reste, Monseigneur Belmas, le moins crédule des prélats, ainsi parle avec toute raison M. Estienne, en reconnut l'authenticité, ainsi qu'il résulte d'un procès-verbal, en langue latine, du 19 septembre 1819,

Ce procès-verbal est renfermé dans la châsse actuelle. M. Estienne (notes, p. 66) en donne la traduction suivante qu'il doit, dit-il, à l'obligeance de M. Bevenot :

« Louis Belmas, par la miséricorde divine et la grâce du Saint-Siège apostolique, évêque de Cambrai, salut dans le Seigneur à tous ceux qui verront les présentes.

» Nous faisons connaître que le 19 du mois de septembre, l'an de grâce 1819, après avoir célébré solennellement l'office des vépres, on nous présenta, dans la sacristie de l'église paroissiale de Saint-Pierre à Maubeuge, le chef vénerable de la vierge sainte Aldegonde, dont les parties étaient séparées. (nous venons de voir que, lors de l'incendie de 1815, le crâne s'était partagé en deux), retiré de l'incendie de la ville de Maubeuge le 30 juin de l'an 1815, et que nous avions longtemps avant reconnu authentiquement lorsqu'il était entier. Monsieur Jean-Humbert-Joseph Bévenot, curé de Maubeuge et grand doyen, nous ayant attesté que c'était le même véritable chef qui lui fut remis d'abord, après le susdit incendie, par des personnes de probité, afin de nous rendre aux demandes instantes des habitants, nous l'avons reconnu une seconde fois, l'avons renfermé dans une peau de cerf, l'avons revêtu de notre sceau à l'extrémité du cordon qui ferme ladite peau, et avons ordonné qu'il fut de nouveau exposé à la publique vénération des fidèles. En outre, nous avons accordé quarante jours d'indulgence, chaque année, à perpétuité, à tous ceux qui l'honoreront le trente janvier, et en la fête des saints apôtres Pierre et Paul, pourvu qu'ils soient contrits, confessés et communiés.

» Fait à Maubeuge, au lieu susdit, aux jour, mois et an que dessus, en présence de Messieurs Guillaume Ph. Algan, chanoine de l'église cathédrale de Cambrai, Jean Humbert Joseph Bévenot, curé de Maubeuge, Etienne Maréchal et Nicolas Salez, vicaires, et Nicolas Cambier, prêtre ; témoins à ce requis qui ont signé avec nous. »

(Suivent les signatures.)

Comme on le voit, ce procès-verbal ne constate l'authenticité que du chef de la Bienheureuse. C'est en effet, avec quelques petits ossements, tout ce que l'église de Maubeuge garde encore de la dépouille terrestre de notre chère Sainte.

A l'appui des faits qui précèdent nous citerons encore un *Précis sur l'église de Maubeuge*, brochure in-8°, imprimée à Lille en 1826. L'auteur de cette brochure, M. Rousseau, membre du conseil municipal de Maubeuge en 1815, raconte, comme témoin oculaire, l'incendie de l'église et de la châsse qui renfermait les reliques de sainte Aldegonde et il ajoute, page 11 : « Les ossements pourtant encore assez conservés et recueillis avec soin par le même curé (M. Bévenot), ont été renfermés de nouveau dans une châsse en cuivre doré. »

Ce fut en 1824 que cette châsse en cuivre doré remplaça la châsse qui avait été brûlée. Une inscription gravée sur le socle fait connaître qu'elle a été dessinée et exécutée par Bertrand, orfèvre à Paris.

Cette châsse a la forme d'une église, sans portes ni fenêtres, décorée aux angles de deux colonnes toscanes à demi engagées, et soutenant une mince corniche ; son toit est à double versant, avec un clocheton au milieu ; ses deux pignons et ses deux façades latérales sont ornementés de huit médaillons ovales en cuivre repoussé et doré ; elle mesure 51 centimètres 3 millim. de longueur sur 25 cent. 6 mill. de largeur. Sa hauteur, jusques et compris la corniche, est de 27 cent 9 mill. ; elle est de 45 cent. 9 mill. depuis la corniche jusqu'à l'extrémité supérieure de la croix qui surmonte le clocheton, ce qui donne une hauteur totale de 73 cent. 8 m.

La châsse en elle-même est l'ouvrage d'un manœuvre, sans goût et sans style, mais les huit médaillons ont été exécutés par une main habile et exercée. Ils représentent huit traits de la vie de sainte Aldegonde ; ils ne sont point placés dans l'ordre chronologique, sans doute par le fait du manœuvre qui les a soudés sur la châsse.

En voici la description sommaire :

1. — Notre Seigneur Jésus-Christ, escorté de chérubins, apporte à notre chère Sainte la palme de la victoire et la robe blanche de la virginité.

2. — Sainte Aldegonde, accompagnée d'une suivante, distribue de larges aumônes aux indigents.

3. — Sainte Aldegonde, soutenue par deux anges, traverse la Sambre à pied sec.

4. — La sainte se consacre à Dieu ; elle est à genoux aux pieds de saint Aubert qui reçoit ses serments. Le Saint-Esprit, sous la forme d'une colombe, tient en son bec le voile des vierges.

5. — Sainte Aldegonde, portant la crosse et en costume abbatial, reçoit d'un ange le livre des règles monastiques.

6. — Sainte Aldegonde a demandé de souffrir sur la terre afin d'être purifiée de ses moindres souillures ; un ange vient lui dire que sa prière est exaucée et lui montre une croix brillant dans les nues.

7. — Le même ange lui apporte cette croix, emblème des différentes infirmités qui vont l'assaillir ; elle la reçoit avec amour.

8. — Aldegonde est sur son lit de mort. Notre Seigneur, entouré de chérubins, vient au-devant d'elle, et lui montre le Ciel. Une religieuse du monastère est témoin de la scène.

Maubeuge possède donc incontestablement, bien que considérablement réduits, les restes mortels de sa sainte fondatrice. Un bel autel lui est érigé dans l'église paroissiale, la statue de la Bienheureuse le domine. Aux pieds de la statue est la châsse qui contient les précieuses reliques. Le 27 septembre 1881, M. l'abbé Asselin, doyen de Maubeuge, voulut bien la faire ouvrir devant nous. Ces restes sacrés sont renfermés dans un sac en peau de cerf, et je n'ai pu les considérer qu'à travers leur enveloppe. Seulement, j'ai constaté, par le corps peu volumineux de ces reliques, qu'elles sont réduites de beaucoup. Des parties en ont souvent été détachées pour satisfaire aux pieux désirs de plusieurs églises, les incendies de 1478 et de 1815 durent encore amoindrir ce précieux dépôt; puis, il faut bien le dire, les personnes préposées à sa garde n'y ont pas toujours apporté un soin très-scrupuleux; M. Louis Jean, de Maubeuge, reconnaît authentiquement en avoir distrait trois parcelles pour *répondre aux désirs de personnes pieuses*, et cet exemple a parfois trouvé des imitateurs.

Ce n'est pas sans douleur que le dévot serviteur de sainte Aldegonde contemple le peu qui reste de ses saintes reliques. Puisse du moins une piété indiscrète ne plus rien distraire de ce trésor. A quoi donc nous servirait la vigilance de tant de siècles, nous gardant, avec un soin jaloux, cette parure incomparable de Maubeuge ? Ne trompons point l'effet d'un zèle si persévérant. Ce que nos pères ont fait pour nous, il est bon de le faire pour nos fils. La piété se réveille, et le sépulcre des saints refleurit sous la pierre des autels. Un temps viendra peut-être où des mains pieuses relèveront de ses ruines le sanctuaire de la Sainte. Réservons à ces honneurs et à cette réparation les reliques d'Aldegonde, et que Maubeuge, au jour du ressouvenir, n'accuse pas l'insouciance de notre génération.

Lors de l'incendie du 6 mai 1478, nous avons vu que les restes de la Bienheureuse furent déposés dans un coffre en chêne. Mais l'évêque de Cambray, qui opéra cette translation, eut soin de réserver quelques fragments de ces reliques. Le 12 avril 1501, l'abbesse du monastère de Maubeuge, Antoinette de Hanin, accorda à l'église de Sainte-Aldegonde, en la ville de Saint-Omer, quelques reliques ou ossements de la sainte, tirées de cette réserve, et un morceau de son voile. Des lettres authentiques constatent cette remise et le P. Triquet a eu soin de nous en transmettre le texte entier (1); nous le résumons.

L'abbesse Antoinette de Hanin *aliàs* de Fontaines et son Chapitre rappellent d'abord que la Bienheureuse vierge Aldegonde est particulièrement honorée à Saint-Omer : *Beatissima virgo Aldegundis in maxima veneratione habetur*, et que les fidèles l'honorent et la vénèrent de plus en plus : *De die in diem magis ac magis Beatissimam virginem laudare et venerari cupiunt.* Désireux dès lors de répondre à la demande qui leur en a été faite par M. Rembert, chanoine de Cambray, archidiacre du Haynaut et recteur de l'église paroissiale de S. Aldegonde en la ville de Saint-Omer, ils octroyent audit pasteur de la susdite église quatre parcelles des reliques de notre Sainte; ces parcelles faisaient partie des fragments expressément réservés, nous venons de le dire, lorsque le corps béni fut mis dans la nouvelle châsse par l'évêque de Cambray, et gardés en la trésorerie du monastère de Maubeuge : *Non nullas reliquias videlicet aliqua ossa ex fragmentis veri corporis Beatissimœ virgininis Aldegundis in quatuor particulas divisa ac extra ejus novum mauseolum seu feretrum a Reverendo in Christo Patre episcopo Cameracensi dum Sanctum ejus corpus in ipsum mauseolum per eumdem episcopum noviter translatum fuit seclusa et reservata.* — Les mêmes lettres constatent en outre la remise à M. le pasteur Rembert, d'un morceau du

____

(1) *La Gloire de S. Aldegonde.* p. 3..

voile de la sainte. Ces lettres, datées du 12 avril 1501, sont signées par Jean Bouvines, trésorier du monastère, et revêtues de deux sceaux en cire rouge.

Cent soixante ans après, le 29 du mois d'août de l'an 1661, « M. Jean Hanne, pasteur de l'église paroissiale de Sainte-Aldegonde en la ville de Saint-Omer, procurant, selon son zèle accoutumé, le bien et la gloire d'icelle, messieurs les grands vicaires visitant son église, il les pria de faire l'ouverture d'une petite châsse assez vile selon l'extérieur pour son antiquité, mais très prétieuse pour le noble thrésor qui y estoit caché, car ils y trouvèrent quatre pièces de deux rotules de l'eschine du dos de sainte Aldegonde, avec une grande pièce de son voile, enchassée au pied d'une image d'argent de la hauteur de deux pieds, avec les lettres authentiques et entières des Dames chanoinesses de Maubeuge (1) »

Ce sont ces lettres que nous venons de rappeler.

Cette châsse, qui était en bois, renfermait également l'occiput de l'une des onze mille vierges et les reliques de quel-autres saints.

Le 13 octobre 1663, Mgr Jonnart, évêque de Saint-Omer, transféra toutes ces reliques dans un coffret d'argent.

Le 2 août 1689, nouvelle translation opérée par Mgr de Valbelle ; mais, de même qu'en 1439 on sépara du reste du corps le chef vénérable de notre Sainte pour le placer dans un reliquaire particulier, et satisfaire par là à la dévotion d'un plus grand nombre. Mgr de Saint-Omer, cédant aux sollicitations du pasteur et des pieux fidèles, plaça ces reliques dans deux châsses séparees. L'une contenait deux des rotules de la Sainte et le chef de l'une des onze mille vierges ; la seconde renfermait les deux autres rotules et les reliques de divers saints ou saintes (2).

(1) *La Gloire de S. Aldegonde,* p. 35.

(2) Nous avons sous les yeux la copie exacte des deux authenques constatant les deux dernières translations que nous venons de rapporter. Nous les devons à l'obligeance de M. l'abbé Félix Bouillet, professeur au collège de Tournay et originaire de Saint-Omer.

Saint-Omer a la joie de posséder encore ces précieuses reliques. En 1879, la fierte renfermant les deux rotules et le chef de l'une des onze mille vierges fut providentiellement découverte par M. l'abbé Bouillet. Tout dernièrement, cette relique de S. Aldegonde a été reconnue par Mgr Lequette, l'évêque si regretté d'Arras, et lors de sa dernière visite pastorale à Saint-Omer, il la plaça de ses propres mains, avec son authentique, dans une caisse préparée à cet effet; cette caisse fut scellée de ses armes et placée sous l'autel de Saint-Omer.

Les deux autres rotules se trouvent aussi à Saint-Omer et sont en la possession de M. le doyen de la cathédrale.

On se dispose, nous assure-t-on, à réunir ces chères reliques dans un beau reliquaire. Puisse ce pieux projet se réaliser bientôt, et le culte de S. Aldegonde refleurir là même où il excita jadis un si saint enthousiasme!

Les fragments de reliques mis en réserve par l'évêque de Cambray lors de leur translation après l'incendie de 1478, et gardés dans la trésorerie du Chapitre, avaient probablement pour objet de satisfaire, autant que possible, aux désirs de tant d'églises, heureuses d'en posséder au moins quelques parcelles, et de fait il serait difficile d'indiquer exactement les diverses églises qui s'en étaient enrichies. Nous venons de voir qu'à Saint-Omer se trouvaient quatre notables fragments de ces reliques; nous puiserons encore, dans la *Gloire de S. Aldegonde,* les renseignements qui suivent :

Hérennes, province du Hainaut, obtint en 1643, des reliques de notre Sainte. « En 1653 fut fait un beau chef dans lequel furent mises ces reliques ». (P. 24.)

A Mespelaere, entre Alost et Teremonde, les saintes reliques de la Bienheureuse « sont richement enchassées au pied d'un beau chef qui se porte à la procession par des filles honorablement accomodées ». (P. 27.)

A Tournay, en la paroisse de Saint-Piat, les reliques de notre sainte sont « honorablement enchassées au piedestal d'un beau chef artistement élabouré et tout doré ». (P. 91.)

Waudrechies, près d'Avesnes possède « deux belles pièces de reliques de la Sainte, tenues en grand honneur et vénération ». (P.43.)

Nous ajouterons quelques noms à cette liste.

Le village de Feluy, canton de Seneff, arr. de Charleroi, possède une parcelle de ces saintes reliques. (1)

A Mons, en l'église de Sainte Waudru, un ange ailé, en argent, d'une hauteur de vingt centimètres, tient à ses pieds et devant lui un médaillon ovale, aussi en argent, et contenant, sous glace, une relique de notre Sainte, de la grosseur d'un petit doigt. Mais l'authentique fait défaut, et cette relique ne peut dès lors être exposée à la vénération des fidèles. — Ce reliquaire est une œuvre moderne.

M. le curé de Lambres, près Douai possède des cheveux de Sainte Aldegonde ; l'église de Préseau, près Valenciennes, un morceau du crâne.

Enfin voici une relique de la Sainte, à laquelle se rattache un curieux renseignement.

Un petit reliquaire, en soie blanche brodée d'or, mesurant 20 centimètres en longueur et en hauteur, sur 10 centimètres de largeur et provenant sans doute de l'abbaye de Saint-Amand, ornait autrefois la chapelle dite du *Bon Dieu de Pitié*, en l'église paroissiale de Saint-Amand. Il y a plusieurs années, M. le doyen Joffrain fit disparaître cette chapelle, et le reliquaire fut donné à M. l'abbé Dorlencourt alors vicaire de cette paroisse, actuellement curé de Vieux-Rengh ; ce reliquaire contient plusieurs reliques authentiques et notamment une relique de Sainte Aldegonde, ainsi que l'indique l'inscription mise au bas : « Cheveux de Sainte Aldegonde ». De fait il y a des cheveux et de la peau du chef vénéré de la chère Sainte. A ce reliquaire est jointe la lettre que voici :

____

(1) Le village de Feluy est repris dans la donation de S. Aldegonde: *Item in Brabanto... aliam villam Fellui.* (Appendice ii.)

« Monsieur,

« J'ay jugé que ce seroit trop manquer à mon devoir si j'estois sans vous faire ce peu de lignes pour remercier très-humblement votre Révérence de l'honneur qu'il lui a plut me faire de m'avoir accommodée de son carrosse et chevaux pour retourner en ce lieu de Maubeuge, en quoi je me tiendray perpétuellement votre obligée. Je vous envoie cy joint quelque peu des reliques de madame Sainte Aldegonde que j'ay eues lorsque l'on a ouvert le chef pour en donner à monsieur de Liessy. Je vous supplie de les recevoir pour agréables et croire que je serai à jamais

« Votre bien humble servante
« HELENE DE LANNOY. »

Ces lignes sont sans doute adressées à Dom Henri Donné, dernier grand-prieur de l'abbaye de Saint-Amand, le cardinal d'Yorck en étant abbé commandataire

Après la lecture de cette lettre, je ne m'étonne plus que d'une chose, c'est que la facilité déplorable avec laquelle les divers détenteurs de ce dépôt sacré en ont, pour la plupart, disposé, ne l'ait pas fait disparaître entièrement.

OBJETS QUI ONT APPARTENU A LA SAINTE.

Outre le reliquaire de la Sainte, l'église de Maubeuge possède (1) encore plusieurs objets qui lui ont appartenu, ou désignés comme tels. Ils sont au nombre de quatre : le voile, avec son reliquaire, le soulier, la crosse et la chasuble (2). Nous les examinerons successivement ; je m'aiderai

---

(1) Cette expression n'est pas entièrement vraie ; comme on le verra plus loin, un de ces objets a disparu depuis quelques années.

(2) Bollandus mentionne, comme les ayant vus, ces différents objets ; toutefois il ne dit mot de la chasuble. Par contre, il énumère les objets suivants : trois bourses, un couteau et une sorte de chapelet : *Marsupia tria, culter.... et rosarium quoddam, non omnino ei absimile, quod S. Dominicus vel instituisse, vel præcipue utendum hominibus*

souvent, dans ce travail, de notes rédigées par mon regrettable ami, M. l'abbé Bulteau, qui a fait, de ces objets, une
étude particulière.

LE VOILE.

Le voile que le Saint-Esprit, sous la forme d'une colombe,
posa sur le front d'Aldegonde, au moment où elle se consacrait au Seigneur dans l'église abbatiale d'Hautmont, existe
encore ; il est d'une étoffe très-légère, sorte de crêpe en laine
brune, de couleur naturelle.

Ce voile fut d'abord conservé dans un coffre d'argent ;
mais, le 16 juin 1469, Jean Baccart, abbé de Liessies, Jean
Gosselet, abbé de Maroilles, et Estienne Dubois, doyen de
chrétienté de Maubeuge, furent délégués par Jean de Bourgogne, évêque de Cambray, pour le transférer dans un splendide reliquaire en vermeil où il se trouve encore aujourd'hui.
Cette translation est constatée par un acte public, passé par
Jean de la Rue, prêtre, notaire apostolique et impérial ; cet
acte est roulé dans le voile, et le voile lui-même est enroulé
dans un cylindre de cristal (1). (Notes de M. Estienne, p. 6.)

suasisse tradetur. (Bollandus, *De Sancte Aldegunde virgine, apud
Palmé,* t. iii, p. 650, n. 9.)

Ce couteau toutefois ne serait-il pas celui dont on se servit, lors de
la translation des reliques de S. Aldegonde en 1439, pour séparer du
corps de la Sainte son chef vénéré. « Le couteau qui servit à cette
séparation, dit M. Estienne (Notes, p. 46), fut mis dans la châsse ; le
manche était en jaspe, bordé d'argent. »

Philippe Brasseur, dans un ouvrage des plus rares, intitulé : *Sancta
sanctorum eiusdem provinciæ reliquiarum thesaurus, auctore et collec-
tore D. Philippo Brasseur, Montibus, Ph. Waudré fils,* 1658, mentionne également quelques-uns des objets ayant appartenu à notre
Sainte : « *Finio,* dit-il page 179, *in Divæ nostræ Aldegundis supellec-
tile, ad quam pertinent ejusdem* PEDUM, TRIA MARSUPIA, CULTER, SOLEA
SEU CREPIDA, *ut vocant, quam reliquit in ulteriore Sambræ ripa, cum
ipsam subsequeretur Eudo eiusdem procus, ipsumque Sambram sicco
pede pertransiisset.*

(1) Le P. Basilidès, p. 188, donne l'extrait suivant de l'acte authentique constatant cette translation : *Oblata sibi (scilicet abbatibus et
Decano prænominatis et ad id operis deputatis) certa capsa argentea,*

Le cylindre, placé horizontalement, est fermé à chaque bout par un *opercule* en orfévrerie, merveilleusement ouvragé et enrichi de pierres fines. Il paraît soutenu par les mains de deux archanges agenouillés. Ces deux archanges, les ailes étendues, sont vêtus de l'aube, du cordon et de l'étole croisée sur la poitrine.

Les anges reposent sur un soubassement que supportent des feuilles ou crosses végétales ; diverses moulures le décorent.

Entre les deux anges, se dresse le pied qui porte réellement le cylindre ; dans son extrémité supérieure, le pied s'épanouit en de charmants motifs d'architecture, représentant des branches et des fleurs.

Au-dessus du cylindre de cristal s'élève un baldaquin ajouré, dont le style dénote la fin du XVe siècle. Il se termine par une lanterne et un nœud hexagone portant la croix. Il abrite la statuette de sainte Aldegonde. La sainte est représentée en costume d'abbesse, tenant la crosse de la main droite, et agenouillée devant un prie-Dieu qui porte ouvert son livre d'heures ; au-dessus de sa tête, la colombe divine tient en son bec le précieux voile.

Ce reliquaire-monstrance est un chef-d'œuvre d'orfévrerie ; le fini du travail, la perfection du dessin, la délicatesse des détails lui donnent une valeur artistique qui n'a été surpassée,

in quâ contineri asserebatur velum seu velamen quo sanctissimæ virginis ALDEGUNDIS *caput pretiosum, cooperante Spiritus sancti gratia, in virginitatis suæ sacratissimæ professione fuerat ornatum seu velatum, ac etiam miraculosè insignitum ; ex ipsa capsa dictum sacrum velamen extrarerunt, ac in hanc præsentem capsulam argenteam transtulerunt.*

M. l'abbé Mortreux, autrefois vicaire à Maubeuge, actuellement curé de Beaucamps, constate, de la manière suivante, l'état actuel du voile : « Il y a une douzaine d'années, nous écrit-il à la date du 7 mars 1882, j'ai entièrement démonté, pour le nettoyer, le magnifique reliquaire du voile de S. Aldegonde. J'ai eu alors ce voile entre les mains, mais il est dans un tel état de vétusté que je n'ai point osé le déplier ; il est véritablement en lambeaux, et la trame en est presque totalement disparue. M. Babeur, doyen de Maubeuge, avait eu jadis occasion de le développer entièrement ; il est étroit, m'a-t-il dit, mais long d'environ trois à quatre mètres ».

au XVe siècle, par aucun autre ouvrage du même genre. Il est, sans contredit, la pièce d'orfévrerie la plus remarquable que posséde le diocèse de Cambray; j'ajoute, avec M. le chanoine Van Drival: « C'est l'un des plus beaux reliquaires-monstrances que l'on puisse voir (1). »

Ce merveilleux reliquaire a été conservé avec un soin tout particulier durant la Révolution, par la comtesse de Ghistelle, l'une des dames aînées du Chapitre. Il a été remis, en 1821, par M. le baron Blondel de Beauregard, à M. l'abbé Bévenot, alors curé-doyen de Maubeuge.

LE SOULIER.

Ce soulier ou sandale avait appartenu à sainte Aldegonde, d'après une tradition constante; c'était la sandale qu'elle laissa, dit-on, sur les bords de la Sambre, lorsque, poursuivie par le prince Eudon, elle traversa miraculeusement cette rivière (2). Cette relique était, en grande partie, recouverte de broderies en soie et en argent, et enrichie de pierres fines. Les dames chanoinesses l'avaient emportée lors de leur expulsion en 1790; le prince de Ghistelle, à qui elle avait été donnée, la fit remettre à l'église de Maubeuge vers 1807.

La trésorerie de l'église du Chapitre possédait, en outre, une petite mule d'argent massif. Le dessus de cette mule portait incrusté un chaton, formé d'un gros verre ovale et bombé; sous ce chaton se voyait parfaitement un objet brun, rectangulaire, et paraissant être du cuir. Ce morceau de cuir était considéré comme provenant de la sandale de sainte Aldegonde, mais il n'y avait aucune inscription. Il est présumable qu'à une certaine époque, le cuir de cette sandale

(1) *Catalogue de l'Exposition d'objets d'art religieux, à Lille, en 1874*, p. 123.

(2) Bollandus (apud Palmé, t. III, p. 650, n. 9) s'exprime ainsi : *Solea crepidæ, quæ cum Eudonem procum fugeret, in sabis amnis ripâ limo inhæsit.*

se détériorant de plus en plus par l'effet du temps, on coupa dans la semelle, qui avait plus particulièrement résisté à son action, un morceau qui fut incrusté sur la mule d'argent, et la semelle elle-même, tombant de vétusté, fut remplacée par du carton. Cette substitution a été reconnue par M, l'abbé Mortreux en 1864.

M. Estienne (page 6 de ses notes,) mentionne cette petite mule d'argent ; il ajoute qu'elle a disparue. Il paraît qu'elle fut retrouvée ; M. le curé de Beaucamp, en cette même année 1864, avait constaté sa présence chez M. le doyen Babeur.

Depuis, la mule d'argent et la sandale se sont définitivement perdues. M. Babeur conservait chez lui ces deux objets. Le premier d'ailleurs n'était accompagné d'aucun authentique, et ne portait aucun cachet d'évêque; le second, dans son état présent, n'avait plus aucune valeur, même matérielle ; la riche ornementation qui lui donnait jadis une valeur extrinsèque assez considérable, en avait sans doute été détachée lors de la substitution, à la semelle de cuir, d'une semelle en carton. On s'explique dès lors pourquoi M. le doyen Babeur ne parle point de ces objets dans son *Histoire religieuse de Maubeuge,* et pourquoi aussi il avait cru devoir les garder par devers lui. Quoiqu'il en soit, il est constant qu'ils se trouvaient au presbytère ; à la mort de M. Babeur, arrivée en 1874, on ne les a pas retrouvés.

LA CROSSE

Un autre chef-d'œuvre artistique a également échappé à la rapacité révolutionnaire ; nous voulons parler de la *crosse* dite de *Sainte-Aldegonde.* Elle n'a jamais appartenu à la Sainte Abbesse; l'usage de la crosse ne fut pas connu dans les abbayes avant la fin du IXe siècle. Elle porte le nom de *Crosse de Sainte-Aldegonde* parce que, dans les solennités, on la place aux mains de sa statue. Ce fut la baronne

Tornaco, née comtesse de Mello, ancienne chanoinesse, qui, en 1855, la rendit à l'église de Maubeuge. Elle a paru à l'exposition de Lille en 1874, sous le numéro 1590, et M. le chanoine Van Drival a dit d'elle : « C'est une des pièces principales de l'exposition, digne d'une étude approfondie. »

Elle se compose de deux portions bien distinctes par la matière et par l'âge : la hampe est en bois de buis et date du XIᵉ siècle ; la volute est en vermeil et date du XVᵉ. En voici la description sommaire.

La hampe se divise en trois tronçons réunis par un petit manchon et une forte vis ; elle raconte en 36 tableaux entaillés, la vie de N. S. Jésus-Christ.

Il existe en France trois autres hampes historiées sorties du même atelier, celle de saint Gauthier à Pontoise, celle de saint Aubin à Angers, et celle de saint Gibrien à Reims. Les quatre hampes sont tellement identiques qu'il est bien difficile d'y découvrir quelque différence. C'est à s'y méprendre, et pour le faire de l'artiste, et pour le dessin, et pour les costumes, et pour les moindres détails de la composition.

Toutes les quatre sont d'un travail barbare pour le style et pour l'ordonnance ; mais sous cette rude écorce perce un sens profond, une savante interprétation évangélique, et l'imperfection de la forme est rachetée par un mysticisme aussi merveilleux que naïf.

La volute, comme nous l'avons dit, est en vermeil. Elle est certainement l'œuvre d'un des plus habiles orfèvres de l'époque ; comme dessin, comme composition, comme exécution, elle est irréprochable. Les faces latérales sont animées par deux châsses ; d'un côté, le chasseur, avec un chien courant, poursuit un serf, un sanglier et un lièvre ; de l'autre, le chasseur, avec un lévrier, poursuit un lièvre, un cerf et un sanglier. La face dorsale de la volute est décorée d'un rinceau de fraisiers, avec feuilles et fruits.

Tout est symbolique dans cette belle décoration. D'après les idées du moyen âge, le fraisier, par la bonté de ses fruits, attire ; ainsi le pasteur des âmes doit attirer par sa bonté.

La chasse a une signification plus mystérieuse encore ; les chasseurs symbolisent ou le Christ, ou les apôtres, ou les supérieurs spirituels ; les chiens figurent les prédicateurs, les cerfs sont le symbole de l'orgueil philosophique, le lièvre celui de la corruption morale, et le sanglier, celui de la colère (1).

Puisque nous parlons de symbolisme on nous permettra d'ajouter que de tout temps on a attaché une signification symbolique à la crosse et à ses différentes parties.

La crosse est le bâton où plutôt la houlette du berger ou pasteur du troupeau de Jésus-Christ. La hampe est droite pour rappeler au prélat la rectitude dans le gouvernement. La pointe est l'enblême de la juste sévérité avec laquelle il doit réprimander les rebelles. La volute recourbée symbolise la bonté qui attire les âmes. Ces diverses significations se trouvent gravées sur certaines crosses du moyen âge ; ainsi on lit sur la crosse dite de Saint Saturnin à Toulouse :

> *Curva trahit mites, pars pungit acuta rebelles.*
> *Curva trahit quos recta regit, pars ultima pungit.*

« La volute attire les doux, la pointe pique les rebelles. La volute attire ceux que la hampe gouverne, et que la pointe aiguillonne. »

CHASUBLE

Cette chasuble est connue sous le nom de : *Chasuble de Sainte Aldegonde.* D'après une tradition constante, sainte Aldegonde l'aurait confectionnée elle-même pour l'offrir à saint Emebert, son parent, qui succéda à saint Vindicien sur le siège épiscopal de Cambray. D'autres prétendent qu'elle porte le nom de la Sainte parce qu'elle a servi et

---

(1) Cf. *Les Mélanges d'histoire et d'archéologie* par les RR. PP. Arthur Martin et Charles Cahiez t. 1, p. 123 ; — *Les éléments d'archéologie chrétienne* de M. le docteur Rensens, professeur à l'université de Louvain, t. 11, p. 376.

qu'elle sert encore chaque année, en sa fête du 30 janvier, à
la célébration de la messe dite *de mort subite* (1).

Cette antique chasuble a été l'objet de nombreuses études.
M. Lebeau, président du tribunal d'Avesnes, a publié une
notice sur elle dans le *Bulletin de la Société historique du
Nord*, t. II, p. 22. Un travail beaucoup plus complet et plus
intéressant de M. l'abbé Bulteau, auteur de la Monographie
de la Cathédrale de Chartres, a paru dans les *Mémoires de
la Société historique de Tournay*, t. III, p. 254, et dans les
Archives du Nord, t. III de la troisième série, p. 370. Enfin
M. le chevalier de Linas a fait, sur la *Chasuble de Sainte
Aldegonde*, un travail très approfondi publié dans le *Compte
rendu,* p. 554, du Congrès archéologique de France, tenu à
Cambrai en 1858, et dans la *Revue de l'Art chrétien*, année
1859. Notre chasuble est donc désormais une pièce historique.

La forme de la chasuble est celle du XIVe siècle. Elle en
avait précédemment une autre, car elle porte des traces évidentes de mutilation et elle a été certainement remaniée au
XIVe siècle pour en retirer une étole, un manipule, un voile
de calice et une parure ou parement d'amict. « L'étoffe,
d'un travail et d'un dessin singulièrement remarquables, dit
M. de Linas, ne présente aucun rapport direct avec les tissus
à ma connaissance. Elle appartient à la classe des tissus
lamés, la chaîne est en soie rose pâle, la trame en soie et or,
sur le fond pourpre clair se détachent des couples de perro-
quets contournés, entourés de rosaces, et dont les têtes
affrontées supportent une fleur de lys du plus beau galbe, le
tout en or ; seulement le métal, au lieu de revêtir un fil de
lin ou de soie, est employé en lames très-minces que protège
une enveloppe de baudruche. Un fait non moins curieux à
noter, c'est que le dessinateur, au lieu de dégager ses ornements, en les plaçant dans un champ proportionné à leurs
dimensions, a au contraire réduit le champ à une simple

(1) Appendice III.

ligne, en sorte que l'ensemble présente un fond d'or, sur lequel on aurait esquissé des figures au trait. »

A son tour, M. le chanoine Van Drival, dans son *Catalogue de l'Exposition de Lille*, p. 97, décrit ainsi cette chasuble : « Remarquons seulement la richesse et le bon goût de cette étoffe, toute d'or en lamelles, et dont les dessins sont formés par le fond même de la soie rouge qui sert à faire valoir en même temps et miroiter l'or ; c'est d'un goût exquis. La double croix, à bras relevés et se rejoignant, est composée de gracieux orfraies, très-étroits et de la plus grande légèreté. »

A quelle époque remonte l'étoffe de la chasuble ? Nous ne discuterons pas cette question vivement controversée ; selon nous, elle n'est pas encore tranchée, et les arguments invoqués n'ont rien d'assez concluants pour désavouer la tradition séculaire qui attribue à sainte Aldegonde la confection primitive de la vénérable chasuble de Maubeuge.

La précieuse étoffe est aujourd'hui en mauvais état. Il serait bien désirable qu'elle ne servît plus à l'autel, et qu'elle fût préservée, dans un reliquaire vitré, d'une destruction prochaine et complète.

VI

PROCESSION EN L'HONNEUR DE SAINTE ALDEGONDE

VANT la Révolution, les reliques de sainte Aldegonde étaient exposées à la vénération des fidèles plusieurs fois pendant l'année; elles ne le sont plus aujourd'hui que deux fois, le 30 janvier, jour de sa fête, et le dimanche où se fait la procession en son honneur.

Cette procession avait lieu primitivement le 6 du mois de juin, en commémoration de la translation des reliques de notre Sainte qui se fit, comme nous l'avons rapporté, le 6 juin de l'année 1161. Lors de la translation du 26 mai 1439, mardi de la Pentecôte, il fut décidé que désormais cette procession se ferait ce même mardi, en quel quantième du mois qu'il tombât (1), et cette date ne fut plus changée jusqu'en 1790, époque où la procession fut supprimée; elle sera rétablie en 1809.

La veille du jour fixé pour la cérémonie, on retirait la châsse du lieu qu'elle occupait au Vieux-Moustier, plus tard dans l'Eglise abbatiale, et aussitôt les chanoinesses en faisaient la remise aux échevins qui la portaient, assistés de quelques prêtres, dans la nef même de l'Eglise, sur un char magni-

---

(1) *Statum est hujus modi translationis solemnia celebrari, in memoriale perenne, feria tertia in festi Pentecostes, quocumque tempore evenerit.* (Historia III translationis, Bollandus apud Palmé, t. III, p. 670. n. 11.)

fique, que le peuple appelait *Car d'or* (1) ; il était en effet tout doré et pareil à celui qu'on admire encore à l'Eglise de S. Waudru à Mons. Dans ce trajet, deux chanoines en chappes l'encensaient ; deux autres chanoines portaient le chef de la Sainte et le déposaient non loin de la châsse. La nuit, deux chanoines, deux chanoinesses et un détachement de troupes étaient préposés à la garde de ces précieuses dépouilles.

Mais le matin est venu, la procession se met en mouvement. Le char triomphal est tiré par six chevaux richement harnachés, et montés par six hommes couverts de capes bleues et coiffés de beaux chapeaux donnés par l'abbesse. « Il est en outre précédé, rapporte le P. Triquet, de cinq ou six chars artistement accomodés et chargés d'enfants des principaux bourgeois de la ville qui représentent divers points de la vie de cette illustre princesse. »

Le chef de la Bienheureuse est porté par deux chanoines, revêtus de capes magnifiques, jusqu'à la porte de la ville. La vénérable relique est alors placée sur le *car d'or*, que précèdent deux hommes portant la chandelle dite de Sainte-Aldegonde, et pesant vingt-deux livres.

Les échevins accompagnent les saintes reliques ; au sortir de la ville, la garde en est confiée par les chanoinesses au Prévot, et au retour, les chanoinesses en rendront la garde aux échevins jusqu'au moment où, après les vêpres, on les replacera dans le lieu qu'elles occupent habituellement.

Ces détails témoignent de quelles minutieuses précautions on usait pour sauvegarder ce précieux trésor.

Cependant, suivie d'une foule immense, la procession, sortie de la ville, s'est rendue à la chapelle de Sainte-Aldegonde érigée près de la fontaine qui porte aussi son nom (2), et qui jaillit miraculeusement pour apaiser la soif d'Alde-

---

(1) Ce ne fut toutefois qu'à la fin du XIIIe siècle, comme nous le verrons, qu'on se servit du *Car d'or*.

(2) Le faubourg où sont situées la chapelle et la fontaine de Sainte-Aldegonde s'appelle également du nom de cette Sainte.

gonde, lorsqu'elle fuyait devant le prince Eudon. C'est à quelque pas de cette chapelle que la Sainte soutenue par deux anges, traversa la Sambre à pied sec et, en mémoire de ce prodige, le clergé et le peuple chantent le cantique de la délivrance des Hébreux : *Cantemus Domino : gloriosè enim magnificatus est, equum et ascensorem dejecit in mare* (1) : Chantons des hymnes au Seigneur, parce qu'il a fait éclater en faveur de sa servante sa grandeur et sa gloire, et qu'il a retenu, sur le bord du fleuve, le cheval et le cavalier qui la poursuivait.

Près de l'antique chapelle deux tentes sont dressées ; dans l'une sont déposées les saintes reliques, dans l'autre une messe solennelle est célébrée, suivie d'un sermon. Puis, après une station devant une croix en pierre, vis-à-vis l'Eglise de Notre-Dame-de-la-Croix, la procession rentre en ville.

Depuis un siècle et plus un seul char, le *Car d'or*, portant les reliques de la Sainte, figurait à la procession, suivi des chanoines et des chanoinesses. La marche était ouverte et fermée par un détachement de cavalerie, une compagnie de grenadiers composait l'escorte ; le reste de la garnison bordait la haie dans les rues où devait passer le cortège. En 1789, une compagnie de garde nationale à cheval s'était formée et son but principal était d'escorter la procession de Sainte-Aldegonde. On crut ridiculiser ceux qui en faisaient partie en les désignant sous le nom de dragons de la Pentecôte ; mais ce fut peu de temps après, et pour la plupart, un titre de proscription.

La dévotion à sainte Aldegonde était toujours vivante dans le cœur du peuple. Sept à huit mille personnes accouraient chaque année pour suivre les reliques de la Sainte, et témoigner de leur foi profonde en son intercession.

Nous devons mentionner ici un fait qui dut, à l'époque où il se produisit, vivement froisser la population. En 1293, le comte du Hainaut, Jean d'Avesnes, vint à Maubeuge, et

______

(1) Exode, XV, 1.

pour rétablir ses finances singulièrement obérées par les guerres qu'il avait soutenues, il établit de nouveaux impôts. Les habitants irrités se révoltèrent, obligèrent Jean d'Avesnes, ainsi que sa femme et ses enfants à quitter la ville, et s'étant emparés de la châsse de S. Aldegonde, parcoururent les rues en poussant des cris de triomphe. Ce triomphe fut court. Bientôt ils durent se soumettre au comte qui était revenu en force, et accepter les conditions les plus dures; notamment il fut interdit à toujours aux habitants de Maubeuge de porter la châsse de S. Aldegonde, parce que des factieux s'en étaient emparés et l'avait traînée par toute la ville. Cette défense paraît avoir été religieusement observée, sauf le droit qu'avaient les échevins, la veille de la procession, de porter la châsse de la Sainte du lieu qu'elle occupait jusque dans la nef et de la reporter le lendemain à sa place.

C'est à partir de cette époque qu'on se servit d'un *Car d'or* pour porter, à la procession, les reliques de la Bienheureuse (1).

La procession supprimée en 1790, ne fut rétablie qu'en 1809, en vertu d'une permission octroyée par Monseigneur Belmas le 28 décembre précédent. En même temps, le prélat fixait le jour de la procession au dimanche dans l'octave de l'Ascension, et en cas d'empêchement ou de mauvais temps, au dimanche de la Trinité.

Les troupes de la garnison continuèrent à l'escorter jusqu'en 1831; à partir de cette époque, elle cessera d'emprunter quelqu'éclat aux puissances de la terre, les grands du monde ne s'honoreront plus en suivant humblement les reliques d'une vierge, et les dévots à sainte Aldegonde formeront seuls son cortége; ces derniers se compteront par milliers et nous édifieront par leur recueillement et leur piété.

---

(1) Ce char fut profané par l'impiété triomphante. En 1793, il servit aux fêtes républicaines pour porter les déesses de la Raison et de la Liberté. En 1812, il fut vendu par le Domaine et acheté par la ville de Cambray, où il figura longtemps, transformé en vaisseau, à la procession du 15 août.

Le 11 décembre 1870, malgré les rigueurs de la saison, 15 à 20,000 personnes, épouvantées des immenses désastres qui couvraient de sang et de ruines une partie de la France, accoururent aux pieds de l'autel de sainte Aldegonde, et la supplièrent, avec larmes, de préserver le pays des horreurs de l'invasion ; cette prière fut exaucée

VII

LITURGIE

'OFFICE propre de sainte Aldegonde a été imprimé en 1624, sous la surveillance de G. Colvenère, recteur de l'Université de Douai; il fait partie d'un recueil intitulé : *Officia propria peculiarium sanctorum nobilis ecclesiæ collegiatæ Melbodiensis*. (Douai, Baltazar Bellière, 1624) (1) Nous allons le transcrire en grande partie ; c'est un chant d'allégresse, dont les accents revêtent souvent une gracieuse poésie ; toutefois nous croyons inutile de reproduire la légende de la Sainte, distribuée en quinze leçons ; cette légende a été empruntée à Hucbald, comme en avertit cette note : *Ex vitâ S. Aldegundis per Hucbaldum monachum Elnonensem*.

DIE XXX JANUARII
IN FESTO S. ALDEGUNDIS VIRGINIS
duplex primæ classis.
AD VESPERAS ANTIPHONA.

Angelus Domini confortabat Beatam Aldegundem, dicens : Ponet Dominus inimicos tuos sub pedibus tuis, tu autem lœtaberis cum rege tuo. *Psalmi de virgine. Ant.* Auditâ voce

---

(1) Ce propre est d'une rareté extrême. M. l'abbé Desilve, curé de Basuel, en possède un exemplaire qu'il a bien voulu me communiquer·

Angeli Beata Aldegundis dixit cum lacrymis : Quid retribuam Domino pro omnibus quœ retribuit nihi, qui adjuvit me, cùm sum indigna nimis ? *Ant.* Respondit autem Angelus : Quid amplius facias, nisi ut diligas Dominum Jesum Christum in toto corde tuo? *Ant.* Benedicta tu in cœlis virgo, benedicta in terris, benedicti omnes qui te honorificant. *Ant.* Beata Aldegundis, quam ab ineunte ætate sponsam sibi Christus consecravit : cujus amore inflammata, contempsit pompas et divitias mundi, Christi secuta est vestigia, et inter angelos gloriatur.

HYMNUS

> Eructat vix verbum bonum,
> Cor loquentis humanitus,
> Ergo septiforme donum,
> Veni Creator Spiritus.

> Melbodienses jure plaudant,
> Solemnitati consonat,
> Dum filiæ matrem laudant,
> Vox clara ecce intonat.

> In excelsis, de profundis
> Translata, cum virginibus
> Christo vacat Aldegundis,
> Exultet cœlum laudibus.

> Exemplar pœnitentium,
> Carnis calcato vitio,
> Potitur te in prœmium,
> Jesu nostra redemptio.

> In conflictu mundi fortes
> Esse per ejus meritum
> Mereamur, et consortes,
> Deus, tuorum militum.

> Ut post mundi dispendium,
> Insultus, atque tædia,
> Succedant in stipendium
> Beata nobis gaudia.

Patri, nato, Spiritui,
Decus, honor, imperium,
Nunc, et semper, sicut fuit
Primo dierum omnium. Amen (1).

℣. *O beata Aldegundis virgo Christi.*
℟. *Magna est fides tua, intercede pro nobis ad Dominum.*

AD MAGNIFICAT ANT.

Aldegundis amata Deo, clarissima virgo, veniam nobis impetra, Regem poscendo supernum, et populo, modicoque gregi Deo, tibique famulanti.

ORATIO

Concede quæsumus omnipotens Deus hodiernae solemnitatis splendore populum tuum misericorditer illustrari, quo beatæ Aldegundis animam in cœlestibus clarificasti, et ei vitœ perennis gaudia contulisti.

AD MATUTINUM INVITATORIUM

Adoremus Regem Regum tota devotione in beatæ Aldegundis virginis solemnitate.

HYMNUS UT IN PRIMIS VESPERIS

ANT. Admirabilis extitit virgo Aldegundis ab ipsis infantiæ annis virtute totius bonitatis *Psalm. De communi Virginum.* *Ant.* Lex Domini immaculata prœstitit beatæ Aldegundi omnem sapientiam. *Ant.* Innocens manibus et corde mundo existens Aldegundis virgo, æternam benedictionem accepit à domino.

RESPONSORIUM I.

Beatissima Aldegundis infantia purificata sacri baptismatis undâ, totam se transfudit in Dei obsequia. Puritate innocentis ætatulœ serviebat Domino quotidie.

(1) Cette hymne a été traduit plus haut, p. 103.

RESPONS. II.

Virgo prudentissima Aldegundis spernens cum suo principe mundum, purâ mente cœpit diligere Christum. Hunc
esuriens sitiebat, et sitiens esuriebat.

RESPONS. III.

Cognitâ virgo Dei Aldegundis voluntate suæ genitricis,
divino afflata spiritu, dixit ei : non alium sponsum quam
Christum desidero. Hujusmodi sponsum concupisco cujus
prœdia sunt cœlum, terra et mare.

IN SECUNDO NOCTURNO.

Ant. Diffusa est Dei gratia in labiis tuis virgo Aldegundis,
ideo feliciter tripudias in cœlis. *Ant.* Flumine suæ doctrinœ
sanctificavit mentem sanctæ Aldegundis Dominus. *Ant.* Fun-
damenta suarum virtutum posuit beata Aldegundis supra
lapidem Christum.

RESPONS. IV.

Beata Aldegundis, quam ab ineunte ætate sponsam sibi
Christus consecravit, cujus amore inflammata contempsit
pompas et divitias mundi, Christi secuta est vestigia, et inter Angelos gloriatur. In domo parentum adhuc posita, ab
angelis est exhortata ut electa contempsit gloriam mundi,
quia accensa erat amore regni cœlestis.

RESPONS. V.

Quadam nocte audiens virgo Aldegundis in visu sibi
promitti inestimabiles divitias. Æstimat primum terrena sibi
polliceri. Spiritu sancto mox revelante, cognoscit cœlestia
sibi promitti.

RESPONS. VI.

Christi virgo Aldegundis in cunctis visionibus sibi divinitus ostensis, indignam ac peccatricem se fatebatur. In humilitatis posita virtute, superbiam viriliter vincebat.

IN TERTIO NOCTURNO.

Ant. Cantantes Domino psallamus cantica spiritualia ob castissimæ Aldegundis laudem et gloriam. *Ant.* Exultet terra, lætentur insulæ, quia hodie virgo Aldegundis triumphat cum Angelis. *Ant.* Quia mirabilia fecit Dominus cum Aldegunde sibi gratissima, ideo in cœlesti curia jugiter gaudens, canit Alleluia.

> ỹ. Elegit eam Deus, et prælegit eam.
> ℟. In tabernaculo.

RESPONS. VII.

O felix nimiumque beata pecunia tua, virgo præcelsa Aldegundis. Quæ non solùm favore hominum, sed etiam voce angelica laudatur. *Vers.* Thesaurus egenis impensus, ex matrisfamilias sinu integer jure redditur.

RESPONS. VIII.

Sancta et admirabilis Aldegundis virgo, lumine magno circumdata, recessit hodie de mundo. Cui Christus in dotem cœleste dedit regnum, et inter agmina virginum coronavit eam. *Vers.* Gaudeat turba fidelium in hoc collecta cœnobio, quia beata Aldegundis orat pro nobis ad Dominum.

AD LAUDES

— *Ant.* Decore pudicitiæ induta alma virgo Aldegundis, multis præbuit infirmis opem salutis. *Ant.* Jubilans et exultans in Domino beata Aldegundis virgo, contempsit ex asse pompam, quæ diligitur in mundo. *Ant.* Deus, te lucem veram sitiens sanctæ Aldegundis anima, vigilavit in præceptis tuis assidua. *Ant.* Benedicta virgo Aldegundis, in adversis et prosperis, benedicebat Domino precibus assiduis. *Ant.* Laudabilis puella Aldegundis, facto super ægrotum signo sanctæ crucis, sospitem jussit redire domum, laudantem Deum de cœlis.

HYMNUS

Jubilemus Christo soli,
   Quem jam in Patris dextera
   Aldegunde scimus coli,
   Quem terra, pontus, æthera.

Dum minas quondam multiplicat,
   Vitam ducens spiritalem,
   Te sibi jure vendicat,
   Urbs beata Jerusalem.

Peplum revexit spiritus,
   In columbina specie
   A te transmissus cœlitus,
   Magnæ Deus potentiæ.

Probant aqua, vinum, ignis
   Multiforme miraculum,
   Quantis adhuc fulget signis,
   Agnoscat omne sœculum.

Ob hoc, per hujus merita
   Promulgata divinitus,
   Peccati laxa debita,
   Nunc sancte nobis Spiritus.

Suspirantes ad gloriam
   Jam charitate fervidi
   Invitemur per gratiam,
   Ad cœnam agni providi.

Patri, nato, Spiritui
   Decus, honor, imperium,
   Nunc, et semper, sicut fuit
   Primo dierum omnium. Amen (1).

℣. *O beata Aldegundis virgo Christi.*
℟. *Magna est fides tua, intercede pro nobis ad Dominum.*

(1) Nous traduisons cet hymne :
Réjouissons-nous dans le Christ seul ; c'est lui, qu'à la droite de son

ANT. AD BENEDICTUS

Dulcisonis Domino pangamus vocibus odas, ob festum venerabilis Aldegundis ovantes, quæ sacris precibus nos solvat crimine cuncto.

Post primam cantatur a domicellis cum uno canonico matutinalis missa in veteri templo, in sacello sanctæ Aldegundis, estque eadem cum summa missa illius dici. Post quam redeunt domicellæ ad magnum templum (1) *et cantant Tertiam. Quâ finitâ fit processio in dicto magno templo, et Reliquiæ sanctæ Aldegundis feruntur a duobus canonicis, et cantatur in processione sequens responsorium :*

Gloriosa virgo Aldegundis, monilibus compta divinis, astans ante tribunal æterni regis, hodie suscepit perpetuæ dignitatis gloriam, psallens ore almifluo Alleluia. (*Post Septuagesimam dicetur :* odas, *vel* in æternum). *Vers.* Deposito carnis onere, cum virtutum nectare assistens virgo coram cœlesti Rege.

père, Aldegonde adore, mélant sa voix à l'hymne des cieux, de la terre et des océans !

Jadis la menace voulait terrifier votre cœur virginal, ô Aldegonde ; mais alors elle vous ouvrit ses portes, la ville dont vous êtes la citoyenne, l'heureuse Jérusalem.

Et descendu de votre Ciel, Seigneur Dieu puissant, l'Esprit, sous la forme d'une colombe, impose à Aldegonde le voile des chastes fiançailles.

Que ce siècle reconnaisse par quels prodiges cette vierge sait encore faire éclater une puissance que, témoins multiples, confessent l'eau, le vin, le feu.

Au nom de ses mérites divinement manifestés, remettez-nous aujourd'hui les dettes du péché, Esprit sanctificateur.

La grâce convie au festin préparé par l'Agneau ceux que la charité enflamme et qui soupirent après la patrie.

Au Père, au Fils, à l'Esprit, honneur, gloire et puissance, comme il était au commencement, maintenant et à jamais, dans les siècles des siècles. Ainsi-soit-il.

(1) *Vetus templum,* c'est le Vieux-Moustier ; *Magnum templum,* c'est l'église abbatiale.

ANTIPHONA AD MAGNIFICAT.

O flos campi et lilium convallium Jesu Christe, qui es sponsus et amator virginum. Quam jucundum interesse tuo semper conspectui, quem laudantes prosequuntur virginales cunei. Ubi dulci resonat melodia sancta Aldegundis, et frequenter ingeminat : Tibi Christe sit laus et gloria (1).

MISSA

DE S. ALDEGUNDE VIRGINE

ORATIO

Concede quæsumus omnipotens Deus hodiernæ solemnitatis splendore populum tuum misericorditer illustrari, quo beatæ Aldegundis animam in cœlestibus clarificasti, et ei vitæ perennis gaudia contulisti.

GRADUALE

Vers. Aldegundis virgo gloriosa, salve salvi vas honoris, quod divini plenum roris, spirat virtutis balsamnm, alleluia.

PROSA

Virginalis turba plaude
  Ut laudetur digna laude
  Casta generatio.

Aldegundi, mente tota
  Pia laudum solvat vota,
  Nostra congregatio.

---

(1)   ANTIENNE DE *MAGNIFICAT*.

O Jésus, fleur des champs et lys des vallées, l'époux bien-aimé des vierges ! O bonheur inénarrable de vous contempler éternellement, Agneau divin, que suivent partout où il va les cohortes virginales. Le ciel retentit de leurs mélodieux cantiques, auxquels s'unit la voix d'Aldegonde par le cri sans cesse répété de son amour : O Christ, à vous honneur et gloire !

Hæc regali stirpe sata,
  Pridem Christo desponsata,
  Respuit conjugium.

Flagrans igne charitatis,
  Et angelicæ castitatis,
  Tendit ad fastigium.

Dum à præsule sacratur
  Per columbam hæc velatur
  Cœlesti velamine.

Melbodium sublimatur,
  In quo virgo decoratur,
  Plena sacro flamine.

Mundum, carnem hæc prostravit,
  Et antiquum debellavit
  Hostem totis viribus.

Multis modis expolita
  Mundo fulsit margarita
  Signis et virtutibus.

Migrat virgo generosa,
  Paradisi vernans rosa,
  Gaudens in cœlestibus.

Ubi sponsum amplexatur,
  Quæ nos suis tueatur
  Meritis et precibus. AMEN (1).

Ubi festum hoc venerit port Septuagesimam , omissa prosa, dicitur sequens Tractus :

Sanctarum Dei Waldetrudis atque Aldegundis recolentes

(1)   PROSE

O troupes virginales, louez notre Aldegonde, afin que la génération des chastes reçoive une louange digne d'elle.

Aldegonde, dans une allégresse entière, nos chœurs vous offrent le pieux tribut de leurs louanges.

C'est elle, la fille des rois, qui fiancée du Christ ne veut point d'humaine alliance.

Et son âme, que la charité dévore, chaste comme les anges, vole au plus élevé.

Si le pontife la consacre au Seigneur, c'est d'une colombe qu'elle reçoit le voile, le voile descendu des cieux.

solemnia. *Vers.* Dulcia Christo resonemus cantica, pneumata consonent voce canora.

Una quarum nobilis conjugio, altera mansit intacta virgo.

Sic fœlici commercio, pro terrenis cœlestia, pro perituris adeptæ sunt æterna.

Quarum meritis a delictorum nexibus absolvi et sanctorum cœtibus mereamur connumerari.

SECRETA

Hanc quæsumus Domine oblationem, pro solemnitate beatissimæ Aldegundis virginis, tuæ majestati oblatam, benigna pietate suscipe, et nobis, ejus suffragantibus meritis, ad salutem æternam provenire concede.

POST COMMUNIO

Cœlesti munere satiati, quœsumus, omnipotens Deus, tua nos protectione custodi, et castimoniæ pacem, intercedente sanctissima Aldegunde virgine tua, propitius indulge, ut veniente sponso filio tuo unigenito, accensis lampadibus, ejus dignè prœstolemur occursum.

La fête de Sainte Aldegonde est suivie d'une octave dont les offices propres de la collégiale de Maubeuge donnent aussi la liturgie. Nous ne ferons que la mentionner ; elle est tirée, en partie d'Hucbald. comme l'office principal, en partie des Saintes Ecritures, *de scripturá occurrente.*

Ces offices contiennent en outre les offices anniversaires des deux translations du corps de la bienheureuse opérées

Réjouis-toi, Maubeuge, ô murs témoins de la gloire d'Aldegonde et de sa divine hyménée.

Elle a triomphé de la chair et du monde et frappé, d'une vigueur toujours entière, l'antique ennemi.

Pierre précieuse, patiemment travaillée, elle brille aux yeux du monde par ses miracles et par ses vertus.

La vierge achève son pélérinage ; et rose printannière du Paradis, elle s'épanouit sous le regard des élus.

Là, dans les embrassements de son époux. elle nous protége par ses mérites et ses prières. AMEN.

dans les années 1161 et 1439, une messe votive de sainte Aldegonde et à la date du 18 octobre, en la fête de Saint Luc, une commémoration de la sainte.

Nous donnerons de ces diverses liturgies, ce qui a été spécialement composé pour sainte Aldegonde.

DIE VI JUNII

FESTUM OSTENSIONIS CORPORIS S. ALDEGUNDIS (1)

ORATIO

Omnipotens sempiterne Deus, sanctorum cogitatuum præparator, qui in ostensione beatæ virginis Aldegundis, sacra ipsius pignora duplici honore digna demonstrasti, concede propitius, ut ejusdem meritis, cumulata in cœlis gaudia consequamur.

Respons 1. Erat Aldegundis virgo veneranda, corde et corpore formosa, sermone honesta, Deo quoque et omnibus bonis gratissima.

Vers. Æquum erat diligi a cunctis quam compserant ornamenta justitiæ insignis.

Respons. II. Accinxit castitate lumbos suos, et roboravit brachium suum, Ideoque lucerna ejus non extinguetur in æternum.

Vers. Hæc est virgo sapiens, quam Dominum vigilantem invenit.

Respons III. Aldegundis speculum pietatis, ornamentum pudicitiæ, tutamen patriœ, supplicantibus propitiare.

Vers. O gemma dominicæ diadematis, sponsa regiæ prolis.

______

(1) Nous nous rappelons que cette translation eut lieu le 6 juin de l'année 1161. Les leçons de cet office sont tirées de l'histoire de cette translation, par Adrien, prévôt de l'église de Maubeuge. *(Bollandus apud Palmé,* t. III, p. 665, *Ghesquière,* t. IV, p. 327, et notre *Histoire de S. Aldegonde,* p. 110).

IN II VESPERIS, ANT. AD MAGNIFICAT.

O virgo Christo conjuncta in cœlis, sponsa cum sponso semper lætaris, virtutibus magnis fulgens in terris. O pia, veniam impetra nostrorum delictorum. Sancta Aldegundis ne dedigneris nos propter scelera nostra, sed clemens nobis ad te clamantibus succurre in horâ mortis.

DIE XIII NOVEMBRIS

IN FESTO TRANSLATIONIS S. ALDEGUNDIS (1)

IN II VESPERIS AD MAGNIFICAT

ANTIPHONA

Sancta Aldegundis, intercede pro miseris ad te confugientibus apud Christum piissimum regem atque Dominum, ut det nobis veniam peccatorum, emendationemque morum. et gaudium sempiternum.

Suit, à la même date, une messe votive de S. Aldegonde :

Messa votiva de S. Aldegunde *Virgine desumpta ex pervetusto Missali Cameracensi.*

ORATIO

Deus totius amator pudicitiæ, nobis sanctæ Aldegundis virginis meritis ac precibus auxiliare, quæ cum sponso sibi dilecto, filio tuo Domino nostro Jesu Christo perenni gloriatur honore.

(1) Les leçons de cet office sont tirées de l'histoire de cette translation par un auteur anonyme, témoin oculaire. *(Bollandus, apud Palmé,* t. III, p. 667. *Ghesquière,* t. IV. p. 331, et notre *Histoire de S. Aldegonde,* p. 114.) Mais cette translation eut lieu le 26 mai et non le 13 novembre. Pourquoi cette substitution ? Je l'ignore : peut-être, en choisissant cette dernière date, a-t-on voulu commémorer en même temps la translation des restes vénérés de la Sainte lorsque sa nièce Aldétrude les fit transférer de Coursolre à Maubeuge, translation qui eut lieu le 13 novembre. (V. plus haut. p. 104.)

GRADUALE

Vers. Ora virgo benigna Deum pro nobis sancta Aldegundis, ut tuo precatu nos solvat cuncto reactu.

SECRETA

Laudis hostias tibi summe pater offerimus, orantes, ut
sanctæ Aldegundis precibus tuæ majestati sint gratæ, et
nobis proficuæ.

POST COMMUNIO

Sacro libamine vegetati quæsumus Domine Deus noster,
ut sanctæ Aldegundis virginis intercessione, à malorum
præsentium liberemur terrore, ac cœlesti beatitudine perfi-
ciamur.

DIE XVIII OCTOBRIS

Sancti Lucæ evangelistæ

*Duplex 2 classis, nona lectio de sanctâ Aldegunde, et de
eâ commemoratio in laudibus tantùm et missis privatis.*

Cette commémoration de notre Sainte se fait à raison de
quelqu'élévation ou translation de ses reliques que l'on
présume avoir eu lieu en ce jour. L'unique leçon en effet de
cette commémoration se termine par ces mots : *Fit autem
hæc Beatæ Aldegundis commemoratio ob elevationem
aliquam vel translationem quæ hodiernâ die facta creditur.*
(V. notre histoire de S. Aldegonde, p. 121).

Cette leçon est tirée de l'histoire de S. Aldegonde attribuée
à un moine de l'abbaye de S. Ghislain, *(Bollandus Apud
Palmé, t. III p. 664, n. 14.)* ; elle est suivie d'une antienne :

PRO COMMEMORAT. ANTIPH

Dulcisonis Domino pangamus vocibus odas, ob comme-
morationem venerabilis Aldegundis in Domino exultantes.

La Gloire de Sainte-Aldegonde par le P. Triquet comprend de nombreux documents relatifs à la liturgie de notre Sainte.

Le P. Triquet donne d'abord (p. 7) « la façon de bénir l'eau qu'on donne à ceux qui désirent estre préservés de la mort subite, de la peste et des fièvres, etc. » Les prières qui précèdent cette bénédiction sont tirées des offices propres de la collégiale de Maubeuge ; puis le prêtre bénissait l'eau en se servant de l'oraison suivante :

ORATIO

Benedic Damine creaturam istam aquæ, ut sit remedium salutare generi humano, ut per invocationem nominis tui et per intercessionem sanctæ ALDEGONDIS virginis, et dilectæ sponsæ tuæ, quam ad te Sponsum currentem, connubiumque terrenum fugientem per Sambræ aquas sicco vestigio transire fecisti, ejusque sacræ desponsationis diem aquâ in vinum conversâ, decorasti ; præsta, ut quicumque ex eâ sumpserint, corporis sanitatem, et animæ tutelam percipiant.

Dans un chapitre intitulé : Des églises qui l'honorent, etc., (p. 73,) le même auteur donne :

1º La messe votive de S. Aldegonde dont nous avons parlé plus haut, tirée du missel de l'église métropolitaine de Notre-Dame à Cambray, ledit missel imprimé l'an 1507.

2º La messe de S. Aldegonde tirée du missel imprimé à Paris en 1509 « pour la noble église cathédrale de Saint Lambert en la ville et cité de Liège. » En voici la secrète :

Secreta. *Suscipe munera Domine, quæ in Beatæ Aldegundis virginis tuæ, solemnitate deferimus ; cujus nos confidimus patrocinio liberari.*

Complenda. *Auxilientur nobis Domine sumpta mysteria, et intercedente Beatâ Aldegunde virgine tuâ, sempiternâ protectione confirma.*

3º L'oraison de la messe, tirée de l'office de la Bienheureuse en l'église cathédrale de Saint-Omer :

ORATIO

Deus qui nos Beatœ Aldegundis virginis annuâ solemnitate lœtificas, concede propitius, ut ejus adjuvemur meritis, cujus castitatis irradiamur exemplis.

4° La *Collecte* pour la messe de Sainte Aldegonde, en usage dans l'église cathédrale de Tournay :

COLLECTE

Omnipotens sempiterne Deus, misericordiam tuam ostende supplicibus, ut qui de meritorum qualitate diffidimus, intercedente beata Aldegunde virgine tuâ, non judicium tuum, sed indulgentiam sentiamus (1).

5° Enfin l'oraison dont se servaient, en l'honneur de sainte

---

(1) Le P. Triquet donne de longs et intéressants détails sur le culte rendu à notre Sainte dans l'église de Saint-Piat, à Tournay ; nous les résumons : « On a commencé, dit-il, *(Gloire de Sainte Aldegonde,* éd. 1665, p. 90.) de faire la feste de sainte Aldegonde, à Tournay, en l'église paroissiale de Saint-Piat, le trentiesme jour de janvier de l'an 1643..... On la fait autant honorablement qu'on sçauroit désirer, veu que toute la noblesse de la ville s'y retrouve, et que le peuple y accoure à la foule, de toutes les paroisses, pour y honorer cette vierge angélique, en ses saintes reliques honorablement enchâssées au piédestal d'un beau chef artistement élabouré et tout doré. » A partir de 1655 la fête se célébra par des solennités plus grandes encore, avec octave et procession, « et pour augmenter de plus en plus la gloire de cette grande Sainte en la ville de Tournay, l'évêque, messire François de Gand, permit qu'on y érigeât une confrérie en son honneur. « Le 8 d'octobre de l'an 1656, se fit la première solennité de l'érection de cette confrérie, avec un admirable concours du peuple de toutes les paroisses et de la noblesse de la ville. Il y avait jusques à quatorze carosses devant le portail de l'église. » La fête se prolongea pendant neuf jours ; tous les jours de la neuvaine, on chanta la grand'messe en musique avec indulgence de quarante jours octroyée à ceux et celles qui y assistaient, et indulgence plénière à tous ceux et celles qui confessés et communiés s'enrolaient dans ladite confrérie.

Enfin, M. le pasteur Jean Liebart, « voulant laisser un eschantillon de la bonne affection qu'il portait à cette Sainte, » lui avait fait élever, dans l'église, dès l'année 1643, une statue en marbre de Gênes.

Hélas, toutes ces splendeurs se sont complètement évanouies : il n'y a plus à Saint-Piat ni statues, ni reliques de la Bienheureuse ; son souvenir même est presqu'effacé. Puisse quelque jour voir renaître un culte qui eut jadis tant d'éclat.

Aldegonde, pendant tout le mois de janvier, les confréries érigées dans les collèges de la Compagnie de Jésus.

ORATIO

Deus innocentiæ restitutor et amator, dirige ad te tuorum corda fidelium, ut spiritus tui fervore concepto, et in fide inveniantur stabiles, et in opere efficaces.

Le chapitre IV est consacré aux confréries établies en l'honneur de la sainte.

Le P. Triquet donne ensuite (p. 146) un « petit exercice a l'honneur de la vierge angélique sainte Aldegonde. » Viennent enfin les litanies de cette vierge ; nous croyons devoir les reproduire ; elles sont un peu longues, mais elles ont un parfum de piété qui réjouira le cœur des dévots à la Bienheureuse.

LITANIES DE S. ALDEGONDE, VIERGE

PATRONNE DE MAUBEUGE

Kyrie, eleison.	Seigneur, ayez pitié de nous.
Christe, eleison.	Christ, ayez pitié de nous.
Kyrie, eleison.	Seigneur, ayez pitié de nous.
Christe, audi nos.	Christ, écoutez-nous.
Christe, exaudi nos.	Christ, exaucez-nous.
Pater de cœlis, Deus, miserere nobis.	Dieu Père, du haut des cieux, ayez pitié de nous.
Fili, Redemptor mundi, Deus, miserere nubis.	Dieu Fils, Rédempteur du monde, ayez pitié de nous.
Spiritus Sancte, Deus, miserere nobis.	Dieu Esprit-Saint, ayez pitié de nous.
Sancta Trinitas, unus Deus, miserere nobis.	Trinité sainte, un seul Dieu, ayez pitié de nous.
Sancta Maria, ora pro nobis.	Sainte Marie, priez pour nous.
Sancta Dei Genitrix, ora, etc.	Sainte Mère de Dieu, priez, etc.
Sancta Virgo virginum,	Sainte Vierge des vierges,
Sancta Aldegundis,	Sainte Aldegonde,
Filia Patris omnipotentis,	Fille du Père Tout-Puissant,
Sponsa Christi inclyta,	Epouse incomparable du Christ,
A Spiritu Sancto velata,	Vierge voilée par le Saint-Esprit,
Ancilla Trinitatis humillima,	Très-humble servante de la Sainte-Trinité,
Mariæ fidelis pedissequa,	Fidèle suivante de la Vierge Marie.

Angelicis assueta congressibus, — Compagne familière des anges,

Divini miraculum Amoris, — Miracle du divin amour,

Divinis illustrata visionibus, — Vierge favorisée des visions célestes,

Præsaga futuri, — Oracle prédisant les choses futures,

Multis clara miraculis, — S^{te} opératrice de tant de miracles,

Dæmonibus terribilis, — O vierge si terrible aux démons,

Hominibus amabilis, — O vierge si aimable pour tous,

Magistra virtutis, — O vierge qui nous enseignez la vertu,

Mater pauperum, — Mère des pauvres,

Mundi generosa contemptrix, — Généreuse contemptrice du monde,

Martyr desiderio, — Martyre de désir,

Speculum virtutum omnium, — Miroir de toutes vertus,

Sponsa paupertatis, — Epouse de la pauvreté,

Candor castitatis, — Blancheur de la chasteté,

Obedientiæ norma, — Règle de l'obéissance,

Virgo devotissima, — Vierge très-pieuse,

Virgo fortissima, — Vierge très-courageuse,

Virgo humillima, — Vierge très-humble,

Virgo liberalissima, — Vierge très-libérale,

Virgo mitissima, — Vierge très-douce,

Virgo patientissima, — Vierge très-patiente,

Virgo prudentissima, — Vierge très-prudente,

Ad æthereum assumpta thalamum, — Admise au lit nuptial du céleste époux,

Sanctorum omnium socia, — Compagne de tous les saints,

Jesu sponso conjuncta, — Unie au divin époux, Jésus,

Gloria filiarum tuarum, — La Gloire de vos Filles,

Salus ad te clamantium, — Salut de ceux qui vous invoquent,

Salus in te confidentium, — Salut de ceux qui espèrent en vous,

Salus te imitantium, — Salut de ceux qui vous prennent pour modèle,

In omni tribulatione nostrâ, intercede pro nobis. — En toutes nos tribulations, intercédez pour nous.

In cunctis necessitabus, intercede, etc. — En toutes nos nécessités, interc. etc.

Per vitæ tuæ sancta merita, — Par les mérites de votre sainte vie,

Per diuturnos labores tuos, — Par vos longs travaux,

Per multiplices austeritates tuas, — Par vos grandes austérités,

Per assidua jejunia tua, — Par vos jeûnes continuels,

Per laboriosas vigilias tuas, — Par vos veilles laborieuses,

Per mundissimam castitatem tuam, — Par votre très-pure chasteté,

Per insignem charitatem tuam, — Par votre insigne charité,

Per magnam devotionem tuam, — Par votre grande piété,

Per eximiam humilitatem tuam, — Par votre rare humilité,

Per admirabilem liberalitatem tuam, — Par votre admirable libéralité,

Per summam obedientiam tuam, — Par votre parfaite obéissance,

Per longanimen in morbo patientiam tuam, — Par votre patience dans les maladies,

Per singularem rerum temporalium contemptum tuum,

Par votre généreux mépris des choses temporelles,

Per gloriosam de mundo, dæmone, et carne victoriam tuam,

Par la glorieuse victoire que vous avez remportée sur le monde, le démon et la chair,

Per specialem ad sanctos angelos devotionem et familiaritatem tuam,

Par votre singulière dévotion envers les saints anges et votre particulière familiarité avec les esprits célestes,

Per dulcissimam Virginem Mariam,

Par la très-douce Vierge Marie,

Per amantissimum Sponsum tuum,

Par votre très-aimable époux Jésus,

Peccatores, te rogamus audi nos.

Pécheurs, nous vous en supplions, exaucez-nous.

Ut à nobis omne malum tuis precibus amoveas, te rog. etc.

Daignez, par vos prières, nous préserver de tout mal, nous vous en supplions, etc.

Ut in Dei servitio constantiam nobis impetrare digneris,

Daignez nous obtenir la persévérance dans le saint service de Dieu,

Ut filias tuas, et clientes tuos, regere, protegere et conservare digneris,

Daignez gouverner, défendre et conserver vos filles, et tous ceux qui vous sont dévots et affectionnés,

Ut civitatem hanc, et populos sub tuâ ditione ubique militantes ab omni malo liberare digneris,

Daignez délivrer de tout mal cette ville et les peuples qui vivent sous votre autorité et combattent sous vos étendards,

Ut læti et hilares mortem expectare possimus,

Daignez nous obtenir la grâce d'attendre la mort avec joie et allégresse,

Ut nostram in judicio Dei causam suscipias,

Daignez prendre en main notre défense lorsque nous comparaîtrons devant le tribunal de Dieu,

Ut a te adjuti de nostrâ ereptione tecum in æternum gaudeamus,

Que par votre assistance nous puissions à jamais nous réjouir, avec vous, dans le Ciel, de notre délivrance et de notre salut éternel.

O dulcis Patrona,

O douce patronne,

O Advocata fidelis,

O notre fidèle avocate,

O gloriosissima Aldegundis,

O très-glorieuse Aldegonde,

℣.— Ora pro nobis Beata Christi sponsa Aldegundis.

℣ Epouse bien-aimée du Christ, Aldegonde, priez pour nous,

℟.— Ut simus digni ex hac horâ semper Christi gratiâ.

℟ Afin que, maintenant et à jamais, nous soyons trouvés dignes de la grâce de Jésus-Christ.

VIII

VARIANTE DE LA LÉGENDE DE SAINTE ALDEGONDE

NE tradition populaire toute locale consacre à Coursolre une variante de la légende de Sainte Aldegonde. M. Jennepin, dans sa *Notice historique sur la commune de Cousolre* (p. 324) raconte, avec beaucoup de charme, ce naïf récit. Le voici ; disons d'ailleurs qu'aucun de nos vieux auteurs ne la reproduit ni ne la confirme :

« L'aîné des enfants de Saint Walbert et de Sainte Bertille était une fille, Waudru. Walbert désirait vivement avoir un fils qui pût perpétuer les glorieuses traditions de ses ancêtres et soutenir l'éclat de sa puissante maison. Son épouse Bertille, qui ne partageait point l'ambition ni les goûts guerriers de son mari, et dont l'amour maternel s'effrayait à l'avance des dangers qu'aurait pu courir son fils dans ces temps malheureux où la guerre était l'unique occupation des nobles, eût préféré une fille. Dieu n'exauça point les prières de Walbert et, pendant qu'il faisait la guerre aux barbares, sa femme lui donna une fille, qui devait être plus tard Sainte Aldegonde. Craignant le désespoir et la douleur de son époux lorsqu'il reviendrait, Bertille échangea secrètement sa fille contre le fils d'un pauvre laboureur du hameau de Marsignies, né le même jour. De retour de son

expédition, le Seigneur de Coursolre, transporté de joie, fit
célébrer la naissance de celui qu'il croyait être son fils, par
des festins et des réjouissances. Mais son bonheur fut de
courte durée. L'enfant était chétif et délicat. Tous les soins
lui furent prodigués ; le moine Sobin, de l'abbaye de Nivelles,
renommé pour sa science dans la médecine, fut appelé afin
de donner ses soins au petit malade, mais tout fut inutile,
et l'enfant arrivé à l'âge de quatre ans pouvait à peine se
soutenir sur ses jambes débiles. Walbert en était profondément affligé. Un jour qu'il se promenait dans les prairies
de Marsignies en compagnie de sa femme Bertille qui l'attirait souvent vers cet endroit, fatigué et abattu, il s'était assis
sur l'herbe à l'ombre d'un saule, à quelque distance d'une belle
fontaine qui prenait sa source au milieu de la prairie. Ses
regards erraient distraitement sur les belles campagnes qui
s'étendaient devant lui, mais il ne les voyait point ; son
esprit était à son château, près de son fils malade. Tout à
coup des cris joyeux, de frais éclats de rire vinrent le tirer
de sa rêverie : une bande d'enfants de quatre à six ans accou-
rait en suivant le sentier menant à la fontaine ; ils n'aperce-
vaient point les illustres personnages cachés par le feuillage
du saule. En tête de la bande joyeuse s'avançait une petite
fille d'environ quatre à cinq ans, à la chevelure blonde, aux
grands yeux bleus ; l'incarnat de ses joues était encore
rehaussé par l'animation que lui avait donné la course. Ses
vêtements, quoique modestes, n'étaient point ceux d'une
pauvre serve. Arrivée près de la fontaine, elle se baissa,
plongea ses jolis doigts roses dans l'onde fraîche pour étancher sa soif. Elle était si belle qu'en la voyant ainsi Walbert
ne put retenir un cri d'admiration. Effrayée, l'enfant courut
se réfugier au milieu de ses compagnes. « Hélas, s'écria le
noble comte, j'ai été bien puni de mon fol orgueil ; que Dieu
ne m'a-t-il pas plutôt donné une rose et fraîche enfant comme
celle-ci, au lieu d'un fils né seulement pour la souffrance et
la douleur, et que la mort jalouse menace de m'enlever
chaque jour ! » Et de grosses larmes roulaient sur ses joues.

Bertille, ne pouvant plus longtemps cacher un secret qui
l'oppressait, se jette en pleurant aux pieds de son époux et
lui avoue tout. Aussitôt Walbert appelle sa fille, il la couvre
de baisers, et la jeune Aldegonde est ramenée chez ses véri-
tables parents, où elle devint ce que l'on sait. Quant à
l'enfant du laboureur, qui n'était point né pour la vie du
château, dit la tradition, quelque temps après son retour
dans la chaumière de son père, il revint à la santé et fut plus
tard l'un des écuyers du comte.

La fontaine de Marsignies existe encore. J'ai parcouru les
prairies qui l'entourent, je me reposai sur ses bords et
m'abreuvai de son onde rafraîchissante. Mais l'herbe foulée
par les petits pas d'Aldegonde n'a point gardé leur empreinte,
la limpide fontaine ne réfléchit plus ses traits enfantins,
aucun écho ne redit les doux éclats de sa voix. Seul, son
souvenir plane toujours sur ces lieux agrestes, et les générations se succèdent à Coursolre depuis plus de douze siècles,
se transmettant, comme un pieux héritage, la légende que
nous venons de rapporter.

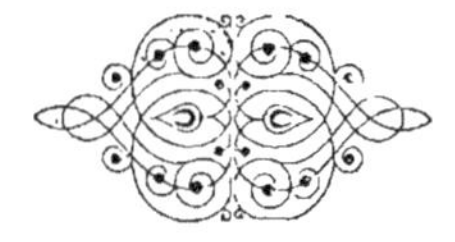

IX

LE MONASTÈRE DE MAUBEUGE

E monastère de Maubeuge, fondé en 646 par sainte Aldegonde, fut supprimé en 1790 par la Révolution ; il avait donc vécu près de douze cents ans. C'est un long espace de temps pour une institution humaine, et le seul miracle de cette longévité devrait suffire, semble-t-il, pour imposer le respect. Une œuvre, en effet, — quelle que soit pour elle la fortune des événements, — a donné un assez beau témoignage de puissance et de sagesse, qui sut porter sans fléchir le poids de douze siècles. Pour nous, fils d'une époque si pauvre de monuments, et pourtant couverte de ruines, il ne nous siérait pas de juger dédaigneusement cette grandeur du passé ; une sorte de piété convient à ces études. Si l'antiquité est vénérable, c'est surtout quand elle nous découvre une longue suite de traditions que conservent avec amour tant de générations, qu'à leur tour ces traditions elles-mêmes conservent et préservent des injures du siècle.

Cependant il faut reconnaître que la règle de sainte Aldegonde subit des altérations profondes ; il n'est point aisé d'en préciser l'époque et d'en saisir le caractère.

Le monastère de Maubeuge eut dès l'origine le caractère féodal ; il le conserva jusqu'à sa ruine, faisant même de ses privilèges une condition essentielle de son existence. La terre à cette époque anoblissait ses possesseurs ; c'était la loi et le bénéfice de la race conquérante dont Aldegonde était fille. Elle eut la sagesse de ne point se départir de ses droits, pour les transmettre, dans leur intégrité, aux abbesses qui lui succéderaient. Ainsi, par une sorte de fiction légale, autorisée d'ailleurs par les mœurs du temps et par la sanction des princes mérovingiens, le monastère de Maubeuge, devenu personne noble, indépendant pour le temporel, héritait des biens, des honneurs et des franchises de Walbert et de Bertilie. L'intervention séculière n'était plus à craindre ; Aldegonde était libre dans son gouvernement, mère de ses religieuses, supérieure de tous ceux qui entouraient sa fondation et vivaient sur ses terres. On peut se représenter cette grande dame comme une maîtresse de maison, offrant l'hospitalité de sa noble demeure aux filles des Comtes et des Leudes, et les conviant aux ravissements de la prière, à la beauté, à la splendeur du service divin. Près d'Aldegonde, dans l'intimité de leurs compagnes, ces jeunes filles retrouvaient, mais plus pures et plus élevées, les leçons et les habitudes du foyer, le charme pénétrant de la bonne compagnie, et même ce parfum des manières aristocratiques, plus cher peut-être à un cœur virginal.

Béni soit le Seigneur, béni soit-il, en se réservant et choisissant ce collège de vierges patriciennes, d'avoir cueilli la fleur de notre plus antique noblesse sur sa tige vigoureuse, débordant d'une sève printanière. Ainsi disaient nos vieux auteurs, et la poésie de leur pensée exprimerait bien, ce semble, la vérité des choses. Sainte Aldegonde n'imposa point à ses filles toutes les austérités pratiquées dans les cloîtres. Les bâtiments du monastère avaient même un air de magnificence dont s'étonnait S. Waudru. Les deux sœurs et les deux saintes allaient toutes deux à Dieu, d'une même allure peut-être, — nous ne comparons point les mérites, —mais non par le même chemin. Les filles de S. Waudru, fidèles à l'esprit de leur fondatrice, pourront établir à Mons la règle de St Colomban, et, par une conséquence légitime, dans l'ordre des temps, celle de saint Benoist. Les filles de sainte Aldegonde, par un même principe de fidélité à leur constitution, n'accepteront aucune discipline étrangère.

Je ne puis, en vérité, admettre que celles-ci aient suivi la règle de S. Colomban. L'extrême pauvreté, — pour ne citer que ce point, — à laquelle cette règle oblige les personnes qui l'embrassent, semble ne pas convenir à la pensée de sainte Aldegonde ; elle ne veut pas, ce sont les termes du testament, que ses filles souffrent de l'indigence et de quelque pénurie (1). Que si l'on nous oppose la non authenticité de l'acte testamentaire, nous repondons que le fait même de la donation n'en est pas moins certain, et il nous est permis de constater que ce monastère de Maubeuge était préservé, par les grands biens de Walbert et de Bertilie, de l'indigence et de toute privation.

Ce monastère était-il donc alors bénédictin ?

Je remarque d'abord que nous ne possédons, dans leur forme première, ni la règle de Saint Colomban, ni celle de Saint Benoist, si toutefois ces glorieux patriarches ont eux-mêmes précisé et écrit leur législation. Nous n'avons que leur pensée, interprétée par leurs disciples, et tous ne l'ont point comprise de la même manière. Il y a plusieurs branches dans la famille bénédictine ; laquelle s'est mieux inspirée de la pensée du fondateur ? Grave question restée pendante, même après cette fameuse discussion, sur ce point précisément, entre Citeaux et Cluny, entre saint Bernard et Pierre le Vénérable. On aurait pu soulever les mêmes discussions sur la règle de S. Colomban, si elle ne s'était confondue dans celle de S. Benoist. Les décisions conciliaires rendues à Leptines, près de Binche, en 743, et au concile national d'Aix-la-Chapelle, en 816, sous Louis le Débonnaire, rendirent cette fusion possible et facile par le cours des choses. Les différences n'étaient point essentielles ; la règle de saint

(1) *Ut absque indigentia et penuria aliqua Christo famulari et ordinis sanctimonialis vita competenter deservirent.*

Benoist n'établissait encore aucun pouvoir central ; c'était
une direction donnée à la vie religieuse et compatible avec
la diversité des travaux et même des attraits. Toutes les
maisons conquises à la discipline de S. Colomban se soumirent à celle du mont Cassin, et l'Europe monastique se
trouva bénédictine.

Le monastère de Maubeuge fit-il exception ? Nous le
croyons ; nous croyons qu'il ne fut soumis ni à la règle de
S. Colomban, — nous venons d'en indiquer les raisons, —
ni à la règle de S. Benoist.

Maîtresse dans son monastère, soumise à la seule judica-
ture des évêques et des rois, Aldegonde, fidèle à sa pensée
première, ne l'assujettit à aucun ordre religieux. Ce monastère avait donc gardé, sans la confondre et sans la soumettre
à aucune autre, sa discipline particulière, celle de sainte
Aldegonde. On oublie trop que ses filles ont toujours pro-
testé ne point appartenir à l'ordre de S. Benoist ; elles furent
constantes, pendant des siècles, à maintenir leur indépendance ; les historiens n'ont relevé aucune contradiction sur
ce point, ni aucune défaillance ; il faudrait donc les supposer
capables de mensonge, et les déclarer bénédictines, malgré
elles. J'aime bien mieux m'en tenir à leur parole, dont rien
ne nous autorise à suspecter la véracité.

Cependant elles restaient enfants soumises de l'Eglise, et
ne furent frappées d'aucune peine. Voilà qui serait étrange
et inexplicable, si, bénédictines, elles avaient refusé de se
soumettre aux décisions des conciles ; par le fait même de
leur désobéissance, elles eussent été schismatiques, rebelles
à l'Eglise, frappées de ses censures, retranchées de la communion apostolique. Or, dans l'histoire, nous ne trouvons
aucune trace de peines aussi sévères, suite inévitable d'une
résistance prolongée sur une matière aussi grave ; mais elles
ne désobéirent point, parce que ces décisions ne concernaient
point leur monastère. Dès lors, la seule conclusion probable,
la seule logique est celle-ci : Au moment et en face des décisions des conciles, et surtout de celui de 816, les filles de

S. Aldegonde accentuèrent le caractère séculier de leur institution. Toutes les maisons religieuses devaient être bénédictines ou ne plus être religieuses, du moins dans la stricte
signification du mot et au point de vue canonique. Elles
pouvaient avoir encore les habitudes et les mérites de
la vie religieuse, elles n'en obtenaient pas la reconnaissance
légale. Cette situation est singulière, nous n'avons pas le
droit de conclure qu'elle fût illégitime. Il ne peut m'appartenir de justifier ou de condamner la conduite du monastère
de Maubeuge; je la constate, et, autant qu'il m'est possible,
je la précise. Les filles de sainte Aldegonde n'étaient plus
complètement religieuses ; elles n'étaient point non plus
complètement au monde, et ce fut sans doute à cette époque
qu'elles se sécularisèrent et se transformèrent en un chapitre
de chanoinesses séculières ou collège de filles nobles.

Disons d'ailleurs que le monastère n'était plus entièrement
celui de sainte Aldegonde. N'était-ce qu'une modification
dans la discipline, amenée par les vicissitudes, par les nécessités de ces temps si troublés, ou quelque relâchement s'y
était-il produit à la faveur même de ces troubles ? La dernière
supposition est possible, et pendant la longue période de
son existence, le monastère ne fut point sans doute à l'abri
de tout reproche. Quoi qu'il en soit, s'il avait perdu l'intégrité de sa règle, et nous sommes les premiers à le regretter,
il ne s'était, comme nous l'avons dit, soumis à aucune autre.

L'Eglise fut respectueuse de cette situation. On ne dira
jamais assez combien cette puissance auguste est soucieuse
de sauvegarder la liberté des âmes ; elle ne trouva point que
les limites en fussent dépassées. Les chanoinesses ne s'enga-
gèrent plus vis-à-vis d'elle par des vœux solennels, et ne
donnant plus à l'Eglise sur elles un pouvoir qu'elles étaient
libres de ne pas concéder, elles restèrent un collège de nobles
dames qui ne renonçaient pas à leurs biens et pouvaient se
marier. L'abbesse seule s'engageait par des vœux perpétuels. (1)

(1) Le célèbre dictionnaire rédigé par les jésuites de Trévoux définit
en ces termes un *Chapitre de chanoinesses* : « C'est plutôt un séminaire

Dans de longues controverses auxquelles donna lieu cette transformation, l'autorité des papes fut plusieurs fois invoquée. Les évêques de Cambray auraient voulu imposer la règle bénédictine à la communauté de sainte Aldegonde. Innocent IV, dans une bulle adressée, le 19 février 1244, à ses chères filles l'abbesse et le chapitre séculier de Maubeuge, reconnut l'indépendance du monastère ; Clément IV, par une bulle du 27 septembre 1265, maintint cette indépendance, et sanctionna définitivement ses droits.

Les originaux sur parchemin de ces deux documents se trouvent aux Archives de l'Etat à Mons. A chacun d'eux est appendu par des lacs de soie rouge et jaune, le sceau en plomb du Pape.

M. Ernest Mathieu a publié ces deux bulles dans les *Analectes pour servir à l'Histoire ecclésiastique de la Belgique,* t. XVII.

Nous reproduisons la bulle d'Innocent IV ; elle précise une date souvent contreversée :

Innocentius, episcopus, servus servorum Dei, dilectis in christo filiabus abbatisse ac capitulo secularis ecclesie Melbodiensis, cameracensis diocesis, salutem et apostolicam benedictionem. Cum a nobis petitur quod justum est et honestum, tam vigor equitatis quam ordo exigit rationis ut id per sollicitudinem officii nostri ad debitum perducatur effectum. Eapropter, dilecte in Christo filie, vestris justis postulationibus grato concurrentes assensu, omnes libertates et immunitates seu exemptiones secularium exactionum a regibus et principibus vel aliis Christi fidelibus rationabiliter vobis indultas, nec non antiquas et rationabiles consuetudines vestras super statu vestro et ecclesie vestre hactenus irrefragabiliter observatas, vobis et per vos ecclesie vestre

---

et une retraite honnête de filles nobles à marier qu'un engagement pour le service de Dieu. » Puis il ajoute : « On n'en connait guère qu'en Flandre, en Allemagne et en Lorraine ». Dans le diocèse de Cambray, on en comptait trois, Maubeuge, Denain et Bourbourg. Aujourd'hui il n'existe de chanoinesses qu'à Munich et à Vienne.

auctoritate apostolica confirmamus et presentis scripti patiocinio communimus. Nulli ergo omnino hominum liceat hanc paginam nostre confirmationis infringere, vel ei ausu temerario contraire. Si quis autem hoc attemptare pre-sumpserit, indignationem omnipotentis Dei et beatorum Petri et Pauli, apostolorum ejus, se noverit incursurum.

Datum Laterani, XIJ Kalendas martii. pontificatus nostri anno primo.

Le monastère de Maubeuge tomba en même temps que la monarchie ; mais sa ruine fut complète. Si notre langue possédait un mot qui signifiât une destruction totale, tout un passé qui sombre sans laisser pour l'avenir une lueur d'espoir, il faudrait ce mot nécessaire pour exprimer la nature de cette mort. La moindre de toutes fut la ruine matérielle. Les annales ont disparu. le livre des règles ou des coutumes ne s'est point retrouvé, ceux qui en ont écrit ne sont point d'accord entr'eux. La Révolution dans les esprits fut plus funeste encore au monastère. L'impiété en armes n'avait détruit que les murailles ; l'esprit nouveau rend une résurrection impossible. Plus frappé que d'autres, le monastère de Maubeuge n'aura point sa renaissance.

Parmi les familles religieuses, en effet, les unes sont ou peuvent être de tous et pour tous les temps, les autres sont d'un temps et pour un temps. Les premières se vouent à des besoins impérissables ; elles empruntent leur raison d'être, leur perpétuité, à l'incurable indigence du genre humain ; ce sont les grands ordres de l'Eglise. Les autres vont à un besoin particulier qui peut disparaître ; elles limitent leur zèle et leur durée à certaines conditions qui ne seront point toujours réalisables, et elles se retirent après avoir fait l'œuvre pour laquelle elles sont venues ; tel fut le monastère de Maubeuge. Il répondait à un ensemble d'institutions et de mœurs dont la ruine fut achevée avec et par la Révolution. Les lois, les usages, et, si l'on veut absolument, les préjugés qui créèrent, ou dans la suite modifièrent sa cons-

titution, ne sont plus les nôtres Dès lors, il devient
difficile d'apprécier une œuvre plus séparée de nous par la
distance de son principe constitutif que par celle des années.

Dans ce chapitre, nécessairement restreint, je n'ai point
tenté de donner, aux graves questions qu'il soulève, une
solution complète. J'ai indiqué néanmoins une solution possible ; elle pourra ne point faire loi, mais on la trouvera
justifiée par l'histoire du monastère ; je ne prétends pas autre
chose.

Le chapitre de Maubeuge se composait de quarante chanoinesses, toutes nommées par l'abbesse Primitivement, celle-
ci était élue à vie par le Chapitre ; à la mort de l'abbesse, ou
si elle était démissionnaire, les dames chanoinesses se réunis
saient dans la salle capitulaire, et élisaient, à la pluralité des
suffrages, celle d'entre elles qu'elles jugeaient digne de la
Crosse ; c'était le régime de la liberté, tel que l'Eglise l'avait
établi. Après la réunion de Maubeuge à la France (1678), le
pouvoir royal usurpa sur les immunités du monastère ; ses
franchises disparurent peu à peu, en même temps d'ailleurs
que les prérogatives presque souveraines des grands feuda-
taires, et la liberté des élections fut singulièrement restreinte.
Quand la dignité abbatiale était vacante, les dames chanoinesses désignaient trois candidatures en présence de trois
commissaires délégués par le roi ; celui-ci nommait abbesse
l'une d'elles. Cette immixtion oppressive du pouvoir civil se
faisait au nom des libertés gallicanes !

La première entrée de l'abbesse dans sa ville de Maubeuge
était entourée d'un grand appareil militaire ; le magistrat
allait lui présenter les vins d'honneur. C'était pour la ville
des jours de fête et de grande réjouissance.

Les revenus du Chapitre dépassaient deux cent mille francs,
mais il avait beaucoup de charges et devait pourvoir aux
traitements de tous les employés du Chapitre et à l'entretien
des bâtiments, moulins, fermes, brasseries, églises et pres-
bytères de villages dont il nommait et payait les curés. Il

répandait en outre beaucoup d'aumônes ; si l'année était mauvaise, il remettait aux fermiers tout ou partie de leurs fermages, et, en temps de disette, il faisait vendre à la halle des blés à prix réduits. La pénurie du trésor royal en 1789 ne le trouva pas indifférent ; il lui fit un don volontaire de cent quarante-sept mille francs.

Le Chapitre noble était administré par l'abbesse et par les quatre chanoinesses les plus anciennes appelées aînées. Il jouissait de nombreux privilèges religieux et politiques ; il avait droit de haute, moyenne et basse justice. L'abbesse exerçait la justice à l'aide d'un grand bailli, d'un greffier et d'un mayeur faisant les fonctions de procureur fiscal.

Ce Chapitre eut aussi le privilège, jusqu'à la réunion de Maubeuge à la France, de battre monnaie ; mais ce privilège était fort restreint et ne s'appliquait d'ailleurs qu'aux deniers de plomb (1).

Le costume des chanoinesses était fort riche. Il se composait d'un voile blanc-obscur, d'une longue tunique blanche, d'un surcot rouge bordé de petit-gris tombant jusqu'à mi-jambe, et d'un manteau violet doublé d'hermine unie pour les simples chanoinesses, et d'hermine mouchetée pour l'abbesse.

L'âge pour être admise comme chanoinesse était de trois à douze ans. Le choix de l'abbesse ne pouvait tomber que sur des filles nobles. Les preuves de noblesse se firent long-temps par la prestation de serment de sept gentilshommes qui juraient que la demoiselle présentée était fille de chevalier, et issue de légitime mariage. Cette cérémonie s'accomplissait avec une solennité imposante, dans le chœur de l'église, en présence du Saint-Sacrement exposé et du corps de sainte Aldegonde. Plus tard, on exigea quatre quartiers

---

(1) *Notice sur les deniers de plomb du Chapitre noble des chanoinesses de Sainte Aldegonde,* par M. Estienne, Archives du Nord, nouvelle série, t. V, p. 41. — *Sur les deniers de plomb à l'effigie de sainte Aldegonde,* par A. Leroy, même volume, p. 319.

de noblesse paternelle et quatre du côté maternel, sans mésalliance. Les chanoinesses ajoutèrent dans la suite quatre ascendants paternels et autant du côté maternel, ce qui faisait seize quartiers.

Le lecteur attentif ne s'étonnera point de ces exigences multipliées. Il sait que l'Eglise, — elle approuvait des institutions semblables, — n'est point égalitaire comme la Révolution comprend ce mot. De cette égalité, l'Eglise, comme le bon sens universel, et la nature même des choses, en a une invincible horreur. Sans doute, elle souhaite élever chaque homme, mais le plus souvent en le gardant à la place que Dieu lui a donnée, le roi sur son trône, l'artisan à ses métiers.

C'était du reste un devoir de reconnaissance ; cette antique noblesse avait bien mérité ce respect, et il convenait de la préserver de toute mésalliance si l'on voulait garder au vieux sang des croisés sa pureté et son ardeur. Il serait injuste d'accuser les complaisances de cette institution pour la fortune ou la faveur. D'ordinaire ces deux inconstantes n'ont point des titres si anciens, et il semble au contraire qu'exiger tant de *quartiers*, c'était les exclure du monastère. On dira que du moins les grandes races étaient privilégiées ; nous ne prétendons pas le contraire, et plut à Dieu que ce patronage de l'Eglise eut été mieux accepté, nous ne serions pas un peuple découronné de son aristocratie.

Les richesses du couvent, l'éclat des grands noms ont excité d'autres critiques. On a dit : Si ce sont des religieuses, elles sont bien mondaines ; il suffisait de répondre : Si ce sont des mondaines, elles sont bien religieuses ; ce serait plus conforme à la vérité de l'histoire.

En fait l'œuvre de sainte Aldegonde n'avait pas été interrompue. Aux pieds de son tombeau les générations de jeunes vierges se succédaient, à l'abri de la contagion du monde, sous le gouvernement de nobles femmes, maintenant avec un soin jaloux leurs immunités et leurs privilèges, mais, s'inspirant de leurs antiques traditions elles-mêmes pour rester fidèles à leur vocation.

En même temps que sainte Aldegonde élevait un monastère pour ses filles, elle édifiait, aux mêmes lieux, mais complètement séparé, un monastère pour les serviteurs de Dieu. Ce monastère fut consacré par saint Aubert, sous l'invocation du glorieux martyr saint Quentin Ce vocable fut choisi par dévotion envers l'apôtre des Vermandois, mais non parce que les premiers moines étaient des *bénédictins tirés de la collégiale de la ville de Saint-Quentin* (1). Au VIIᵉ siècle il n'y avait à Saint-Quentin ni bénédictins, ni collégiales. Ces moines assuraient la régularité, et, par leur nombre et leur piété, la splendeur du service divin ; leur établissement n'avait pas d'autre but, il s'imposait d'ailleurs comme une nécessité de la situation. Nous n'avons point oublié que la vierge de Coursolre planta sa tente au milieu des forêts peuplées de bêtes féroces et elle ne fit que suivre l'exemple de tant de monastères de femmes qui, à cette époque, durent subir cette loi et s'adjoindre un monastère d'hommes : ceux-ci dirigeraient et protégeraient leur faiblesse, en même temps que leurs mains consacrées feraient descendre en elles et sur elles, avec la victime sainte, les bénédictions cé estes : « *Quia*, dit encore S. Aldegonde dans son testament, *vero femineus sexus non potest per se explere divina sacramenta... institui duodecim fratres in ecclesia sancti Quentini martiris* ».

Les moines de Saint-Quentin avaient également reçu, de leur sainte fondatrice, une notable partie de ses biens, et son testament reproduit à leur égard la même raison qu'elle donnait de sa libéralité lorsqu'il s'agissait des servantes de Dieu : « *Ut autem illi jam dicti fratres absque indigentia et penuria aliqua Christo famulari et ordinis sanctorum canonicorum vita conpetenter deservirent, eis stipendia, ad usum eorum, donatione publica tribui...* »

____

(1) Notes de M. Estienne, p. 18.

Soumis d'ailleurs à la même discipline que les filles de sainte Aldegonde, ils traversèrent les mêmes vicissitudes, furent sécularisés à la même époque et disparurent avec elles en 1790.

Leur histoire est d'ailleurs peu connue, ou plutôt ils n'ont guère d'histoire. La mission toute sacerdotale qu'ils remplissaient auprès d'un monastère de femmes les confinait dans le saint exercice de leurs fonctions.

Les chanoines étaient au nombre de dix-huit, dont six prêtres, six diacres et six sous-diacres. Ils étaient nommés par le Pape et par l'abbesse ; cette dernière n'avait la nomination que des prébendes qui venaient à vaquer dans les quatre mois de mars, de juin, de septembre et de décembre.

Les chanoines avaient à leur tête un doyen élu par eux-mêmes, et un prévôt qui n'était pas tenu à résidence. A l'origine le prévôt était nommé par le comte du Haynaut ; dans la suite, il le fut par le roi d'Espagne et par le roi de France.

Les chanoines devaient administrer les sacrements aux dames chanoinesses, leur célébrer la grand'messe tous les jours de l'année, et assister aux offices des fêtes principales.

Qu'est-il advenu des églises bâties primitivement par sainte Aldegonde et de son monastère ?

Sainte Aldegonde avait construit trois églises, la première en l'honneur de la Sainte Vierge et des douze apôtres, la seconde en l'honneur de saint Quentin ; la troisième était dédiée aux princes des apôtres S. Pierre et S. Paul, en mémoire du passage miraculeux de la Sambre.

Des deux dernières, il n'est pas même resté un souvenir.

La première, l'église même du monastère de sainte Aldegonde, est connu sous le nom de *Vieux-Moustier* (1). Cette

---

(1) *Moustier* vient du latin, *monasterium*, monastère, couvent, et, par extension, église. Le Vieux-Moustier signifie donc vieille église ou vieux couvent. (Note de M. Jennepin, p. 246).

église se conserva pendant de longs siècles, au moins quant
à ses fondements.

Vinchant, mort en 1635, écrivait ceci dans ses annales :
« La première église qu'elle (Aldegonde) basty est encore en
son estre quant aux fondements, et s'appelle communément
le Vieux-Moustier en lequel les premières et anciennes abbesses et chanoinesses de Maubeuge ont chanté les louanges à
Dieu » (1).

Le P. Basilidès en 1623, exprime la même opinion, à peu
près dans les mêmes termes (2).

Le P. Binet, en 1626 (3), et le P. Triquet, en 1665 (4),
parlent du Vieux-Moustier comme de l'église même bâtie
par S. Aldegonde ; mais certainement il faut interpréter leur
dire dans le sens indiqué par Vinchant et le P. Basilidès : Le
Vieux-Moustier existait encore *quant à ses fondements*. Il
est d'ailleurs très supposable que dans les diverses recons-
tructions qui ont pu se produire, non-seulement on se sera
servi des mêmes assises, mais on aura eu soin de conserver
la crypte, placée sous un autel latéral, et dans lequel fut
inhumé le corps de la Bienheureuse, lorsqu'on le ramena de
Coursolre. « En ladite église, dit le P. Basilidès, se voit en
forme de sépulchre creusé et ouvert soubs l'autel de la chap-
pelle intitulée de Sainte Aldegonde, là où le peuple va
encore faire journellement ses dévotions pour obtenir guérison des mal de tête, et autres semblables benéfices (5). »
Cette *forme de sépulcre* pouvait très bien être la crypte où
reposa le corps de S. Aldegonde jusqu'en 1039, époque où
on l'en retira « pour être mis dans une fierte, afin d'être
plus honoré et porté en procession, à raison des grands
miracles qui se faisaient journellement par son intercession (6). » D'où s'explique dès lors le concours de fidèles que

---

(1) *Annales de la province et comté du Hainaut,* par F. Vinchant,
Bruxelles, 1848, p. 50.
(2) Basilidès, p. 192.
(3) Binet, p. 441.
(4) *La Gloire de S. Aldegonde,* p. 47.
(5) Basilidès, p. 410.
(6) Triquet, p. 47.

la dévotion à S. Aldegonde attirait à cet autel. Ce concours dura jusqu'à la démolition complète de l'église, qui eut lieu, sous la princesse de Croy, en 1754.

Où le Vieux-Moustier était-il situé ? Au midi de la *Place Verte* actuelle, selon M. Estienne (1); mais nous manquons de données à cet égard. On sait seulement qu'il était attenant à l'église abbatiale. « *Extat*, dit Bollandus, *Malbodii juxta majorem basilicam vetus alia œdes et minor, quœ vulgo Vetus-Monasterium, aut templum, Vieulx-Moustier appellatur* (2). »

L'église abbatiale s'élevait contiguë au Vieux-Moustier, comme nous l'avons dit. Elle possédait une splendide orfévrerie et de nombreuses richesses artistiques, entre autres seize pièces de tapisserie d'Arras représentant la vie de sainte Aldegonde. La Révolution a fait main basse sur le tout.

Du IXe au XVe siècle, cette église fut plusieurs fois complètement détruite. Incendiée en 1387, elle fut brûlée de nouveau, avec toute la ville, par les troupes du roi Louis XI, le 6 mai 1478. L'argent manquait pour la réédifier, et, à l'exemple de quelques monastères. le Chapitre fit porter en procession, dans toute la Belgique, les reliques de la Bienheureuse, afin de se procurer les fonds nécessaires pour la reconstruction de son église et du monastère. L'église ne fut terminée qu'en 1545. Elle fut démolie en 1804, et quelque ruine oubliée n'accuse même pas la place qu'elle occupait.

Des bâtiments de l'abbaye, on ne sait absolument rien. Il reste encore quelques maisons canoniales qui ont été construites sous l'abbatiat de Marie-Thérèse de Croy (1741-1774). Elles n'ont rien de remarquable sous le rapport architectural ; ce sont des demeures commodes, solidement bâties. L'une d'elles sert aujourd'hui de presbytère.

Quant à l'antique abbaye des chanoines, église, cloître. salle capitulaire, bibliothèque, maisons canoniales, tout a disparu ; la mémoire en est presque effacée.

(1) Notes de M. Estienne, p. 41.
(2) *De S. Aldegunde virgine, Malbodii in Belgio,* Bollandus apud Palmé, t. III, p. 650, n, 10.

X

SÉPULTURE DE S. WALBERT ET DE S. BERTILIE

OUS savons que les saints époux Walbert et
Bertilie ont été inhumés en l'église de Notre-
Dame à Coursolre, et qu'Aldegonde leur fille
a fondé, près de leur tombeau, une communauté de douze Vierges dont la prière incessante devait intercéder auprès du Seigneur en faveur de ses
bien-aimés parents.

Cette communauté ayant eu son monastère détruit lors des
guerres qui désolèrent le Haynaut, l'abbesse de Maubeuge
la fit venir près d'elle ; plus tard, selon la croyance commune,
elle fut transformée en Béguinage. On ignore l'époque de
cette transformation, antérieure cependant à l'année 1248.
(Notes de M. Estienne, p. 8).

Vers le milieu du XVIIe siècle, il restait à Coursolre, au
lieu dit le *Vieux-Moustier*, quelques vestiges de l'église où
furent enterrés Saint Walbert et sainte Bertilie, et du
monastère y attenant.

Une nouvelle église fut érigée en 1512, restaurée en 1616
après avoir été ruinée en partie par un incendie. Les saintes
reliques y furent transférées en 1513 et elles s'y trouvent
encore, renfermées dans une châsse ou fierte en bois de
chêne peint en blanc et or ; cette châsse date de 1661.

La mémoire des parents de notre Sainte est restée à

19

Coursolre en grande vénération. Leurs statues décorent l'église paroissiale ; elles se dressent, entre les colonnes du rétable du maître-autel, et par leur mérite artistique elles ont droit à une courte description.

Du côte de l'évangile se trouve saint Walbert en costume de comte souverain. Sa tête est garnie de beaux et longs cheveux flottants, et sa physionomie est empreinte d'une sereine majesté.

Sainte Bertilie décore le côté de l'épitre. Son costume consiste en une longue tunique ceinte, un manteau largement drapé, et un petit voile qui lui couvre la téte et descend sur les épaules ; sa main droite relève un pan de son manteau, et sa gauche tient un livre ouvert, son livre d'heures sans doute ; sa physionomie est très-expressive et manifeste bien la paix intérieure.

Ces deux statues sont l œuvre certainement sortie d'un ciseau habile et savant, mais celui qui le tenait avait surtout compris tout le charme de la Sainteté.

Enfin un autre monument constate le culte immémorial rendu à saint Walbert par les pieux habitants de Coursolre ; c'est une chapelle élevée en son honneur. La date de sa fondation est inconnue. « On la trouve déjà mentionnée, dit M. Jennepin, dans plusieurs pouillis des XIVᵉ et XVᵉ siècles. Elle est élevée en face de la *Cense de la cour*, et le recteur, qui était à la collation de l'abbesse de Maubeuge, avait son logement dans les bâtiments de la ferme ; une chambre conserve encore aujourd'hui le nom de chambre de M. l'Abbé. — Elle fut reconstruite, telle qu'elle existe aujourd'hui, en 1709».(Notice historique sur la commune de Cousolre,p.286).

FIN DE L'HISTOIRE DE SAINTE ALDEGONDE

TABLE DES MATIÈRES

APPENDICE

VALENCIENNES. — IMPRIMERIE G. GIARD ET A. SEULIN, RUE DE HESQUES, I.